仏教の心理と創造性

恩田　彰　著

恒星社厚生閣

まえがき

二十一世紀という新世紀を迎えるにあたり、今日起こっている問題については、緊急に解決しなければならないし、また未来の課題については、起こりうる政治的、経済的、社会的、文化的状況を適切に予測して、それに対する新しい対策をたてて、処理していくことが必要である。

そこで私たちに求められるのは、創造性（creativity）である。特に今までにない新しい活動をしたり、今までにあるものとは比較できない、新しい価値をもった物や技術を創り出す独創性（originality）である。その意味では、二十一世紀は創造性の本質である独創性が求められる時代である。独創性とは、歴史的に新しい価値を生み出すほどの革新的な活動の特質および、そういう活動をする能力である。また独創性は、人のまねではなく、その人らしさを示す独自性や個性が基礎にあり、それが新しい社会的、文化的な価値を生み出す場合においていうのである。

わが国では、産業界において創造性開発が要請され、その研究と実践が行われるようになったのは、昭和三十九年頃からである。とくに新しい物や技術を発明する研究開発に力を入れるために、創造的な科学技術者の要請が求められた。さらにこれらの特殊な人たちだけではなく、一般職の管理職や一般従業員の創造性開発が必要とされるようになった。その後二、三年遅れて、学校教育界において創造性教育の研究や実践が始められ、全国各地で活発に行われたが、今日ではそれが定着し始めている。次に国家公務員や地方公務員の創造性の開発の研修が盛んに行われるようになった。さらには国の政治の政策にも創造的人材の養成が強調されるようになり、日本の首相で創造性の重要性を政策演説で取り上げた人は最近では私の知る限り四人おり、とくに教育改革の政策には表現はちがっても取り上げられている。また国際間の外交交渉や紛争における問題解決が複雑を極め、その処理が困難になってきているので、適切で迅速な問題解決のために、私たち人類の智恵というべき創造性の開発がますます必要になってきている。

また心の悩みや問題を解決したり、人間的成長を援助する心理臨床やカウンセリングにおいて、問題解決や創造活動の手法が重視されるようになり、問題解決療法や創造活動を行わせることで治癒や成長を援助する治療法が工夫されたり、心理的疾患の治癒過程を創造過程としてとらえ、治療的創造力の開発も求められるようになった。さらにまた禅、ヨーガ、密教、上座仏教における瞑想法が、セルフコントロールとしてリラクセーションに有効であることが認められ、心の深層の気づきや洞察を促したり、創造性を開発することから、瞑想法を心理治療や心の健康と関連づけて研究することが盛んに行われるようになった。

今日創造性や心理臨床の研究の傾向として、東洋の智恵が求められ、気づきや直観または想像力を引き出す瞑想の研究が、西欧の研究者の関心を集めている。そして瞑想の国際的総合研究が活発に行われるようになってきた。

こうした時期にあたり、仏教の心理の特質を特に創造性の立場から探求した最近の論文を中心にまとめて見た。この面の研究課題の解明に本書がいくらかでもお役に立つならば、著者の幸いとするところである。

著　者

仏教の心理と創造性　目次

第一部　仏教と創造性

第一章　創造性の研究——私の歩んできた道と課題

一　研究の動機

創造性（creativity）の研究は、哲学的研究の面から見ると、すでに紀元前にさかのぼることができ、その後幾多のすぐれた研究が残されている。創造性ということばで心理学的に研究が行われ始めたのは、一九五〇年頃ギルフォード（Guilford, J.P.）を中心として因子分析的研究が行われるようになった頃からである。

わが国では黒田　亮の『勘の研究』（一九三三）、波多野完治の『創作心理学』（一九三八）、また宮城音彌の「発明・発見」（一九四二）のように先駆的研究があった。私は小口忠彦が『創造的思考の心理』（一九五四）をあらわしてから、大いにそれに刺激を受け、たまたまマーフィ（Murphy, G.）の二冊（1947; 1951）の著作の中で創造性（creativeness）の考えにふれた。そこで思考の概念とすでにあたためていたパーソナリティの概念とが一つになって、私の心の中に創造性の概念が芽生えたのである。

これが動機となって、「創造性の心理学的基礎についての一研究——創造性と教育との関連において——」（一九五六）を発表した。これが私の創造性の研究の始まりである。

その頃坂元彦太郎の「日本の子どもの創造力」（一九五三）および阪本一郎の「子どもの創造力の発達」（一九五三）の論文から示唆を得ることができた。しかし当時は創造性を研究しているものは、非常に少なかった。

わが国では、一九六四年頃から産業界において創造性開発の要求が高まり、その研究と実践が活発に行われるようになった。その後二、三年遅れて、学校教育界で創造性教育の研究と実践が始められ、一時盛んに行われたが、現在ではそれが定着化しつつある。一九七九年に創造性の研究を目的として日本創造学会が創設された。毎年研究大会を開催し、機関誌『創造性研究』を一九八三年に創刊し、今日に到っている。私はこの学会の運営委員長、理事、会長を歴任してきた。次に創造性の研究課題と、私が行ってきた研究について述べてみようと思う。

二　創造性の基礎論

創造性とは何かという創造性の定義および概念の研究は、創造性の研究にとって出発点であり、また到達点でもある。しかしその定義と概念は、一人の研究者が一つの定義をするというように多種多様であるが、そのなかに共通の概念が生まれてきている。私は「創造性とは、新しい価値あるもの、またはアイデアをつくり出す能力すなわち創造力、およびそれを基礎づける人格特性すなわち創造的人格である」と考える。そこで知能と創造性、パーソナリティと創造性、創造的思考（創造的想像）、創造的技能、創造的人格（創造的態度）、創造性と性差などについて究明してきた。

創造性の思想では、その基礎として、想像力と直観の二つが大きな源流となっていることがわかった。創造性開発法では、主として発散的思考（divergent thinking）、想像力と直観に重点をおいていることにも、その意義を認めることができる。

哲学では、創造と創造性に関して、必ずしも創造性ということばを使ってはいないが、同じことを取り扱っていることが少なくない。そこで哲学史や心理学史のなかに、創造性の思想的源流と発展について究明していくことが、今後の研究課題になると思う。

また、「創造性の研究方法」では、創造性の研究課題と研究方法についてまとめた。私は「心理療法と創造性」

があると思う。

また創造性は知能とくらべて、情意の傾向が強いから、これを人格の面から研究していく必要がある。従来の創造性テストは、主として創造的思考の側面を測定しているが、創造的態度の測定も必要である。私も作成に参画したＪＭＩ健康調査（社会経済生産性本部、メンタル・ヘルス研究所）では、探求性、情動統御性、自発性、目標遂行性、共感性などを通して、積極的なメンタル・ヘルスを示す創造的態度を測定しようとしている。

昭和三十八年の文部省の総合研究「生産性と創造性の関係についての研究」に参加し、創造性テストの研究を始めた。これと並行して私が代表となって創造性心理研究会をつくり、ギルフォードとトーランス（Torrance, E.P.）の研究に基づいて、昭和四十四年に言語式の「Ｓ－Ａ創造性検査（Ｏ版）」、昭和五十二年に非言語式の『Ｓ－Ａ創造性検査（Ｐ版）』、を作成して公刊した。思考の四つの次元、流暢性（Fluency）、柔軟性（Flexibility）、独創性（Originality）、具体性（Elaboration）について測定し、そのプロフィールをつくり、それらを総合して創造性を査定する。とくに独創的なアイデアをどの程度出しうるかという独創性と、そのアイデアはどれだけ具体的に、明確にとらえられているかという具体性を総合して見るところにこの検査の特徴がある。

五　創造性の発達

創造性がどのように発達していくか、その発達相をとらえる必要がある。これについては、創造性、知能および性格との関係について、その発達的特徴をとらえた。小学校三年から四年にかけて創造性が低下する現象はよく知られているが、これについて確かめた。その理由として生理的変化、仲間集団への同一化、画一的への集団的圧力、教育内容の増加、複雑化、一貫性の欠如などの要因が相互にからみあって、創造性の発現が抑制されることが考察された。

しかし、その後私がトーランス教授と対談した時、この傾向は教育内容を変えることで、変りつつあることをうかがった（E・P・トーランス、恩田　彰、一九七九）。すなわち創造性は、まわりの条件によって影響を受けるということである。

また児童、青年のみならず、幼児、中年期および老年期の創造性について考察したが、エリクソン（Erikson, E.H.）のライフ・サイクルの発達論に基づいて、八つの発達段階の創造性の特徴を考察した。また日本の子どもの創造性、日本人の国民性と創造性、独創的な子どもの人格特性、天才の創造性、英才児の創造性および知的障害児の創造性についても考察した。

六　創造性の開発の方法

創造性の開発の方法は、最も社会的要請の強い重要課題である。そしてその試みがかなり行われている。一般に創造技法といって、創造性開発法を含めて広くいうことが多いが、内外の創造技法は約三〇〇種類もある。これらを高橋誠らと共に一〇〇種類の創造技法にまとめ、『創造技法実務ハンドブック』（一九八一）として公刊した。創造技法は、ブレイン・ストーミングが有名だが、わが国で創始された代表的なものでは、市川亀久彌の等価変換創造理論、川喜田二郎のＫＪ法、中山正和のＮＭ法があげられる。これらの創造技法は主として創造的思考を訓練する方法である。

しかし、創造的思考の基礎にある創造的態度を養う方法として、心理療法、カウンセリング、禅やヨーガなどの瞑想法、自律訓練法や催眠法などが有効であることが確かめられつつある。

私は一九九四年日本カウンセリング学会第二七回大会で特別講演「カウンセリングと創造性の開発」（一九九五）を行った。カウンセリング過程と創造過程を対応させて考察した。またカウンセリング（心理療法）を創造的態度を開発する創造技法として整理してみたところ、カウンセリング（心理療法）は創造的態度としての創造性を開発することができるという確信が得られた。

以上のことからカウンセリング（心理療法）の技法や原理を創造技法のなかに取り入れることは、もちろんのこと、創造技法やその原理をカウンセリング（心理療法）に取り入れることは、双方の技法や原理を発展させるために重要であると思う。このことはすでに行われている。私たちは前述のハンドブックでカウンセリング（心理療法）を態度技法として取り入れており、後者ではユング（Jung, C.G.）の個性化過程、アリエティ（Arieti, S.）の三次過程、ロジャース（Rogers, C.R.）の建設的創造性、マスロー（Maslow, A.H.）の自己実現の創造性、ムスターカス（Moustakas, C.）の発見法（体験的認識法）、アイビイ（Ivey, A.F.）の発達心理療法、芸術療法、問題解決療法などで行われている。これは私にとっても重要な研究課題である。

七　創造性の教育

創造性の教育については、昭和三十二年頃から単位修得講座の講義で「創造性の心理と教育」に関する講義を幼稚園、小学校、中学校、高等学校の教員を対象として行い、その都度討議をしてもらい、現場の声を聞いて創造性の教育について検討してきた。その後小、中学校の教員を中心として創造性教育研究会をつくり、メンバーと共に創造性を育てる教育の研究をしてきた。また全国の学校とくに教員養成を目的とする教育大学の附属小、附属中および研究校を中心として、先生方と共に研究し、また指導をしてきた。また昭和三十九年に日本応用心理学会第三十一回大会のシンポジウム「能力開発に関する心理学的諸問題――創造性の開発を中心に――」で「創造性開発の意義」について研究報告をした。

このシンポジウムを聞かれた当時の日本学術会議議員の秋重義治、小保内虎夫の両教授の御助言により、私と肥田野直教授を世話人として、行動科学的方法により創造性研究を行う「行動科学研究所創造性研究会」を昭和三十九年八月に設立した。将来国立行動科学研究所ができたら、創造性研究を研究プロジェクトにしようという意図があった。

そこで毎月研究会を開き、学際的に研究を続けてきた。これらの研究は、私が責任編集した『講座・創造性の教育　全三巻』（一九六七）および『講座・創造性の開発』（一九七一）として刊行した。またアメリカの創造性教育の指導者であるスミス（Smith, J.A.）の『創造的授業の条件設定』（一九七三）黎明書房、昭和四十八年を翻訳出版した。これにはトーランスの序文がのせられている。

学校教育では、産業界と同様に発想法に重点をおいて、直観的思考、発散的思考および想像力の開発に努力している。また創造技法を学校教育に合うように修正し、諸技法を統合し、また技法の原理を引き出して活用している。私はブルーナーの創造性の理論、創造性教育の歴史的研究、教育改革と創造性教育、教育工学と創造性開発、遊びと創造性、児童詩と創造性、経験と創造性、教師の創造性と子どもの創造性、創造力・思考力を妨げる暗記主義教育、創造性教育における精神集中力、向上心と創造性、教育における問題解決、折り紙と創造性、などについて論述した。

八　禅と創造性

昭和三十六年、三十七年に文部省の総合研究「禅の医学的心理学的研究」（研究代表者は佐久間鼎）の分担課題「創造活動と禅的体験における創造過程の心理学的研究」に参加、また昭和四十四年の文部省の総合研究「禅の心理学的医学的研究」（研究代表者は秋重義治）の分担課題「禅の創造性に関する研究」に参加した。そこで禅とカウンセリングにおける創造性、禅の見性過程、悟りと創造過程、坐禅の心理学的特徴、自律訓練法と禅、禅と催眠、仏教と創造性、禅と念仏の心理学的考察、禅の悟りと創造性、トリックスターと創造性――とくに禅を中心にして――などの「禅と創造性」の一連の研究を行ってきた。

「悟りの体験とその論理」では、鈴木大拙が「金剛般若経」のなかから取り出した「即非の論理」すなわち「Aは非Aである。故にAといわれる」は、認識の論理にとどまらず、変換の論理または創造の論理に転換しうることを明らかにした。「禅とカウンセリング（心理療法）――創造性の開発――」では、心理療法やカウンセリングの究極の目的に創造性の開発があるが、この目的が禅のそれと一致していることを見出した。すなわち現実直視、現実的反応、多値的な物の見方。自己の経験、心理的自由、可能性の発見と自己実現の視点から考察した。「禅の悟りと創造性」では、禅の悟りを創造性の視点から、その特徴をとらえ、自己の探究、自発性、真の事実の発見、公開の秘密、死と再生、概念の否定、不可得の智と安心、柔軟性、窮地の打開、自他一如と直観について考察した。

九　瞑想とカウンセリング（心理療法）、創造性

瞑想とカウンセリングや心理療法との関係について、とくに創造性の立場から考察した。これは前述の「禅と創造性」の発展的研究である。「セルフコントロールと創造性――瞑想法を中心として――」では、瞑想法の中からセルフコントロールの特徴と思われるものを取り出して、創造性の開発について考察した。「宗教的修行と変性意識状態」では、宗教的修行のもたらす瞑想状態は、変性意識状態と呼ばれるが、この状態が悟りや創造性の開発を促進することを明らかにした。また「香道と瞑想」では、香道といって香炉の中で香をあたためて、その香りを鑑賞する日本の芸道があるが、その香道のもたらす瞑想状態が坐禅と同様に創造性を促進することを考察した。この問題に関連して、禅と念仏の心理学的考察、瞑想法の特質とその効果、浄土教と創造性、音楽の鑑賞と創造性の開発、創造性・瞑想と正常・異常、東洋的行法と心理療法・カウンセリング、極楽浄土の光景――臨死体験から――

などについて論述した。

十　科学技術者の創造性

科学技術者の創造性の問題については、昭和三十六年一〇月、日本社会心理学会第二回大会において「創造性に関する研究――創造性と社会――」というテーマで若干ふれておいた。その後研究管理についての研究グループ「技術研究運営研究会」に参加し、主として民間企業の研究所における科学技術者の創造性開発と研究管理について研究を行った。昭和三十八年には科学技術庁委託研究「研究者の研究能力及び研究意欲の向上方策に関する調査」に参加し、国立および民間の研究所の調査をし、その実態にふれ、科学技術者の創造性の問題にとりくむことができた。昭和四十五年には日本科学技術連盟主催の数学計画シンポジウム「創造工学」に参加し、「心理学者からみた創造工学」について報告した。これまでの研究は「科学技術者の創造性の開発と研究管理」（『創造性の研究』一九七二）としてまとめた。昭和六十二年にディメンション研究会に参加し、企業組織における創造性について討論し、「個人にとっての創造性の発揮」（一九八九）にまとめた。

現在では「クリエイティブ・マネジメント研究会」に参加し、創造経営の理論と研究開発の研究を行っている（一九九六）。この分野の研究は、前述の「研究の科学」という夢を追いかけているのかもしれない。

十一　創造性開発の促進・阻害条件

創造性開発を促進し、または阻害する条件については、私は「創造活動における運の役割」、「イルミネーションを促進する条件」、「至高経験と創造性の開発」および「創造性開発の障害」についてまとめた。私は創造性開発を阻害する条件として、身体的・感情的な障害、情報に関する障害、文化的・社会的な障害をあげて考察した。

この創造性開発の阻害条件の研究としては、スタンフォード大学のアーノルド（Arnold, J.E.）が、阻害条件として認知、文化、感情の三つの障害をあげ、その除去をすすめている。この研究は先駆的研究となっている。その弟子のアダムス（Adams, J.L.）は、これらに加えて知性と表現の障害をあげ、障害の除去のみならず、これを逆転して促進条件に変えている。このことは私が翻訳したアダムス『創造的思考の技術』（一九八三）が明らかにしている。その点カウンセリングや心理療法は、この三つの障害とくに感情の障害の克服を促進しているのだと思う。

また創造性の促進条件については、私は「創造的組織」、「経営における創造性」について考察したが、またスタンフォード大学のＭＢＡ（経営学修士）コースの「ビジネスの創造性」の講座の成果をまとめたレイ（Ray, M.L.）とマイヤーズ（Myers, R.）の共著『クリエイティビティ　イン　ビジネス』を監訳し出版した（一九九二）。

この書は、ビジネスの世界で、創造性を発揮して成功した事例をあげ、直観力の開発の重要性を説き、とくに東洋の禅、ヨーガ、合気道、道教の思想や行法およびニューサイエンスの知見をとり入れている。また私の創造性の研究は、広大で深遠な真実とその情報の世界で、計り知れない多くの先生、友人にめぐまれ、それらの人々にはげまされ、支えられて成長しつつ、好奇心をもって探究してきた道程を示している。しかしはるかかなたを見て、日暮れて道遠しの思いがする。

参考文献

Adams, J.L., *Conceptual Blockbusting: A Guide to Better Ideas*, New York: Norton, 1979.（Ｊ・Ｌ・アダムス著、恩田　彰訳『創造的思考の技術』ダイヤモンド社、一九八三年。）
波多野完治『創作心理学』巌松堂、一九三八年。
波多野完治『創作心理学改訂版』大日本図書、一九六六年。
黒田　亮『勘の研究』岩波書店、一九三三年。

宮城音弥『発明・発見』『性格心理学』河出書房、一九四二年。

Murphy, G., *Personality: A Biosocial Approach to Origin and Structure*, New York: Harper & Brothers, 1947.

Murphy, G., *An Introduction to Psychology*, 1951.

小口忠彦『創造的思考の心理』牧書房、一九五四年。

恩田　彰「創造性の心理学的基礎についての研究――創造性と教育との関連において」『東洋大学紀要』第一〇巻、一九五六年、九五―一一〇頁。

恩田　彰『S－A創造性検査（O版）』東京心理、一九六九年。

恩田　彰編『講座　創造性の教育』（全三巻）明治図書、一九六七年。

恩田　彰「創造活動と禅的体験における創造過程の心理学的研究」『文部省総合研究　禅の医学的心理学的研究』、一九六二、一九六三年。

恩田　彰「禅の創造性に関する研究」『文部省総合研究　禅の心理学的医学的研究』、一九六九年。

恩田　彰編『講座　創造性の開発』（全三巻）明治図書、一九七一年a。

恩田　彰『創造性の研究』恒星社厚生閣、一九七一年b。

恩田　彰「科学技術者の創造性の開発と研究管理」恩田　彰著『創造性の研究』、一九七一年c、二七三―三〇一頁。

恩田　彰、E・P・トーランス「特別対談　創造性の教育とこれからの学校」『総合教育技術』九月号、一九七九年。

恩田　彰『創造心理学』恒星社厚生閣、一九七四年。

恩田　彰『S－A創造性検査（P版）』東京心理、一九七七年。

恩田　彰『創造性開発の研究』恒星社厚生閣、一九八〇年。

恩田　彰監修・高橋　誠編『創造技法実務ハンドブック』日本ビジネスレポート、一九八一年。

恩田　彰「カウンセリングと創造性の開発」『東洋大学文学部紀要』第四八号、一九九五年。

Onda, A., Trends in Creativity Research in Japan—History and Present Status, *Journal of Creative Behavior*, 20 (2), 1986.

恩田　彰「個人にとっての創造性の発揮」野中郁次郎・恩田　彰他編『創造する組織の研究』講談社、一九八九年。

恩田　彰『創造性教育の展開』恒星社厚生閣、一九九四年。

恩田　彰『禅と創造性』恒星社厚生閣、一九九五年。

恩田　彰「研究開発における創造性の研究」『研究開発マネジメント』第六巻第二号、一九九六年。
Ray, L. & Myers, R., C. *Creativity in Business*, New York: Doubleday, 1986.（M・L・レイ、R・マイヤーズ著、恩田　彰監訳『クリエイティビティ　イン　ビジネス』日本能率協会マネジメントセンター、一九九二年。）
坂元彦太郎「日本の子どもの創造力の発達」坂元・木宮編『子どもの創造力を育てる』東洋館出版社、一九五三年。
阪本一郎「子どもの創造力の発達」坂元・木宮編『子どもの創造力を育てる』東洋館出版社、一九五三年。
Smith, J.A., *Setting Conditions for Creative Teaching in the Elementary School*, Boston: Allyn & Bacon. 1966,（J・A・スミス著、恩田　彰訳『創造的授業の条件設定』黎明書房、一九七三年。）
田中熊次郎「ソシオメトリーの創始者モレノの生涯・思想・研究業績」『創価大学教育学部論集』、一九九〇年、第二九号、六三－九六頁。

第二章　近代日本における仏教と心理学

まえがき

人の適応上の問題解決やその苦悩からの解放を援助する心理療法やカウンセリングの理論と技法は、主として西洋において発達してきたが、その思想と方法は、東洋においても特に仏教において古くから生み出されていた。

著者は一九五五年頃から東洋大学において、アメリカ人の精神分析家であるモーゼス・バーグ教授から精神分析の訓練を受けていたが、一九六一年、六二年の文部省の総合研究「禅の医学的心理学的研究」の分担課題「創造活動と禅的体験における創造過程の心理学的研究」に参加した。その頃から禅の修行を本格的にするようになり、四人の禅の老師について指導を受け、公案の拈提および只管打坐を続けてきた。また一九五五年にG・マーフィの創造性の研究にふれて、これが契機となって創造性の研究を始めるようになり、現在まで創造性の心理学的研究を続けている。そのような理由で、著者は「禅と創造性」についての一連の研究を行うようになった。すなわち禅的体験とくに禅の悟りの過程と創造過程を比較研究するようになったのである。

また他方坐禅の心理学的研究を一九六一年より始めるが、坐禅の心理を明らかにするために、催眠、自律訓練法、ヨーガ、念仏、マントラ、阿字観との比較研究を行ってきたが、禅定の特徴を究明するには、とくにヨーガの瞑想法が参考になった。これらの瞑想法は、セルフコントロール法として、心身の自然治癒力を促進し、創造性や諸能力の開発に役立つことがわかってきた。創造性の研究では、西欧の研究者が東洋的な瞑想に基づく気づきに注目するようになった。また禅の悟りやその他の瞑想法による気づきは、心身の疾患の治癒過程と共通するものがあることがわかってきた。

一九七〇年代から世界の研究者、とくに精神医学、臨床心理学、心身医学などの臨床家の間に東洋的行法としての瞑想の研究が盛んになってきて、心身の治療との関連において、瞑想そのもの、その手直しをしたもの、またはその原理を活用する研究が出てきた。最近こうした目的をもって研究する国際的研究組織ができ、著者も参加して国内や国外で共同研究を行ってきた（恩田、一九九五）。

こういうわけで、このたび仏教と心理学、心理療法、カウンセリングとを比較考察し、仏教の心理臨床への適用について述べてみたいと思う。

一　唯識と心理学

仏教で説かれている心理の体系に唯識がある。唯識は、煩悩とは何か、それはどのようなメカニズムから生まれるか、その煩悩から解放されて、安心の境地が得られる悟りとは何か、それを得るためにはどうしたらよいかを究明したものである。

無意識、深層心理の思想と煩悩からの解脱の方法は、フロイト（Freud, S.）の無意識の発見と精神分析療法より先立つこと一五〇〇年前に、仏教とくに唯識論において創出されていた。唯識は、瞑想の実践に基づいた心理的分析であり、あらゆる現象は心がつくり出したものであるという見方、すなわち現象学的な見方をとっている。この見方は、ゆがんだ認知のあり方を修正して情緒状態を変えていく認知療法に共通するものがあると思う。

心理学は明治時代にわが国に移植されたが、わが国の科学的心理学の基礎をきずいたのは、元良勇次郎（一八五八–一九一二）と松本亦太郎（一八六五–一九四三）である。元良はアメリカのC・S・ホール（一八四四–一九二四）

に学び、また松本は実験心理学の創始者であるドイツのW・ヴント（一八三二―一九二〇）に学び、欧米の心理学を継承している。しかしここで見落としてならないのは、当時東京大学で哲学を学び一八八四年に卒業し、独力で西洋の心理学を学んで沢山の心理学の著書や論文を残した井上円了（一八五八―一九一九）の業績である。

元良が東京大学で心理学実験室をつくる計画を立てた明治三〇年（一八九七年）に、井上は『仏教心理学』（一八九七）を著し、仏教の心理説である「倶舎論」や「成唯識論」に基づいて、これと西欧の心理学と比較考察している。この中で井上は、西欧の心理学は実験研究に基づいており確実であるが、仏教の心理学は世俗的で、不確実である。それというのも両者は目的が違うからである。すなわち西欧の心理学は、学理を究明するのに対して、仏教の心理学は、その目的が宗教にあり、人を転迷開悟、安心立命せしめるにあり、また仏教は心理を階梯として、涅槃の頂上に達せしめようとするにあると述べている。

また唯識を心理学的立場からまとめたものに黒田　亮（一八九〇―一九四七）の『唯識心理学』（一九四四）がある。黒田は禅の悟り、剣道の極意、能や芝居における美の創造、荘子の道などから、これらの活動に共通に見られる自内証（自ら気づくこと）を勘と呼び、『勘の研究』（一九三三）『続・勘の研究』（一九三八）をまとめている。千葉胤成（一八八四―一九七二）は、固有意識をあげている。千葉（一九七二）は、固有意識を相対的固有意識と絶対的固有意識に分けている。相対的固有意識は感覚、知覚、想像、思考、感情、意志などの心的機能の背後または基礎において働き、個人の全体にかかわる個性の発達の基礎として働いている。これに対して絶対的固有意識は個人意識を超越して、社会、民族、文化全体に働く全体精神であり、天才の創造活動もこの絶対的固有意識から生まれるとされる。固有意識は、大部分は無意識であるが、さらに意識を包含する。固有意識は仏教の唯識説に基づいており、その積極的意義を強調し、意識を固有化することによって、心の安定と自由が得られるとしている。思うに千葉の固有意識は、唯識論のいう阿頼耶識の考えに近いものがある。最近では岡野守也（一九九〇、一九九五）は、フロイトの精神分析やC・G・ユングの分析心理学などの深層心理学をふまえて、さらにトランスパーソナル心理学を取り入れて唯識心理学すなわち仏教心理学を探究していると共に、自己の究明と成長への実践に唯識学の知見で役立てようとしている。

二　禅の心理学

井上円了（一九〇二）は、『禅宗の心理』の中で、「坐禅には、調身、調心の二法がある。調身の法によって、身体を安定にし、調心の法によって心を寂静にすることができる」。そして「禅は調身、調心によって、心性の本分を開発する」という。この心性の本分は、仏性すなわち真の自己のことである。元良勇次郎（一九〇五）は第七回国際心理学会議（一九〇五）で発表したものを「東洋哲学に於ける自我の観念」としてまとめ、自らの禅の修行の体験を心理学的に考察している。これらは、禅の心理学の先駆的研究であるといえよう。

禅は正師について禅の伝統に基づく正しい修行を重ねて、はじめてその何たるかをつかめるとされている。しかし禅については、仏教の経典、禅の語録や諸文献を参考にして研究できるが、また科学的な実験や調査によって坐禅や禅体験を研究することができる。入谷智定は『禅の心理的研究』（一九二〇）で、禅の語録や質問紙法によって、禅の見性悟道を中心として、それに先行する心身の条件やその変化について究明している。これは後の禅の心理学的研究の発展の方向を示している。黒田　亮は、論文「禅の心理学」（一九三七）では、坐禅の意識を明らかにしようとしている。すなわち被験者に数息観を行わせ、坐禅中の呼吸と全身運動を記録し、その内省報告を行わせている。これは後の実験的研究の先駆的研究をなすものと思う。佐久間鼎は、『神秘的体験の科学』（一九四八）の中で、黙照体験すなわち禅定において脳波的研究によってその生理的心理的経過が客観的に究明されることを理論的に予見している。後に精神医学の平井富雄が、この佐久間の予見に影響を受けて、坐禅中の脳波が変化することと、すなわち意識が変ることを実証した。この研究は後の「禅の医学的心理学的研究」の先導的研究となっている。

また佐久間（一九四八）は、意識の起点となり、基調となるものを「基調的意識」と名づけているが、これは禅定として三昧が基本になっている。

このような状況において、一九六一－六二年、佐久間を代表として文部省科学研究費による総合研究「禅の医学的心理学的研究」が行われた。これはわが国のみならず世界で初めての禅の本格的な科学的総合研究であった。この時期に前後して、この総合研究の分担研究者であり禅を広い立場から研究していた佐藤幸治（一九五九、一九六二）は、とくに臨済禅の立場から、悟り、見性の心理を中心として研究していた。佐藤（一九七二）は、禅的療法について、心身の調整が主となるとしても、仏性の開発と、それに伴う根本的安心の獲得が重要であると述べている。これに対して秋重義治（一九七七）は、曹洞禅の立場から、禅の調身・調息・調心を心理学的立場から組織的に研究してきたが、その中で禅療法（禅的療法）および禅カウンセリングを提唱し、禅的呼吸法と心理療法やカウンセリングとの併用法を取り上げている。

平井（一九六〇）の精神生理学的研究によると、禅定中の脳波はα波、θ波が現れ、それが恒常化し、安定する。しかしクリック音を聞かせると、α波やθがβ波（活動波）に変り、一、二秒後に元の波型にもどるという。これは禅定では、外的刺激に対する慣れが生ぜず、いつも刺激に対して生き生きとした反応をしていることを示している。しかもすぐに元の安静の状態にもどるということである。恩田　彰（一九八〇、一九九五）も平井と共に「禅の医学的心理学的研究」に参加し、自ら参禅し、その体験に基づき、禅と創造性の関係について研究している。すなわち禅の悟りと創造過程との比較研究によると、創造的思考の過程は、思考→注意集中→瞑想の連続性が認められる。その際、注意集中→瞑想の過程から、禅では悟り（気づき）が、創造過程ではアイデア、イメージや直観が生ずる。すなわち対象を自己と対立して見ていたのが、自己が対象と一体化した意識に変ることによって、新しい見方が現れるのである。

三　仏教と心理療法・カウンセリング

仏教の目的は、「転迷開悟」にある。すなわち煩悩を転じて悟りを開くということである。第一に、本来悩んでいる自己も対象としてる悩みもないのだから、煩悩もないのだと気づくと、煩悩が消失し、または軽減する。そして安心を得るということである。第二に、煩悩は、それが形成される因果律をはっきりつかむと、消失するか、軽減する。そして安心を得るということである。仏教では、以上の二つの生き方が示されているが、前者は仏教ではとくに禅が向いており、後者は心理療法やカウンセリングが有効である。その点仏教は、心理療法やカウンセリングから心理過程のメカニズムやクライエントとのかかわり方を学ぶことが多く、また心理療法やカウンセリングは、仏教から人間性の本質とその気づきのしかたを学ぶことが多い。この両者を結びつけ、統合しようとしているのが、前述の禅療法であり、これから述べる仏教カウンセリングである。

藤田　清（一九〇七―一九八八）は、仏教カウンセリングを提唱している。藤田（一九七五）は、釈尊以来仏教の説法はカウンセリングのやり方であるといい、その特徴は一対一の応機説法、対話を通して、相手の立場に立ち、相手と同一方向に進みながら、いつの間にか相手の立場が転換して、問題が問題でなくなるという。またカウンセラーとクライエントの心の仕切りがなくなって心が通う関係になるという。西光義敞（一九八七）は、仏教カウンセリングは、法すなわち悟りの智慧である真の事実に基づくカウンセリングであるとして、クライエントとカウンセラーの世間的次元の関係のみならず、出世間的次元の「仏」の世界から世間への活現とクライエントへの慈悲の働きを取り入れている。

心理療法やカウンセリングを行っている人びとに、禅に関心を持つ人がいる。例えばロジャーズ（Rogers, C.R.）やフロム（Fromm, E.）、マズロー（Maslow, A.H.）、ユングなどがいる。フロム（一九六〇）は精神分析と禅の類似点について、「いずれも人間として最良の状態に導く実践を問題としている」と述べている。ユングは、人間が全体になることを個性化過程と呼び、これは自己の可能性を実現することだとしている。この全体になることは、禅においても重視されているとして分析心理学との共通性を認めている。また目幸黙僊（一九七五）は、ユングの分析心理学の立場から、自己実現過程（individuation process）という観点から仏陀の成道の過程と悟りの過程を分析している。恩田は（一九九五）は心理療法・カウンセリングと禅との間に、その究極の目的として創造性の開発のあることを指摘し、また禅が調身・調息・調心から成り立つところから、禅をセルフ・コントロールの方法としてとらえている。

四　日本の「心理療法」のはじまり

井上（一九〇四）は、『心理療法』を著している。この本は日本において心理学のみならず、精神医学の分野における心理療法では初めての本である。井上はすべての病気に心理療法が必要なことを広く世人に知らせるために本書を出版したのだという。この心理療法が出版されたころは、催眠の方法は知られていたが、精神分析の方法は、時期が早すぎて、知られていない。本書の思想体系として、仏教→哲学→東西の医学（精神医学を含む）→心理学→心理療法という経緯のもとに「心理療法」が生まれている。井上は『心理療法』の中で、自然的自観法を取り上げている。すなわち、人の生死や疾患は、人間の力だけではどうにもならないと悟り、自然にまかせるというやり方である。井上は人は病気を観察する上で、一方において人為でもって治療できると信ずると同時に、自然にまかせる覚悟がなくてはならない。自然にまかせれば、自然の力によって疾患は治癒するというのである。この自然的自観法は、心理療法で、自己の体験する事実を観察し、それをそのまま受容する方法に相当すると思う。

日本において生まれ、国際的に注目されている心理療法として、森田療法と内観療法がある。これらがどうして生まれたか考えてみたい。森田療法は森田正馬《もりたまさたけ》（一八七四－一九三八）により創始され、神経質（神経症）に対する心理療法である。この療法は「こうでなくてはならない」という態度を捨てて、このままでいいのだという「あるがまま」に現実を受け入れる態度をとり、安心を体験させるやり方である。森田療法は、その源流と素材は西洋の精神療法から出ている。しかしその基本的な発想の中には、仏教とくに禅があると思われる。野村章恒《のむらあきちか》（一九七四）によれば、森田は井上の『妖怪学講義』（一八九六）と『心理療法』を読んで影響を受け、精神療法を大学院の研究テーマとして選択することになったという。

内観療法（三木、一九七六）は、吉本伊信（一九一六―一九八八）が浄土真宗の一つの求道法に基づいて開発した「自己を探求し、実現する」方法で、臨床活動以外では内観法と呼ばれている。内観法という名称は、吉本が富士川游（一九三六）の『内観の法』を読んで啓発されて名づけたという。富士川は日本医学史研究の大家で、井上が創立した東洋大学で教育病理学を講義している。富士川はこの本の中で「内観とは、自分の心の相（すがた）を如実に、ありのままに知ることだ」と述べている。富士川は井上と同じく浄土真宗の信仰が厚く、両者の思想の影響はよくわからないが、仏教と心理療法との結びつきにおいて、共通するものがある。

こうしてみると、森田療法と内観療法は、その生まれる思想の源流には、仏教があるが、それを生かす方法と条件として、西洋の精神療法が用いられていると考えることができる。

五　密教、浄土教と心理学

密教では、真言（マントラ、Mantra）を繰り返し唱えることで、精神集中、禅定、三昧の状態が得られ、心の安らぎが得られる。さらに精神集中力が強くなり、三昧力が得られるので、観察力、理解力、記憶力が高まり、創造性が開発される。例えば、密教には虚空蔵求聞持法という行法があり、虚空蔵菩薩の真言を百万回唱える。一日に一万回唱えるとすれば、百日間、一日に二万回ならば、五〇日かかる。この行法では、精神集中力が強くなり、三味力が養われるので、記憶力はもちろん、創造性や超常的能力が開発され、虚空蔵菩薩の境地である悟りが得られるのである。虚空蔵菩薩は、虚空から情報を取り出し、智慧を生み出す宝庫を表す仏である。ユングのいう集合的無意識、またはトランスパーソナル心理学で、個人の意識を越えた超個的無意識がこれに相当すると思う。

また阿字観は、梵字の阿字を観想する密教の瞑想法である。阿字は大日如来を表し、全宇宙をこの一字に集約したものである。蓮華の上にある白色の満月の月輪の中に、阿字を描いた阿字観の本尊の軸を掛けて、その前で坐り、出入の息ごとに阿字を対象として、精神集中し、阿字と一体化する体験をするのである。これによって記憶力、創造的想像力を開発することができる。山崎泰広は、この阿字観と自律訓練法と比較し、自律訓練法はリラクセーションが最大の要素であるが、阿字観は、安定、リラクセーションと生気の充実の三要素が必要であり、リラクセーションと緊張とのバランスの重要性を指摘している（恩田、一九九八）。

浄土教は、阿弥陀仏の極楽浄土に往生し、成仏することを説く教えであり、そのため阿弥陀仏の本願を信じ、もっぱら阿弥陀仏の名を称えるという念仏がすすめられる。一般に瞑想法は、調身・調息・調心から成り立つ。その点念仏もこの関係が成立する。そこで念仏もセルフコントロールの方法である。念仏はふつう正座の姿勢をとるが、手のひらを合わせて合掌する。称名（仏名を称えること）によって調息すなわち呼吸が調えられるので、これによって調心が得られる。また念仏では、南無阿弥陀仏と繰り返し称え、その音声に注意集中する。その注意集中が強められ、やがて三昧の状態が得られる。この状態に至ると、仏や浄土のイメージが現れるのを見ることができるとされている。また無生法忍という悟りが得られると言う。心理学的には、心身が安定し、自発的な気づき、創造的なアイデアやイメージが生まれることがある（恩田、一九九八）。

禅と念仏は心理学的研究では、鈴木大拙（一九六一）は「念仏は種々の観念や感情を払拭する」と述べている。すなわち念仏は公案の拈提と同じように、一切の観念、イメージや感情を消滅させる働きがある。恩田（一九七四）も禅と念仏との関係について心理学的に考察した。すなわち浄土教では、念仏によって、三昧の状態にいたり、仏の姿や極楽の光景を観見することを見仏とか三昧発得とかいっているが、これは禅の見性や悟りに相当するように思われる。全く同じものとはいえないが、共通性を見出すことができる。すなわち禅の見性によって、自他に仏性を見出し、この世界がこのまま浄土であることに気づくことがあるからである。

精神分析では、男の子の幼児期に持つ母親への愛着と父親への敵意をエディプス・コンプレックス（Oedipus complex）というが、これに対して古沢平作（一八九七―一九六八）は、「観無量寿経」の阿闍世王の物語から、母親との関係で持つ感情を阿闍世コンプレックスと名づけた。古沢によれば、前者の罪意識は、処罰を恐れてのものであるが、後者の罪意識は、子供が過ちを犯し、それが許されるときに、心からすまないと思う罪意識であるという。小此木啓吾（一九八二）は、日本人の阿闍世コンプレックスは、欧米の「罪に対してそれを罰し、償わせる」という父性原理と対照的な「罪を許し、許される」という母性原理として示されるとして、これを日本人の文化と心理の原型としている。

六　東洋的アプローチと西欧的アプローチの統合

最近日本においてもトランスパーソナル・セラピーが注目されている（藤見、一九九六、黒木、一九九九、諸富、一九九九）。トランスパーソナル・セラピーとは、トランスパーソナル心理学に基づいて、人間を心、からだ、魂を統合した全体としてとらえ、自己治癒、自我の確立、自己実現および自己超越にいたる人間成長を目標として、超個的意識の気づき、覚醒や悟りと解脱といった体験を促進する技法である。これは西欧の伝統的な心理療法とヨーガ、禅、チベット密教、上座仏教、道教などの東洋に発達した思想や瞑想法が統合されて開発されたものである。ここに東洋と西洋の心理療法の両アプローチの統合という課題がある。また宗教と臨床との接点がある。心理療法もカウンセリングも、その源流にさかのぼれば宗教に突き当たる。しかし、今日この分化したものを再び統合しようという実践が、このトランスパーソナル・セラピーである。

伊東　博（一九一九―二〇〇〇）は、長年のカウンセリングとワークショップの経験に基づいて、感覚、身体の動き、自己および人とものとのかかわり方の気づき、自己実現という体験学習を通して、自分自身の感覚の気づきを促進するという、ニュー・カウンセリングを生み出している。この方法は、東洋の身体の気づき、禅やヨーガの瞑想、老子や荘子の思想、エンカウンター・グループ、ボディワーク等を統合した心身一如の全体的人間論のもとに体系化されている。このニュー・カウンセリングは、伊東（一九九九）によれば、シャーロット・セルヴァー（Charlotte Selver, 1907-）のセンサリー・アウェアネス（sensory awareness）に基づいている。しかもこのセンサリー・アウェアネスは禅仏教の影響を受けているという。その意味では東西のカウンセリングの理論と技法を統合した方法である。

今後このような東洋的アプローチと西欧的アプローチが統合された心理療法やカウンセリングのアプローチ・システムがますます開発されていくであろう。

参考文献

Akishige, Y., ed., *Psychological Studies on Zen I*, Komazawa University, 1977.

Akishige, Y., ed., *Psychological Studies on Zen II*, Komazawa University, 1977.

千葉胤成『無意識の心理学』（『千葉胤成著作集』2）協同出版、一九七二年。

富士川游『内観の法』厚徳書院、一九三六年。

藤見幸雄「トランスパーソナル心理療法の現在」『トランスパーソナル学』第一巻、一九九六年、二一―三九頁。

藤田　清「仏教カウンセリング」『講座　仏教思想三倫理学・教育学』理想社、一九七五年、三三五―三七九頁。

Fromm, E., Suzuki, D.T., De Martino, R., *Zen Buddhism and Psychoanalysis*, Harper & Brothers, 1960, 77-95.

平井富雄「坐禅の脳波的研究――集中性緊張解放による脳波変化――」『精神神経学雑誌』第六二号、一九六〇年、七六―一〇五頁。

井上円了『妖怪学講義』哲学館、一八九六年。

井上円了『仏教心理学』哲学館、一八九七年。

井上円了『禅宗の心理』(中野祖応編「甫水論集」) 博文館、一九〇二年、一四九―一五九頁。

井上円了『心理療法』南江堂、一九〇四年。

入谷智定『禅の心理的研究』心理学研究会、一九二〇年。

伊東　博『身心一如のニュー・カウンセリング』誠信書房、一九九九年。

黒田　亮『勘の研究』岩波書店、一九三三年。

黒田　亮『禅の心理学』(「禅の講座（一）」) 春陽堂、一九三七年、五七―一一三頁。

黒田　亮『続勘の研究』岩波書店、一九三八年。

黒田　亮『唯識心理学』小山書店、一九四四年。

黒木賢一「トランスパーソナル療法」氏原　寛・成田善弘編『カウンセリングと精神療法』培風館、一九九九年、二一九―二二六頁。

三木善彦『内観療法入門』創元社、一九七六年。

目幸黙僊「仏教における心と深層心理――分析心理学的にみた仏陀の成道――」三枝充悳編『講座　仏教思想4、人間論・心理学』理想社、一九七五年、二八七―三三六頁。

諸富祥彦『トランスパーソナル心理学入門』講談社、一九九九年。

元良勇次郎「東洋哲学に於ける自我の観念」哲学雑誌、第二〇号（二二一、二二二、二二三）、一九〇五年、一―四〇頁。

野村章恒『森田正馬評伝』白楊社、一九七四年。

岡野守也『唯識の心理学』青土社、一九九〇年。

岡野守也『唯識で自分を変える』鈴木出版、一九九五年。

小此木啓吾『日本人の阿闍世コンプレックス』中央公論社、一九八二年。

恩田　彰「禅と念仏の心理学的比較考察」印度学仏教学研究、第二三巻、第一号、一九七四年、一―七頁。

恩田　彰『創造性開発の研究』恒星社厚生閣、一九八〇年。

恩田　彰『禅と創造性』恒星社厚生閣、一九九五年。

恩田　彰「密教と創造性」山崎泰広教授古稀記念論文集刊行会編『密教と諸文化の交流』永田文昌堂、一九九八年、四六九―四八六頁。

恩田　彰「法然浄土教における念仏の心理学的考察――「選択集」を中心にして――」『仏教文化研究』第四二・四三号、一九九八年、二二五-二三七頁。

西光義敞「仏教とカウンセリング」『人間性心理学研究』第五号、一九八七年、一〇-一二頁。

佐久間鼎『神秘的体験の科学』光の書房、一九四八年。

佐藤幸治「禅と心理学」『心理学研究』第三〇号、一九五九年、四四-五三頁。

佐藤幸治『心理禅』創元社、一九六一年。

佐藤幸治『禅的療法・内観法』文光堂、一九七二年。

鈴木大拙『禅と念仏の心理学的基礎』(『鈴木大拙選集』)第一六巻、春秋社、一九六一年、一七四頁。

第三章　禅の悟りの心理と創造性

一　禅問答と悟り

禅では、よく師と弟子との間に問答が行われるが、それは相手の見識、境涯を調べたり、相手を悟りに導き、さらに悟りの境涯を深めるために行われるのである。また二人以上のものが、問答によって仏法を明らかに示しかつ深めるのである。

今日の臨済系統の禅では、公案といって禅の問答を弟子に与えるが、禅問答は、一般に一問一答で打ち切られ、問いと答との間には必ずしも直接の論理的な脈絡はない。それというのも、禅問答は、分別判断を断絶させて、直接に仏性すなわち真の自己（真の事実）をつかませようとするからである。弟子から師に問うものには、「如何なるかこれ仏」、「如何なるかこれ祖師西来意」（達摩は何のために中国に来たのか、すなわち「禅の神髄とは何か」）、「如何なるかこれ仏法の大意」とか基本的な問いが多く、師から弟子に問うものは、「是れ什麽《なん》ぞ」、「門外是れ什麽《なん》の声ぞ」、「近離いずれの処ぞ」（どこから来たか）」という目前の事実の問いが多い。しかし結局は、禅問答は「真の自己（真の事実）とは何か」を問うているのである。

公案の無字（修行者に与えられる公案で、分別知を脱却させる）、隻手の音声（片手の声をどう聞くか）、父母未生以前の本来の面目（父も母も生まれる前の本来の自己を示せ）というのは、何れも真の自己（真の事実）をつかませるために修行者に与えられるのである。そこで修行者は、坐禅し、その公案を工夫し、また師の指導を受ける。

こうして自他の対立した、分別の見方がなくなり、自己と世界が本来一つであることに気づく。すなわちいっさいの現象は、そこに存在するように見えるけれども、本質的にはその中身は何にもない。しかもその中に無限の働きがあることに気づくのである。これが真の自己の自覚であり、悟りである。

この問答が定型化されたものが公案である。公案は、禅者の悟りの機縁や言行を短い文章で表現したもので、修行者が自ら則っていく行動基準となり、また師が弟子に問題として与え、それを参究させて悟りへ導く方法として用いられるようになったのである。

二　禅　機

禅においては、自己と他者が一つになった三昧を体験し、そこに自己がないことに気づく。そこで自他一如の無相の自己が働き出てくるのである。そうすると、その人の行動はより自由に、生き生きとして、創造的に行動しうるようになる。そのような禅者の行動にみられる働きを禅機というのである。禅者が直観的に洞察し、または無意識的に行動したことが、その状況にぴったり適合し、当面した問題を解決してしまうことがある。その働きが禅機であって、禅者によってその人独自の言行が示される。その意味で、禅者の行動は、日常ではごく自然であるけれども、新しい状況や問題解決の場面では、その困難を克服し、うまく適応し、葛藤を断ち切って問題を解決していく。その点独創的であり、個性的である。

禅では、仏法すなわち真の自己（真の事実）をとらえることが大切であるが、真の自己そのものを「体」といい、それが現れる特質、状態を「相」といい、その働きを「用《ゆう》」といっている。禅機というのは、この用のことを示しており、創造性（creativity）は、この用に関係がある。

南泉鎌子（「永平元和尚頌古」八一則）

南泉がある日山で作務をしていた時、ある僧がたずねた。「南泉へゆく道は、どのように行ったらよいでしょうか」。南泉は、鎌をとりあげていった。「わしのこの茅刈り鎌は、三十銭で買ったよ」。僧は言った。「茅刈り鎌を三十銭で買ったことをお聞きしているのではありません。南泉へ行く道は、どのように行ったらよいでしょうか」南泉は言った。「使ってみると、よく切れるんだ」。

この僧は南泉禅院へゆく道をたずねたのに、南泉はこの僧が南泉へゆくのは、仏法を求めに来たのだ。そこで仏法とは何かという問いに対して「この鎌は三〇銭で買ったよ」と真の事実を示している。しかしこの僧は気がつかない。そこで第二の仏法の極意を示している。「この鎌はよく切れるぞ」と。これは禅機すなわち真の自己の働きを示している。秋月龍珉[1]は、前の答が体（本体）を示しているとすれば、後の答は用（働き）を示していると述べている。

また体と用との関係について、適切に示している問答に次のものがあげられる。

麻谷山《まよくざん》の宝徹禅師が扇を使っていた。その時ある僧が来て問うた。「（風性常住、無処不周なり）風の本質は変わらず、どこにも行きわたらないところはないという。それなのに、和尚はなぜ扇を使っておられるのですか」。師はいった。「お前さんはただ風の本質は変わらないということは知っているが、まだ行きわたらないところはないという道理はわかっていないようだ」。僧がいった。「では、行きわたらないところはないというのは、どういうことでしょうか」。その時師はただ扇を使うだけであった。それを見て、僧は礼拝した（正法眼蔵「現成公案」）。

これによるとこの僧は、風性常住という「体」をつかんでいたが、無処不周の「用」をつかんでいなかった。その点麻谷宝徹禅師の生き生きとした働きをそこに見ることができる。悟っても、真の自己の本質がわかっても、それが日常生活に実現することができて初めて真の悟りといえるのである。

仏の智慧をあらわすのに、これを四つの側面からとらえたのが、四智である。四智というのは、大円鏡智（すべての事象をあるがままに見える智）、平等性智（自他全てのものが差別なく平等であることがわかる智）、妙観察智

（事象の各々の特性がよくわかる智）、成所作智（自由自在に行動しても、みな法理にかなっている智）である。このうち妙観察智と成所作智は、真の自己の用であり、麻谷山宝徹禅師の無処不周底の見解に見られる「扇を使う」行為は、四智でいえば成所作智に相当する。成所作智は、創造性の面からいうと、創造的行動力または創造的技能ともいうべき特徴を持っていると思う。

三　禅の悟りの心理と創造性

禅の本質は、真指人心、見性成仏であり、要するに己事究明すなわち真の自己を究明することである。悟りとは、仏性すなわち真の自己を徹見することである。すべての存在は自己のものではない。自己がないことすなわち無我に気がつくと、すべての存在は自己であることがわかるのである。そこに自他不二、主客一如の真の自己（真の事実）が現れるのである。

その場合に、自己の体験にあるがままに気づく時、この覚が悟りの本質である。ふだん無心に見る、聞く、立つ、坐る、歩く、動く、などして、自由に行動しているが、その事実に気づかない。その状況に没入している時、その三昧の状態で気づくのが悟りである。そこにはあるがまま、すなわち如の世界があるだけである。しかしそれには、中身は何もない。

真の自己は、有分別智、すなわちすべての事象を対象化して、それについて論理的に思考することではとらえることはできない。しかし無分別智、すなわち自己と対象が一体化した時に気づくのである。そこで真の自己は、観念や概念としてとらえることはできないし、また言語やイメージによっても表現しにくい。悟るということは、有分別智から離れて無分別智を得ることである。しかしいったん無分別智が得られ、その後に有分別智にもどるところを後得智（無分別後智）というが、この後得智では、かなり自由につかみ、これを表現することができる。すなわち観念、概念、思想としてどのようにもとらえることができ、また言語やイメージで自由に表現することができるのである。有分別智は論理的思考、無分別智は直観（直観的思考）に相当すると見ると、無分別智→有分別智すなわち後得智の過程は、直観的思考→論理的思考すなわち両方の働きの統合と発展による創造的思考の過程に対応している。そこで後得智には、創造性の特徴が見られるのである。(2)

真の自己は、空間的にはここにおいて宇宙大に広がり、時間的には無限の過去と無限の未来を含む今において、永遠に生きどおしに生きている。すなわち不生不滅であり、全く変らない。これに気づくと、安心が得られる。そして安心が得られると、人間は自由に創造的に行動することができるようになるものである。

一切の現象は、本質的には中身は何もないことに気づくと、そこに執着すべきものがないことがわかる。そうすると、どのような状況においても柔軟に動けるようになる。この柔軟性は、今までの状況に固着せず、新しい状況にすぐ適応できることで、創造性の重要な特性である。したがって、問題に直面すれば、それが解決され、行き詰まってもその道が開けてくるのである。

自己と他者としての世界が対立して、二つに分かれていると、自由に動けない。しかし三昧の状態に入り、自他一如の世界を体験し、さらにそれに気づくと、自由に動けるようになる。そこに無相の真の自己が出てきて、創造的に活動できるようになる。すなわち問題が解決され、アイデアも新しいイメージも自然に出てくるようになるのである。

(1) 至高経験

マスロー（Maslow, A.H.）は、「人生の中で最もすばらしい経験」を至高経験（peak experience）といい、最高の幸福にひたっている時、音楽、美術、詩や演劇などの鑑賞、読書のさいの感動、発明や発見または芸術の創作のさいの感激など最も大きな喜びと感動を伴った経験である。また心理療法やカウンセリングに見られる洞察や気づき、禅の悟りなどが含まれる。この至高経験は、創造性と精神的健康につながる重要な経験である。(3)対象に注意を集中して、没入し、自己を忘れ、自己がなくなってしまう。すなわち自然や宇宙および神や仏などの絶対者と自己とが一体であることに気づく体験、これを神秘体験、合一体験といい、宇宙意識ともいう。禅では悟りの体験である。

禅では見る自己、見られる世界、何れも実体ではなく、中身はカラッポで何もないと気づく。これを悟りといい、見性悟道ともいう。この体験をするほとんどの人が、強い喜びと感動を体験している。その悟りの境涯の深浅、感動の強弱は、人によってさまざまである。

百丈雄峰（『碧岩録』第二六）

ある僧が百丈和尚にたずねた。「如何なるかこれ奇特の事」（この上ないすばらしい、ありがたいことは何でしょうか）。百丈は「独坐大雄峰」（わしが今ここ（大雄山）で、こうして坐っていることだ）といった。

今こうしているという事実のすばらしいこと、不思議なことを示している。こうして見ると、禅では至高経験は、何か特別の普通ではない体験だけではなく、また外的、客観的にとらえられる事象ではなくて、主観、客観を越えた主客合一、自他不二の内的経験であることがわかる。

(2) 自己の探求

禅では、自己の本性（仏性）を見とどけることが大切とされる。とくに臨済系統の禅では、公案が与えられ、悟りに導く方法として用いられている。

法眼文益禅師の清涼寺の監院（事務長）に玄則がいたが、一度も入室参拝していない。ある日法眼がたずねた。「お前さんは、ここにいて、まだ入室してたずねたことがない。今まで誰に参禅して、どういう見処を持っているのか」。玄則がいうのには「私はすでに青峰義誠禅師に参禅しております」。法眼がいう。「どういう教えを受けたか」。玄則が言うには「私は『如何なるか是れ学人の自己』（真の自己とはどんなものでしょうか）とたずねました。すると禅師は『丙丁童子《びょうじょう》来求火』と示されました」。法眼「それはよい言葉だ。お前さんは、この言葉をどのように領解したか」。玄則「丙丁童子というのは、火の神のことです。火の神が火を求めるということです。ちょうど自己が自己をさがしているようなものです」。法眼「そのように領解したならば、本当のことはわかっていないな」。玄則は、その時は納得しないで、ついに道場を立ち去った。法眼は侍者にたずねた。「玄則監院は、今どこにいるのか」。侍者がいうには「すでに立ち去りました」。法眼「あの僧、もし揚子江を渡ったならば、救うことはできまい」。一方玄則は、途中までいって、再びもどってきて懺悔してたずねていった。「ただ今帰って参りました。御老師の御機嫌いかがですか」。法眼がいうには「私に何でもたずねるがよい」。玄則はただちにたずねた。「如何なるか是れ学人の自己」（真の自己とはどんなものでしょうか）。法眼禅師はいわれた。「丙丁童子来求火」。玄則はただちに大悟した（「拈評三百則不能語」一二二則）。

ここで玄則の発した問いに対して、青峰も法眼も「丙丁童子来求火」と、その答は全く同じであった。しかしこれを聞いた玄則の境涯には、全くの相違が見られる。玄則の境涯で、前には自己が真の自己（仏）であることがわかっていても、自己と真の自己が二つになっていたのに対して、後には自己が真の自己であるという一つの世界に気づいている。すなわち前の場合は、知的理解、すなわち有分別智を示し、後の場合は、体験的な気づき（覚）、すなわち無分別智を示している。悟りとは後者の方である。前述のごとく、有分別智は論理的思考、無分別智は直観的思考に相当している。そこで自己が自己を知るということが、いかに難しいかということである。

岩喚主人（「無門関」第一二）

瑞岩師彦和尚は毎日自ら「主人公」と呼び、自ら「はい」と答えていた。そして「はっきり目をさましているか」と問い、「はい」と答えた。「いつどんな時でも人にだまされるな」といい、「はい」と答えた。

この主人公は、自他一如の真の自己（仏）のことだ。呼ぶのも主人公、答えるのも主人公である。いつも真の自己を自覚して、日常生活において生き生きと生きていることを示したものである。

他是阿誰《たぜあすい》(『無門関』第四五)

法演禅師は言った。「釈迦も弥勒も、あの人の奴僕だ。『しばらく道え、他は是れ阿誰《あた》ぞ』(さあ言って見よ。〈あの人〉とは、いったい誰のことか)」。他(あの人)とは、自他相対の他ではない。前述の主人公と同じで、真の自己のことである。真の自己とは、宇宙一杯ただ一人の自己のことである。

マスロー(4)は、自己実現(self-actualization)という言葉を使っているが、これは自己の完全な人間性を開発することであり、また自己の持つ潜在的な能力、可能性を実現することである。この自己実現の前に自己発見がある。その点禅の悟りは、自他一如の真の自己の発見である。

(3) 自発性

禅の悟り、創造過程におけるアイデアやイメージ、またはカウンセリング(counseling)における気づきも自発的に生ずる。自発性(spontaneity)は、自分の意志で積極的に行動する傾向で、自主性、主体性、自律性とだいたい同じ概念である。自発性はこの自発性に基づいているとしても、自発性からただちに創造活動は出てこない。その自発的行動が適切性を持たなければならない。この点禅では、師の適切な指導によって、坐禅を行い、あるいは公案を参究し、きびしい清規すなわち規律にしたがって、自己の生活を統制するのである。このような自己統制は、自発性を促進すると共に、自発的活動を状況に適切ならしめ、したがって、創造性を開発するのである。

臨済禅師は、次のように述べている。

仏法は特別のはからいはしないものだ。平常で無事であって、用(大小便)を足したければ用をし、寒暖によって着物をき、おなかがすけば、飯をくい、疲れたら横になって休む。悟っていない人は、そういう私を笑うかもしれないが、悟った人は、わかってくれるだろう。古人いわく「外に向かって真の事実を求めて努力するものはみんな大馬鹿者である」と。諸君「随処に主と作《な》れば、立処皆な真なり」（どこでも自己が主人となれば、立つ処すべて真の事実である）（臨済録）。

ここに出てくる日常行われている行為は、ふだん対象として見ている行為ではない。一度はっきりと真の自己を見とどけてから、出てくる行為的妙用としての行為である。これは無分別智（悟り）を経た有分別智である後得智の働きであり、四智の成所作智の働きである。「随処に主と作れば、立処皆な真なり」とは、単に主体性を持てといっているのではない。主客一如の真の自己に気づけば、やることなすことすべて真の事実であるといっているのである。

雲厳手眼（「碧岩録」第八九）

雲厳が先輩の道吾にたずねた。「千手千眼観音菩薩（手が千本あって、手のひらに一つ一つ眼がついている）は、多くの手や眼を持っているが、何に使うのですか」。道吾はいった。「人が夜中に真っ暗の中で枕をはずしても、手探りで枕をさがしあてるようなものだ」。雲厳「よく分かりました」。道吾「君はどう分かったのかね」。雲厳「偏身（身体じゅう）手と眼です」。道吾「その言い方も悪くはないが、まあ八十点といったところだ」。雲厳「あなただったら、どう言いますか」。道吾は言った。「通身（身体じゅう）手と眼だよ」。

千手千眼観音菩薩といっても、自己のことである。私たちは毎日千手千眼を自由に使いこなしていて、手に眼があるかのように暗いところでも、その状況の中で、自発的にしかも適切に行動することができるということである。そして雲厳も道吾も、何れも「身体中眼と手だ」と同じ答えをしている。すなわち身体中に鋭敏な認知器官があって、自由自在に適切に行動しうるということである。

⑷ 真の事実の発見

禅の本質が真の事実（真の自己）の発見にあることは、多くの禅問答の中に見出すことができる。

平常是道（「無門関」第十九）
南泉、ちなみに趙州問う、如何なるか是れ道。泉云く、平常心是れ道（日常やっていることが、それが道である）。
この「平常心是れ道」の事実をよりはっきり示したものに、次の問答がある。
趙州洗鉢（「無門関」第七）
ある時、ある僧が趙州に問うた。「私は新参者でございます。どうか御指導下さい」。趙州いわく「喫粥了《きつしゅくりょう》や未だしや（お粥《かゆ》をたべたか）」。僧「いただきました」。趙州「鉢盂《はつう》を洗い去れ」（お粥を食べたら食器を洗っておけ）。その時、僧ははっと気がついた。
これによると、仏道は、日常生活の中に見出される。そこに真の事実に気づくことが悟りである。
次にいくつかの真の事実を示す問答をあげてみよう。
香林坐久（「碧岩録」第十七）
僧香林に問う。如何なるか是れ祖師西来意。林云く、坐久成労（長く坐っていたら、しびれがきれたよ）。
洞山三斤（「無門関」第十八）
洞山和尚、ちなみに僧問う。如何なるか是れ仏。山云く、麻三斤《まさぎん》。
雲門屎橛《しけつ》（「無門関」第二十一）
雲門、ちなみに僧問う。如何なるか是れ仏。門云わく、乾屎橛《かんしけつ》（昔中国で大便を取り除くための竹ベラで、最もきたない物とされている）。
慧超問仏（「碧岩録」第七）
僧法眼に問う。慧超和尚に咨す《もう》（わたし慧超が和尚さんにおたずねいたします）。如何なるか是れ仏。法眼は「お前は慧超だ」と言った。
鐘声七条（「無門関」第十六）

雲門は言った。「世界はこの通り広い。だから、いつ、どこで、誰が、何をしてもいいはずだ。それなのに鐘がなると、坊さんたちは、みんな七条の袈裟をつけて出てゆくが、それはどういうわけだ」。

「修行中の坊さんたちは、鐘がなると袈裟をつけて出てゆく」というのは、電話のベルが鳴れば、受話器を取ると同じで、無心の行動で真の事実である。

離却語言（「無門関」第二四）

風穴和尚に、ある時一人の僧が問うた。「語黙は離微《りみ》に渉る。いかがんが不犯《ふばん》を通ぜん（語ると黙する、客観と主観、差別と平等その何れにも落ちない真の自由をうるには、どうしたらよいでしょうか）」。風穴はいった。「長《とこし》えに憶《おも》う江南三月の裏《うち》、鷓鴣《しゃこ》啼《な》く処、百花香ばし（昔江南の春の景色を眺めたことがあったが、花が咲き乱れていて、そこには鷓鴣が静かに鳴いていたなあ）」。

以上の禅問答を見ると、禅の悟りは、真の事実の発見にある。これは思慮分別を入れない無分別智である。そこに少しでも観念、概念が入りこんだり、論理的思考が働いたら、真の事実から離れてしまう。風穴の見解は、主客に落ちない、生き生きとした真の事実を示している。

科学的思考では、自己に対して他者としての対象を客観的に観察し、それについて思考するとしても、また芸術の創作活動で、対象を主観的にとらえ、新しいイメージを生み出すとしても、この主観と客観および自己と他者が分かれる以前の、主客不二、自他一如の三昧の体験に気づくことが、真の事実の発見である。そこで真の事実の発見は、科学の発見や発明の基礎であり、芸術の創造活動などの原点であると考えることができる。

⑸ 公開の秘密

真の事実は、全く何者にも開かれていて、そこには秘密というものはない。明歴々露堂々であって、はっきり示されている。「密は却って汝が辺に在り」（秘密はかえってあなた自身の中にある）で、わかる人にははっきりわかり、わからない人には全くわからないのである。例えば、次のような問答がある。

宋の詩人黄山谷がある日晦堂祖心禅師に参禅した。晦堂いわく「あなたのよく知っている論語の中に、孔子が『自分が諸君に何か隠していることがあると思っているのか。自分は何も隠してはいないよ。（吾れ爾《なんじ》に隠すなし）』と言っています。これは禅門の重要な事柄とぴったりあっています。あなたは、この句をどう理解されますか」と。山谷「わかりません」。その日山谷は、晦堂禅師と共に山に遊んだ。すばらしい香が山いっぱいに満ちていた。晦堂「あなたには、木犀の香がわかりますか」。山谷「はい、わかります」。晦堂「吾れ爾に隠すなし」。山谷は、この言葉を聞いて、ただちに悟った[5][6]（「葛藤集第十八則」）。

このようなことは、科学上の事実の発見に見出される。ニュートンは、リンゴが目の前に落ちるのを見て、万有引力の法則を発見した。またフレミングは、ブドウ状球菌を培養していたが、それが手ちがいで汚染され、それが死滅していることを見つけた。これはある種の細菌が侵入して、ブドウ状球菌を死滅させたことに気づき、これを追求してペニシリンを発見するにいたったのである。この場合、科学では対象としての現象の事実の発見であり、禅では自他一如の真の事実の発見である。そこに相違点があるが、禅でいう真の事実の発見は、科学における客観的な事実の発見の原点であるといえよう。

⑹ 死と再生

禅のことばに「大死一番絶後に蘇生《よみが》える」といわれるように、「悟る」すなわち仏性（真の自己）に気づくことは、「死んで生まれかわる」ということだ。これは生命現象のメカニズムに、そのモデルを見出すことができる。有機体の細胞は、常に新陳代謝をくり返している。古いものがなくなり、それに代わって新しいものが生まれ出てくるのである。これは生命の創造（生成）の働きを示している。その意味で「死んで生まれかわる」ということは、破壊から創造へ、分析と総合、あるいは情報論から見ると、情報の切断と結合を示し、そこに創造の原理を見出すことができる。

南泉斬猫（「無門関」第一四）

南泉和尚は、僧堂の東堂と西堂の修行者が、猫について言い争っていたので、猫をつまみ上げて言った。「諸君が何か適当な一句を言うことができたら、この猫を助けてやろう。もし言うことができなかったら、この猫を斬ってしまうぞ」。修行者たちは、誰も言えなかった。そこで南泉は猫を斬った。夜になって趙州が外から帰って来た。南泉は、昼間のことを趙州に話した。すると趙州は、履《くつ》をぬいで、頭へのせて出ていった。南泉は言った。「もしお前さんが、あの場所にいたら、猫を助けることができたものを」。

ここで一刀で斬られたのは、猫ではなくて修行者たちである。すなわちわれわれのいろいろな分別の観念、妄想の出てくる源をたち切ったのである。これは禅門でいう殺人刀《せつにんとう》に相当する。自我の根をたち切ってしまうのである。そして趙州が履を頭の上にのせて出ていったのは、そこに無心の自由な行動が見られる。禅機すなわち禅の妙用を見出すことができる。この趙州の行為は、死んで生まれかわった、自由人の創造的な行動である。これは活人剣《かつにんけん》であるということができよう。

至道無難禅師の歌に「いきながら死人となりてなりはてて、おもひのままにするわざぞよき」というのがある。(7)これは「大死一番、絶後に甦生える」ということで、前半は殺人刀、後半は活人剣である。

趙州大死（「碧岩録」第四一）

趙州が投子《とうす》にたずねた。「大死底の人、却って活する時如何」（死にきった人間が、生き返ってきた時は、どうか）。大死一番して、そこからよみがえってきた時は、どうするかということである。投子がいった。「夜行を許さず、明《めい》に投じ須らく到るべし」（真っ暗で何も分からないというのではいけません。真っ昼間ではっきり気づいていないといいけません）

これは禅の精神であるが、投子が年上の趙州に対して、「あたりも暗くなりましたので、今夜はお泊まりいただいて、明朝明るくなってからお帰り下さい」ということだ。

創造活動というのは、このようにいろいろの対立、分別の観念を断ち切ったところに、真実の見方を見出すことができ、自由に創造的に行動することができるのである。また人間は、今まで生活していた世界の中で死んで、新しい世界に再生する。その場合、肉体の死は一回限りであるが、精神的な世界の死と再生は何回もくり返される。そして人間は浄化され、進化向上をとげていくのである。その意味で、一生のうち大悟数回、小悟数知れずというのは、精神的に死と再生を何度も繰り返していることを示している。ここに人間の自己創造のメカニズムを見出すことができるのである。

(7) 問題解決とネーミング（名づけ）

禅問答は、一種の問題解決過程である。悟るということは、その解答をうることで、心理学的にいえば、ひらめく、気づく、直観をうることである。問題解決では、問題をはっきりつかむこと、問題の本質をとらえることが大切である。問題が明確にわかれば、半ば問題が解決したのと同じである。問題解決とは、問題を問題でなくすということである。問題の最高の解決法は、その問題は問題ではないと気づくことである。宇宙船の開発の仕事をしていたスタンフォード大学のアダムス（Adams, J.L.）が、宇宙船の太陽光線のパネルを開くことを遅らせる装置の開発を行っていたが、いろいろ試みたところ、その遅延装置は実際には必要ではないことがわかったのである。[8]

趯倒浄瓶《てきとうじんびん》（「無門関」第四〇）

潙山和尚は、百丈禅師のもとで典座の職をつとめていた。百丈は大潙山の住職を選ぼうとしていた。そこで首座といっしょに大衆の前で見解をのべさせて、もっともすぐれているものを大潙山にゆかせることにした。百丈は浄瓶（水差し）を取って、地上に置いて問うた。「これを浄瓶と呼んではならない。さあ、何と呼ぶか」。首座は言った。「木履と呼ぶわけにはいきますまい」。百丈はこんどは潙山にたずねた。潙山は、浄瓶をけとばして出ていった。

すると百丈は笑って言った。「首座和尚は潙山和尚に負けたわい」。そこで百丈は典座和尚に命じて、潙山を開かせることにした。

この公案では、百丈が設けた問い「この浄瓶を浄瓶と呼んではならない。何と呼んだらよいか」については、首座はまともに答えようとして失敗した。潙山はまともに答えていない。問いそのものを、問いを設けた人の思いも、これを見ている大衆の期待も、すべて粉砕して、何もない状態にしてしまっているからである。すなわち問い（問題）そのものが本来ないことを示している。百丈は、この問いを設けるについては、禅の悟りから見て、どのような答が出るか期待していたのではないか。実は潙山の意表をつく答えに、驚き、かつ感心したのではないであろうか。

潙山は、百丈の問いのねらい（本質）は何かをとらえ、問題の与える葛藤を断ち切っている。すなわち与えられた問題を、自己をさえぎる障害として粉砕しているのである。

この百丈の問いには、ルーツがあるように思う。または関連した発想が出てきた典拠があるように思う。その一つが「金剛般若経」である。すなわち「金剛般若経」には、「もろもろの微塵（大地の塵）を、如来は微塵に非ずと説き、これを微塵と名づけたり」または「如来は世界は世界に非ずと説き、これを世界と名づけたり」など、同じような言葉が各所に見られる。鈴木大拙はこれらを「即非の論理」として取り出し、秋月龍珉はこれを展開し、整理している[(9)(10)(11)]。

この「金剛般若経」の命題は、「Aは非Aである。故にAといわれる」ということで、A（肯定）と非A（否定）、すなわち絶対に相反するもの（絶対矛盾）が「即」によって、そのまま自己同一――A即非A是名A――という自覚、そこに即非の論理があるというのである。この場合、第一のAは現象界であり、第二の非Aは本質の世界であって、前者が色であれば、後者は空である。そこで「Aは非Aである」は色即是空であり、「故にAといわれる」は空即是色である。こうして見ると、「浄瓶は浄瓶に非ず、この故に浄瓶と名づく」ということになろう。

水は一般には、「水は液体である」または「常温の水は、液体である」という。しかし水は、いつでも液体の状態にとどまらない。温度が下がれば、結氷して固体となる。これを氷と名づけている。また温度が上昇すると、気体になる。これを水蒸気と名づけている。すなわち、水が結氷して氷となる場合、

液体としての水→液体としての水ではない→固体としての水

公式化すれば　A→nonA→B

換言すれば　A=nonA→故にA=B

これによって即非の論理は、認識の論理にとどまらず、変換の論理または創造の論理に転換するのである。

鉛筆は「筆記具である」「書くもの」といえば、知能検査ならば合格であるが、創造性検査の「新用途開拓」のテストでは不合格である。鉛筆は、線引き、占いに使う。耳かき、穴をあける、二本使って箸、楽器など、種々の使い方によって名づけることができる。そこでまず固定概念をこわしてみることだ。そうして初めて新しい概念が生まれ、新しい働きや新しいものが生まれてくるのである。

それでは、この公案の問い「この浄瓶を浄瓶と呼んではならない。何と呼ぶか」については、首座のようにまともに答えたらどうなるであろうか。もちろん首座のように「木履と呼ぶわけにはいきますまい」と答えたら落第である。しかしこの問いを「浄瓶を浄瓶という以外に、何と呼んだらよいか」というなら、かなりいえるはずだ。これは今日問題になっているネーミング（名づけ）の問題である。

どんなものにも本来は名前（名称）はない。仮りに名前をつけただけである。しかし名は体を現すといわれるように、名前を言えば、そのものを指している。しかし名前はそのものではない。月そのものとそれを指す月ということばは、同じものではない。しかし適切な名をつけることで、そのものが活性化し、役に立つことは事実だ。時には名前を変えることで、そのものがリニューアル（更新）されて、新しい生命が生じて、有用化されることが少なくない。最近では新しい商品やサービス、組織などがふえて、それに適切な名前をつけることが重視され、ネー

ミング（名づけ）がビジネスにもなっている。例えば「カラオケ」（空っぽとオーケストラ）、「びゅう」（旅行サービスで、ＶＩＥＷ〈景色〉と列車がビューッと走るさま）、「一番搾り」（ビール）、「写ルンです」（カメラ）、「おーいお茶」（缶入緑茶）など数限りない。レナウンの防菌防臭の紳士靴下としての「フレッシュライフ」は「通勤快足」と改めて、その売り上げが一年後に九倍、三年後に三〇倍になったといわれる。このように名前は仮のものではあるが、名をつけたり改めることによってそのものの働きを変えてしまうということだ。

それでは、この公案の問いにもどろう。浄瓶に別の名をつけるとしたら、次のようになる。水瓶（飲用または手を洗う水を入れた器）、水差し、水入れ、みずがめ、浄水瓶など、別の用途に使えば、花瓶、酒瓶ともいえるし、「さわやか」といった名前をつけることもできよう。まだいくらでもいえるはずである。なおこの公案に関連したものに、次の公案がある。

首山竹篦《しっぺい》（「無門関」第四三）

首山和尚が竹篦（師家が学人を指導するための道具で、竹でつくられている）を取り出して、大衆に示して言った。「諸君、これを竹篦と呼べば、その本質を見落としてしまうし、竹篦と呼ばなかったら、その事実にそむく。さあ、諸君、言って見よ。これを何と呼ぶか」。

竹篦を「竹篦と呼ぶ」のは、色すなわち現象界、差別の世界のことであり、竹篦を「竹篦と呼ばない」とは、空すなわち本質の世界、平等の世界のことである。すなわち竹篦を竹篦と呼べば、差別の世界にとらわれて、空、平等の世界を見落としてしまうし、また竹篦を竹篦と呼ばなければ、平等の世界にとらわれて、色、差別の世界を無視している。ここで示されているのは、すべてのものを空じて後にあらわれる、あるがままの「如」の世界である。そこに竹篦は竹篦として大活現成するのである。

以前テレビで外国人が鉛筆を口にくわえて、これを手でたたいてリズムをとっていたのを見たことがある。「これは鉛筆だ。書くものだ」という概念にとらわれては、このように楽器として使うような発想は出てこない。

⑻ 柔軟性

金剛般若経に「応に住する所無くして、しかも其の心を生ずべし」、すなわち何事にもとらわれてはいけないと説いている。これは執着心のないことであり、柔輭心《にゅうなんしん》（あるがままに事実を受け入れ、状況に適切に対応できること）であり、自由無礙なる境涯である。また「随処に主となる」人の絶対自由の行動である。

これを行的な面では、「応に住する所無くして、布施を行ずべし」といっている。すなわち何ものにもとらわれないで施しをせよと説かれている。前者が体とすれば、後者は用であり、真の事実が機（禅機）となって出てきたものである。禅では、真の事実をはっきりと自覚し、それを修行を通して、人格化し、自然に行動に現れるように精進するのである。

趙州石橋（「碧岩録」第五二）

一人の僧がやってきて、趙州和尚にたずねた。「久しく趙州の石橋と響く。到り来れば只略彴《りゃくしゃく》を見る」（久しい間趙州の石橋と言うから、どんな立派な石橋かと思っていたら、来て見ればただの丸木橋ではないか——趙州和尚というから、どんな立派な和尚かと思って来て見たら、ただの老いぼれ爺ではないか）。趙州がいった。「お前は丸木橋だけを見て、石橋を見ていないよ——お前はわしの老いぼれ爺は見ているが、おれの本当の値打ちがわかっていないよ」。僧はいった。「それでは趙州の石橋とは、どんなものですか——それでは趙州和尚の本当のお姿は、どんなものですか——」。

趙州はそれに対して「驢《ろ》を渡し馬を渡す」（驢馬《ろば》を渡せば馬も渡すよ——どんな人でも救って、悟りの世界へ導いているよ）と答えた。ここに趙州が自由自在に衆生を済度している慈悲の働きが見られる。すなわち相手に応じて柔軟で適切に指導していることがわかる。

現在では以上の柔軟な心の働きを柔軟性といっているが、これは開放性、融通性、開いた心ということもある。

すなわち環境の変化に容易に適応できる能力、新しい情報を受け入れる能力と傾向、あいまいさへの寛容、関心の広さにつながり、多様な価値を受け入れ、つくり出すといった特徴を有する。この柔軟性は、創造性の人格特性として、また精神的健康の特徴としても、非常に重要な特性である。

⑼ 窮地の打開

問題解決や創造活動に行きづまって、二進《にっち》も三進《さっち》も進まない状況にいたった時、たちどころに問題が解決され、新しいものが生まれることが少なくない。

香厳上樹（『無門関』第五）

香厳和尚が言った。「人が高い木の上にのぼっているとする。口に枝をくわえてぶら下がっている。手で枝をつかまず、足も枝をふまえていない。木の下にいる人が『達摩大師がインドから中国に伝えられた仏法の極意は何か』と問うとしたら、どうするか。もし答えなければ、その人の質問に応じないことになる。もし答えれば、木から落ちて死んでしまう。このような時、どう答えたらよいか」。

この公案は、このように絶体絶命の窮地におちこんだ場合、どう打開するかを求めている。秋月のいうように[12]、「窮すれば通ずる」というように、問題状況が転ずるのである。「窮すれば通ずる」ということは、ある状況や問題で行きづまって絶体絶命の立場に立つと、かえって活路が開けて、状況が打開し、問題が解決されるということである。かつて野球のすぐれた打者であった川上哲治は、参禅していたが、スランプになった。その時スランプが突き破れないのは、窮しかたが足りないことを学び、ある時そのスランプを脱するのである。彼はその時の状況について、「昭和二十五年の夏、多摩川グラウンドで、特打ちを続けるうちに、突然目の前の厚い壁がスーッと消えていった。投手の投げた球が手もとで一瞬止まって見える。止まった球をたたくのだから何回打ってもジャストミートできる」と述べている[13]。

このように真剣にそのことに没頭して、自己を忘ずれば、そこに本来の自己（真の事実）があらわれる。すなわちそこに新しい状況が生まれて、問題が解けるのである。

(10) 自他一如と直観

禅の悟りは、無分別智であって、その対象と一つであることに気づくことで、創造性では直観的思考の働きの特徴を持っている。

非風非幡（「無門関」第二十九）

広州の法性寺に刹幡《せっぱん》、すなわちその寺に説法のあることを示す幡《はた》が立ててあって、その幡がパタパタとゆれていた。二人の僧がそれについて議論を始めた。一人は「幡が動く」といい、もう一人は「風が動く」といった。問答を繰り返して、どちらも真の事実に合わない。それを見て六祖（大鑑慧能大師）は言った。「それは風が動くのでもない。幡が動くのでもない。あなた方の心が動いているのだ」。二人の僧はこれを聞いて驚いて、畏敬の念に打たれた。

無門和尚は、この則を批評して、「風が動くのでもない。幡が動くのでもない、また心が動くのでもない」と述べている。すなわち心は、風が動き、幡が動くのと離れてはいない。そこには、風になり、幡になりきって、ただパタパタと鳴っているのである。そこに自他一如の真の自己があらわれている。ゴードン（Gordon, W.J.J.）は、シネクティクス（Synectics）という創造技法を生み出したが、その方法の一つとして人格的類推（personal analogy）を用いている[14]。すなわち自分がそのものになって、その中から物事を感じ、考えるのである。魚になれば、魚の心がわかるし、化学者が運動している分子になれば、分子に起こっている運動を身体で感じることができるようになるのである。すなわちそのものになりきることによって、直観（直観的思考）が働くのである。

引用文献

(1) 秋月龍珉『禅問答』潮文社、一九七五年、六〇－六二頁。
(2) 恩田　彰「仏教と創造性――とくに禅を中心として――」『東洋大学大学院紀要』第一二集、一九七六年、三八－三九頁。
(3) 恩田　彰『創造性の研究』恒星社厚生閣、一九七一年、二五二－二五八頁。
(4) A・H・マスロー、上田吉一訳『完全なる人間』誠信書房、一九六四年、二五九－二六二頁。
(5) 秋月龍珉『禅入門』潮文社、一九七二年、一四〇－一四二頁。
(6) 貝塚茂樹編『孔子・孟子』(「世界の名著」3) 中央公論社、一九七一年、一七一頁。
(7) 公田連太郎『至道無難禅師集』春秋社、一九七一年、三一頁。
(8) J・L・アダムス、恩田　彰訳『創造的思考の技術』ダイヤモンド社、一九八三年、一四－一六頁。
(9) 鈴木大拙『日本的霊性』(清沢満之・鈴木大拙「日本の名著」第四三巻)、中央公論社、一九七二年、四一五－四二八頁。
(10) 秋月龍珉『鈴木禅学と西田哲学』春秋社、一九七一年、六三－九八頁。
(11) 恩田　彰『創造心理学』恒星社厚生閣、一九七四年、二〇六－二一六頁。
(12) 秋月龍珉『禅問答』前掲書、三九－四一頁。
(13) 川上哲治「好きな言葉――窮而変、変而通――」朝日新聞(夕刊)、一九七九年八月一七日。
(14) W・J・ゴードン、大鹿　譲・金野　正訳『シネクティクス――創造工学への道』ラティス、一九六四年。

参考文献

安谷白雲『禅の心髄　無門関』春秋社、一九六五年。
平田高士『無門関』(「禅の語録」18) 筑摩書房、一九六九年。
紫山全慶著・工藤智光編『無門関講話』創元社、一九七七年。
秋月龍珉『臨済録』(「禅の語録」10) 筑摩書房、一九七二年。
禅文化学院編『現代訳正法眼蔵』誠信書房、一九六八年。
玉城康四郎『道元』(「日本の名著」第七巻) 中央公論社、一九七四年。
安谷白雲編著『碧岩集独語』三宝興隆会、一九六〇年。

大森曹玄『碧巌録』（上巻・下巻）柏樹社、一九七六年。
乙部魁芳編著『古則全集禅門公案大成』図書刊行会、一九七四年。
梶谷宗忍訳注『宗門葛藤集』法藏館、一九八二年。
中村　元・紀野一義訳注『般若心経・金剛般若経』岩波書店、一九七八年。
仁木眞理『ネーミング入門』日本経済新聞社、一九九五年。

第四章　密教と創造性

一　仏教と創造性

⑴ 智慧と創造性

創造性（creativity）は、全人類にとって共通な、普遍性を持っているが、各民族、社会、文化または時代、あるいは個人によって、それぞれ相違が出てくる。そこでまずインドの文化圏から発生し、主として中国を経て、わが国に伝えられている仏教、さらに密教の思想の中に、西欧の文化の中に形成されてきた創造性の特徴と思われるものを見出し、比較考察してみようと思う。

まず創造性の意義について明らかにしてみよう。創造性とは何かというと、「創造性とは、ある活動の目標を達成したり、または新しい状況の問題を解決するのに適したアイデアを生み出し、あるいは社会的・文化的（または個人的）に新しい、価値あるものをつくり出す能力およびその基礎となっている人格である」。要約すれば、新しい価値あるもの、またはアイデアをつくり出す創造力およびそれを基礎づける創造的人格である。創造性はいわゆる天才とか科学者、発明家、芸術家、宗教家などの特殊な人たちのみならず、誰でも持っている。創造活動は、一般には社会的に新しい価値を持つかどうかで評価される。しかし現在では、その人にとって新しい価値のある、個性的な活動が創造活動として重視されている。

創造性を創造力としてみると、これを創造的思考と創造的技能（創造的表現力）に分けることができる。創造的思考は、想像と思考、発散的思考（思考の方向が多種多様に変っていく思考）と収束的思考（ある一定の方向や目標に導かれていく思考）、または直観的思考（対象と一つになって気づく思考）と論理的思考（分析的思考）とがそれぞれ統合されたものとしてとらえることができる。その点思考とくに収束的思考と論理的思考は、従来知能の働きとして重視されてきたが、想像ならびに発散的思考と直観的思考は、創造性の重要な働きとして再認識されるようになってきた。

創造的技能は、ある基礎的な技術を習得し、その感覚・運動的能力の熟達によって生まれてくるもので、従来の技術水準を越え、社会的に評価される新しい高次の水準に達したものである。これには創造的思考が生み出すアイデアやイメージが仕上げられ、技術的な手続きによって所産が生み出される場合と、基礎的な技術の習熟によって、新しい所産が生まれる場合とがある。後者は宗教経験を得るために、心身の訓練をし、きたえる行法の体系である宗教的修行に相当する。密教では、修行者が手に印契を結び、口に真言を誦し、心を本尊の悟りの境地に住することによって、われわれの身体・言葉・意の三つの働き、すなわち三業が法身大日如来の三密と合一融合するのを三密瑜伽という。この三密の成就による創造活動は、仏の智慧の中の成所作智に相当し、創造性の面から見ると、創造的技能の特徴を持っていると思う。

創造的人格は、創造的態度としてとらえることができる。ここでは創造的態度を自発性、独自性、柔軟性、衝動性、持続性、探究心、注意集中力、共感性に分けることができる。①自発性　自発的に生ずる行動傾向であり、成長、治癒、内発的動機、気づき、悟りなどいずれも自発的に生ずる。しかし自発的活動は、適切に方向づけられ、訓練される時、生産的、創造的になる。②独自性は、他とは異なる行動をする傾向で、個性と関係が深く、独創性（originality）に発展する。③柔軟性　開いた心、融通性ともいわれ、環境や状況に積極的に適応していく態度である。これは柔輭心とも呼ばれ、真の事実をあるがままに受容する心である。④衝動性　心的エネルギー（生命の活力）の強さ、意欲の強さを表わす。⑤持続性　心的エネルギーの持続性を表わす。衝動性と持続性は、一見相反するように見えるが、いずれも創造活動の原動力である生命力、活力のあらわれである。とっさの機転や機知とか、短時間に多くのアイデアを出すには衝動性が大切だが、息の長い科学研究、技術の発明や芸術の創作や宗教的修行には持続性が必要である。これに近いものには、根気、執念、意志力、忍耐性などがあげられる。密教では三密加持といって、如来の不可思議な力を修行者が感じ受け取ることによって、悟り、超常現象、創造活動が生ずるといわれている。⑥探究心　これは未知、未来の世界を探索しようとする傾向で、好奇心ともよばれる。真の無上の悟りを求める菩提心がこれに相当する。⑦注意集中力　これは一つの事に注意を集中することで、観察、理解、記憶などの能力を高めるのみならず、直観的思考や想像力などの発想力を開発する。いわゆる三昧力である。その点、密教の行は、虚空蔵求聞持法や阿字観など、これら三摩地（三昧）行が中心に行われている。⑧共感性　共感性（empathy）とは、相手の感情を相手の立場に立って感じとることができることで、相手の感情を共有する体験でもある。カウンセリングでは、カウンセラーがクライエントの感情を共有することで、クライエントの苦悩が軽減したり、また心に安らぎを与えたりする。この共感性は、感受性として、テレパシー（telepathy, 五感によらない人間相互の観念や感情の伝達）が働くことがある。共感性は、思いやりともよばれ、仏教では抜苦与楽の慈悲心に相当する。

一般に創造性といわれるものは、仏教では智慧と呼ばれているものに相当すると思う。仏教の究極の目的は、悟りの智慧を得ることである。私たち日本人にとっては、創造性というよりは、智慧ということばのほうが親しみやすい。智慧という概念は、非常に広く、しかも深くて、創造性の概念の広さと深さにまさるとも劣らぬほどの豊かさを持っている。智慧は、一般に英知といわれるものに相当するが、これを仏教の立場からは、「真の事実をあるがままに見て、煩悩への執着から離れて、悟りを完成する働き」とされる。同じ智慧といっても、段階があり、般若波羅蜜は、最高完全な智慧を得ることを究極的な目的としている。この智慧は、広義では知能と創造性の両方を含んでいて、なおそれ以上のものがあると思う。そのさい智慧は、論理的思考を主な働きとする知能よりも、直観的思考を主な働きとする創造性に近いものがある。

(2) 仏教と創造性

創造性の主な思想的根拠は、西洋では創造説（天地創造説）に、東洋では縁起説（因縁生起説）に求めることができる。創造説については、キリスト教さらにさかのぼってユダヤ教に起源が見出される。すなわち万物を創造することができるという神の属性は、神によって人間にのみ与えられ、人間が事物を創造する能力を持つようになったというのである。これは西洋に発達した創造性の根本思想の一つにあげることができる。これに対して東洋では、仏教の縁起説に求めることができる。すなわちすべての現象は、無数の因（内的な直接原因）と縁（条件）が相互に関係し合って生起するというものである。これは因果律を重視する科学の思想に一致している。

智慧は、有分別智と無分別智の二つに分けられる。有分別智は、その対象を意識し、それについて思考する場合をいうので、知能とくに論理的思考の働きに相当する。これに対して無分別智は、対象を意識することなく対象と一体化する場合に気づくもので、創造性とくに直観的思考の働きの特徴を持っている。数学者の岡　潔（一九〇一―一九七八）は、「数学の研究は、一面からいえば、無差別智（無分別智）のはたらきである」といっているように、創造活動は、無分別智の働きが極めて重要である。また無分別智を得た後に得られる有分別智を後得智（無分別後智）というが、これには知能と創造性が含まれるが、これは知能よりも創造性に近い。すなわち、創造的思考が一般に直観的思考→論理的思考の過程をとるように、無分別智→有分別智すなわち後得智に創造性の特徴が見られると思う。

二　密教と創造性

⑴ 大日如来と五智

大日如来は、「大いなる光りの仏」という意味で、密教の中心となる尊格であり、「大日経」「金剛経」の本尊である。如来の特性は、その智慧光は宇宙のすみずみまで照らし、あらゆる生きものの本来持っている特性を生かし、その成長を促す。また生滅がなく、永遠であること。大日如来は、法身でありながら、いつでもどこでも説法しているとされている。

密教の宇宙観を示す金剛界と胎蔵界の両界蔓荼羅は、宇宙に存在するすべてのものが、大日如来の顕現であることを図示したものである。すべてのものは、大日如来から生み出される。その意味では、大日如来は、無限の生命の特質を示している。創造活動の原動力として、生命力、活力というべき心身のエネルギーがあげられるが、その点大日如来は、創造活動の原動力であると思う。また大日如来は、金剛のような堅い智慧の顕現であるとすれば、智慧を代表する創造性は、大日如来の特性であるといえよう。

大日如来の具備する智慧は、五つとされ五智といわれ密教の特色を示している。仏教一般では大円鏡智、平等性智、妙観察智、成所作智の四つがあげられるが、密教ではこれに法界体性智が加えられる。①法界体性智は、真の事実の本性を表わし、その働きは宇宙のすみずみにいたらないところはない。これは根本の智慧であり、次にあげる四智の側面を持っている。②大円鏡智：鏡のようにすべてのものをあるがままに現し出す智慧。③平等性智：あらゆる現象が平等であるととらえることのできる智慧。④妙観察智：平等の中に各々の特性を観察することのできる智慧。これは悟りの上の有分別智、すなわち無分別智をへた後得智である。妙観察智は、直観的思考→論理的思考の過程をへて、両者が統一された創造的思考に近いと思う。⑤成所作智：自由無碍にふるまってみても、みな法にかなっている智慧である。これも後得智であり、創造的行動力や創造的技能ともいうべき性質を持っている。

⑵ 即身成仏

生きているこの身のままで究極的な悟りを完成すること、またはそれができるということである。「我即大日」すなわち自己自身が大日如来であると自覚することである。また「入我我入」すなわち大日如来が自己に入り、自己が大日如来に入って、大日如来と自己とが一体となって、生きながら仏に成るのである。この境地は、禅でいう「直指人心、見性成仏」に相当すると思う。すなわち己事究明いいかえると仏性すなわち自己の本性・自他一如の真の自己（真の事実ともいう）をつかむことである。すなわち自己が仏であることに気づく。「仏に成る」といっても、実は自己が本来仏であることに気づくことである。

悟りの智慧は、本来、自己にそなわっているとする本覚思想は、真言宗では本有本覚門にあり、天台宗では天台本覚思想に発展している。密教では、手に印を作り、口に真言を誦し、心は三昧に入ると、三密が相応して、加持するので、現身に早く三密が顕現して悟りを得る。すなわち即身成仏ができると具体的にその方法が説かれている。これを創造性の立場から見ると、三昧という純粋経験の中で直観的に気づき、新しい世界を発見し、それを実現していくのである。

(3) 真　言

マントラ（mantra）の訳。呪、神呪、密呪、密言とも訳されている。真言は、象徴的な言葉であって、これを観想し、念誦すれば、その超自然的な霊力によって対象を支配し、動かすことで、人々の願望が成就され、現世の安らぎと利益が得られると考えられた。また悟りの智慧が得られ、苦悩が除かれ、災厄から免れるとされた。真言は比較的短いが、陀羅尼という場合は、比較的長いものをいう。真言は法身大日如来の自内証（自ら悟った真如）を示した真実の言葉である。そこで真言・陀羅尼を念誦することで、大日如来と一体となり、大日如来の功徳を体験できるとされている。

真言は、繰り返し唱えることで、精神集中（注意集中）、禅定、三昧の状態が得られ、心の安らぎが得られる。

さらに精神集中力が強くなり、三昧力が得られるので、観察力、理解力、記憶力が高まり、知能、創造性または超常的能力（超心理能力）が開発される。真言を繰り返し誦し、行法を繰り返し行うことで、精神集中が行われ、瞑想状態すなわち変性意識状態（Altered States of Consciousness）に導かれる。変性意識状態とは、通常の意識状態とはちがったもので、その本来の性質は純粋トランスといわれ、三昧状態がそれである。この状態では、自律性が現れ、自発的に悟りや創造的なアイデアやイメージが生じ、創造活動が生まれ、また自然治癒力や精神的成長力が開発するのである。

⑷ **曼荼羅**（マンダラ）

曼荼羅（mandala）は、「本質を有するもの」「本質を図示したもの」という意味で、仏の無上正等覚という最高の悟りを得た境地の図絵による表現である。真言密教では、マンダラは、悟りを得た場所、さらには道場を意味し、道場には壇を設けて如来や菩薩が集まるところから、壇や集合の意味が生じ、やがて如来を始め諸尊の集合像を描いたものをいうようになった。

空海が中国から請来したマンダラには、「大日経」によってつくられた胎蔵曼荼羅と「金剛頂経」によってつくられた金剛界曼荼羅がある。

マンダラは、仏の悟りの世界すなわち宇宙生命の真の事実を観想したイメージを象徴的に図絵に描いたもので、これを目で見ることによって、人は宇宙生命の真の事実を観ずることができるのである。表現の方法から、マンダラを分けると、大曼荼羅、三昧耶曼荼羅、法曼荼羅、羯磨曼荼羅の四つに分けられる。大曼荼羅は、諸仏、諸菩薩や神々を具体的な姿・形で表現したもの、三昧耶曼荼羅は、それらの姿ではなく、所有する法具のシンボルで表わしたもの、法曼荼羅は、種子（梵字）で表わしたもの、羯磨曼荼羅は、仏像を規定通りに並べた立体的なものである。さらには宇宙全体相がそのままマンダラと見るのである。これによるとマンダラは、宇宙の真の事実を芸術的な表現スタイルを通して、多次元的に創造的に表現していることがわかる。

大曼荼羅は、「胎蔵曼荼羅」と「金剛界曼荼羅」の両部に分けられるが、何れも宇宙の全生命である大日如来の世界を表現している。したがって宇宙の一切の現象は、大日如来の展開である。すなわち宇宙のあらゆる存在は、大日如来が生み出し、創造したものである。

胎蔵曼荼羅は、大日如来の「理」すなわち真如（真の事実）の世界、金剛界曼荼羅は、「智」すなわち、これを悟る智慧の世界である。胎蔵曼荼羅は、大日如来の慈悲が生み出す一切の存在を表わしており、放射型に表現されている。他方、金剛界曼荼羅は、均等に分割された九つのブロック（九会）の集合で表わされている。このブロックは、渦巻き構造となっており、時計回り（遠心型）は向下門、反時計回り（求心型）は向上門を表わしている。この求心性・遠心性の特徴は、宇宙生命の根源および万物の生成・創造の働きを表わしている。そこでマンダラは、絵画、彫刻、工芸などの創造的表現の原型となっており、心理療法においてクライエントがつくり出す絵にマンダラが象徴的に描かれるのも、決して不思議なことではない。

分析心理学のユング（Jung, C.G.）は、マンダラは「魂の像」または「内的な像」であって、心の平衡が失われている時に、あるいは意識と無意識の両方を含んだ人格の中心としての自己のイメージを必要とする時に、自然に浮かび上がってくると述べている。ユングは、一九一六年から一九二八年までマンダラを描き続けており、初めはその形が何を意味するかわからなかったが、やがて「マンダラは自己の表現である」とわかり、一九二八年には、その意味を十分に理解してからは、マンダラを描くことをやめたという。またユングは患者やゼミの学生から沢山のマンダラを集めて、それについて解釈を述べている。

ユングの描いたマンダラの特徴は、第一に円周として強力な枠を持っている。例えば非常に固い黒い窓枠とか強力な城壁が描かれている。これは自己を外界からの影響から守り、自己の心的エネルギーが外に漏れないためである。密教で魔障が入らないために結界をつくることに相当している。第二に外界と何らかのつながりや交渉を持っている。例えば中心から外に向かう光の放射として描かれている。第三に彼のマンダラは常に中心部を持っている。この中心部が安定して存在することによって、描かれるすべてのものが統一的な秩序を持ち、緊密な構成ができ、全体が一つの統一体を形成することができる。これは両界曼荼羅の中心に大日如来が描かれていることに相当する。このようにユングのいうマンダラは、密教でいう曼荼羅とは異なるとしても、その特性は共通するところが少なくないと思う。

スタンフォード大学のＭＢＡ（経営学修士）コースで「ビジネスの創造性」の講座を指導しているマイケル・レイ（Michael Ray）とロッシェル・マイヤーズ（Rochelle Myers）は、学生にマンダラを描かせている。密教でいう曼荼羅とはちがって、心理的なマンダラである。グラフ用紙にコンパスで円を描き、その中でカラーペン、色鉛筆かクレヨンで描かせる。まず楽に腰掛けて、目を閉じる。瞑想させる。呼吸に注意を集中させる。心がよくリラックスしたら、自己の本質に心を集中して、浮かんできたイメージを目をあけて描かせる。その場合自分で描こうとするのではなく、自分の中に現れるものにまかせる。そうすると自己の本質すなわち自己の内面の創造性が現れるという。この講座の学生の一人は、コンピュータ関係の新製品の開発にこのマンダラを描くことでアイデアを得たことを報告している。

⑸ 虚空蔵求聞持法

この行法は奈良時代から平安時代にかけて修行者たちによって記憶力や超常的能力やそのほかの諸能力の開発を目的として修法されていた。弘法大師空海もこれを修し、これらの諸能力が増進したばかりでなく、悉地を成就した、すなわち本尊の悟りの境地に到達したといわれる。この行法の本尊は虚空蔵菩薩であり、智慧を授け、福徳を増し、災厄を消滅する誓願を持っている。虚空蔵は、虚空と同じように広大無限の智慧と福徳をおさめ、そこから広大無限の智慧や福徳を生み出している。そこで空海は、記憶力、知能、創造性、超常的能力などの諸能力のみならず、悟りの智慧を徹見されているのである。

虚空蔵は、アカシック・レコード（Akashic Records）といわれるもので、宇宙のすべての出来事は、宇宙の虚空に記銘されているということである。過去に存在した情報を思い出すのは想起だが、これを超常的に知るのは過去知（retrocognition）といい、与えられた品物に関する過去の情報をとり出すのをサイコメトリー（psychometry）という。また現在の情報を引き出すのは想起および再生的想像、超常的なものは透視、これらの情報を素材として新しく組合わせて、新しいアイデアやイメージをつくり出すのは創造的思考（創造的想像ともいう）である。また、まだ起きていない事件や経験の情報を知るのは予知（precognition）である。虚空蔵は、ユングの集合的無意識、またはトランスパーソナル心理学（Transpersonal psychology）では、個人の意識をこえた超個的無意識がこれに相当すると思う。この意味では虚空蔵菩薩は、虚空から情報を取り出して、智慧を生み出す宝庫を主宰する仏であるといえよう。またこの行法は、虚空蔵菩薩の真言を百万辺を唱える。一日に一万回唱えるならば百日間、一日二万回ならば五十日かかる。この点この行法では、精神集中力が極めて強くなる。したがって三昧に入ると記憶力はもちろん、創造性や超常的能力が開発され、虚空蔵菩薩の境地すなわち悟りが得られるのである。

⑹死と再生

「死とは何か」「人間が死んだらどうなるのか」「人間の死後の世界はどうなっているのか」「人間はどうしたら安らかに死を迎えることができるか」について答えてくれるチベット密教のテキストに『チベットの死者の書』がある。これは現在でもチベットで死にゆく人の枕辺で僧侶が唱える経典である。死後四十九日間の追善廻向、鎮魂の経典である。その内容は、死の瞬間から次の生の誕生までの間に霊魂がたどる旅路、七週四十九日の間のいわゆる中有（バルド、Bardo）の様子を描き、死者が迷いの世界に入らずに、正しい解脱ができるように指導している。バルドとは、死んだ後に次に生まれ変って輪廻転生を続けるまでの間で、最長で四十九日間にわたる、死と生との中間時期である。この書によると、すべての人は死後三日半を過ぎて覚醒する。そして四十九日の間に次の生に再生するという。バルドの期間は、地域、民族や文化や個人によって、かなり違いがあるようである。

ユングは、この『チベットの死者の書』を読み、この書の説く死後の世界すなわちバルドの生活は、誕生の時以来、失われた人間の魂の持つ神性を回復しようとする通過儀礼（initiation）の過程であると考えている。すなわち死とは、この世で死んで、次の新しい世界に生まれるための通過儀礼で、死と再生のプロセスである。このことは心理療法にもあてはまる。そこに生ずる治癒過程は、クライエントが精神的に死んで生まれ変るプロセスである。これは箱庭療法や遊戯療法の中で象徴的に死と再生のドラマがクライエントによって演じられることからも理解できる。禅のことばに「大死一番絶後に蘇生《よみが》える」といわれ、悟るすなわち仏性（真の自己）に気づくことは、「死んで生まれ変る」ということである。

密教の影響を受けている修験道では、峰入りして、そこでの修行や儀礼は今までの心身を浄化するという死の過程に相当し、これによって新しく生まれ変ることで仏に変身（即身成仏）するという。真言密教の最も代表的な修行で、成仏への修行システムである四度加行も死と再生のプロセスである。この中のそれぞれの観想行も、その行の繰り返しによる修練により三昧にいたることは、心身の浄化という死のプロセスを体験することであり、それを成就し、伝法潅頂を受けることで即身成仏することになる。ここに仏として生まれ変るのである。また虚空蔵求聞持法、阿字観など、どの観想行を取りあげても、三昧によって成仏しうるものであって、いずれも死と再生のプロセスをとっていることには変りはないと思う。

人間は今までの世界の中で死んで、新しい世界に再生する。その場合肉体の死は一回限りであるが、精神的な世界では死と再生は何回も繰り返される。そして人間は浄化され、成長し、進化向上していくものである。アサジョーリ（Assagioli, R.）は、過去の「自己同一性」を脱却すること、すなわち自己脱同一化を行って、新しいより大きな同一性に至ること、すなわち自己同一化することで再生することをすすめている。ウィルバー（Wilber, K.）

は、古い狭い自己同一性を捨て去り新たな広い超個的自己の同一性へ拡大していくことで、人間が発達・成長すると述べている。またグロフ（Grof, S.）は、心理療法の過程の中で、多くの人が分娩前後の体験を思わせる無意識の状態を体験しており、その中でそれまでの自分が死んで、新しい自分が生まれるという死と再生の体験をしているという。そこでこの死と再生の体験は、悟り、心身の治癒、創造性の開発などと密接な関係があると思う。

(7) 男性（父性）原理と女性（母性）原理

創造性が開発され、創造が生ずる原理として相対する傾向が働くことがある。すなわち陽と陰、プラスとマイナス、男性（父性）と女性（母性）、明と暗、主観と客観、能動と受動など、いずれも相対立する働きを示しながら、相補的に働き合い、統合されることによって創造が行われている。

大脳は左右二つの半球に分けられるが、一般に脳の左半球は、ロゴス的（理性的）脳といわれ、理性的認識すなわち言語的思考、分析的思考（論理的思考）の働きを持ち、言語の能力や計算能力がすぐれている。これに対して右半球は、パトス的（感性的）脳といわれ、感性的認識すなわちイメージ的思考、直観的思考の働きを持ち、空間的把握、立体的認知や芸術のイメージ認知がすぐれている。今までの知性は、左半球優位の傾向が強かった。すなわち思考、分析的思考、収束的思考を主な働きとする知能の開発に重点がおかれていた。それに対して創造性にとって大切な右半球の機能の開発が十分でなかった。そこで創造性を開発するには、右半球の機能を開発する必要がある。またそれと同時に、右半球の働きの統合をはかり、左の言語脳と右のイメージ脳の相互作用を活発にさせることが大切である。その点左半球は、男性的（父性的）機能に対応し、右半球は女性的（母性的）機能に対応するところがあると思う。また創造的思考には、理性と感性の両方を必要とする。一般に理性、分析的思考は、男性的特徴であり、感性、直観的思考は女性的特徴であると考えられている。

密教では、「大日経」と「金剛頂経」に基づいて教えが説かれているが、いずれの経典も大日如来が教主として教えを説いている。マンダラの面から見ると、「大日経」で説いているマンダラは、胎蔵曼荼羅で、慈悲の世界を表わし、母性原理を示している。これに対して「金剛頂経」で説いているマンダラは、金剛界曼荼羅で、智慧の世界を表わし、父性原理を示している。智慧の面から見ると、大日如来を一切智智とし、絶対智とすると、その働きとして胎蔵曼荼羅は平等智であり、金剛界曼荼羅は差別智である。この関係は、易でいえば大日如来を太極とすると、金剛界曼荼羅は陽、胎蔵曼荼羅は陰に相当する。しかしこの両部の曼荼羅は、二つに分かれているが、大日如来という一つの世界を表わしているのである。

「理趣経」に説かれる十七清浄句は、男女の恋愛関係の過程を自然法爾に（あるがままに）述べたもので、これらはすべての存在は本来清浄であると説いている。これは大日如来（宇宙生命）の働きであり、仏・菩薩の立場から見れば、真の事実である。男女一体の大楽三昧も、仏・菩薩の浄穢の二辺を離れた本来清浄の安楽の境地をさすもので、浄穢の対立にとらわれた境地で推察すれば、まさしく天地はるかに隔てることになるであろう。ここでいう大楽三昧も、そのプロセスを展開することで、新しい生命の受胎、誕生、成長、進化といった創造過程、すなわち大日如来の創造活動を自己の体験を通して悟り、これを人格化して自己の生活に創造的に実現していくべきことを説いたものと思われる。

精神分析ではフロイト（Freud, S.）は、人間の行動の源泉は性的エネルギーであると考え、これをリビドゥー（libido）と名づけ、人間の成長発達に伴って、性的エネルギーは成熟するとした。しかしユングは、リビドゥーを性的なものに限らず、昇華した上で心的エネルギーとしてとらえた。密教においても性的欲求を昇華してとらえている。煩悩即菩提というよりも、さらに性愛を宇宙生命の顕現として積極的に認識している。その場合、無分別智の後の有分別智即ち後得智としてとらえているのである。

密教では灌頂という儀式を通して指導者である阿闍梨から修行者に法が秘密に伝えられる。また十善戒の中で、男女の淫らな関係をしないという戒で行動をコントロールするようにきびしく教えられている。このように結界を命の荘厳な活動を通してとらえた真の事実を示しているように思われる。

つくることによって、一方において煩悩に沈まないように歯止めとなり、さらには仏の悟りの眼から見て、宇宙生命の荘厳な活動を通してとらえた真の事実を示しているように思われる。

⑻ 阿字観・阿息観・月輪観

阿字観は、梵字の阿字を観想する密教の具体的な瞑想法である。阿字は全宇宙がこの阿の一字に集約されたもので、「阿字本不生」といわれ、阿はすべての存在の根源を象徴するものであり、不生にして不滅であり、絶対的、永遠なる真実であり、大日如来を表わしている。修行者には広略二種の観想があるが、略観では、月輪の中に蓮華を、その上に金色の阿字を描いた阿字観の本尊の軸を掛け、その前に結跏趺坐または半跏趺坐で法界定印を結び、出入の息ごとに阿字を観想しながら、阿字と一如の体験をする。阿息観は、阿字を出入の息と共に心に念じて口に唱える瞑想法である。阿字観も阿息観も阿字と自己とが一体化するのである。月輪観は、自己の心の本質すなわち仏性を満月の月輪として象徴し、これを胸中に観想して、月輪と自己とは一体不二であることを体得しようとする観法である。阿字観と字輪観（本尊などを象徴する種子や真言の文字を順逆に観想する修法）なども、この月輪観が基礎になっている。

これらの修行法は、三密が相応して行われており、観想法として、イマジネーション（imagination, 想像）の働きが重要である。阿字観、阿息観は阿字、月輪観は月輪を対象として精神集中を行い、何れも対象と一体化して三昧を得て、悟りを得ることのできる方法である。創造性の立場からいえば、何れも精神集中→禅定→三昧にいたるので、その過程でアイデア、ひらめきや新しいイメージが生ずる。とくに観想法としてイマジネーションを強化するので創造的想像を開発する。その点これらの行法は、記憶力、知能、超常的能力のみならず、創造性を開発することができる。またこれらはそれぞれ関連があり、結びついているが、実はそれぞれが完結した行法である。どれ一つとってみても、それが成就すれば即身成仏できるものである。このことは密教の他の行法にもあてはまると思う。密教の教相および事相から、もっとも自分に親しく、しかも普遍的なものを選択し、それを中心に集大成し、それぞれの教えを展開したものに、鎌倉新仏教がある。すなわち法然、栄西、親鸞、道元、日蓮、一遍などの祖師方の新仏教運動である。現在ではマンダラが芸術作品として絵画や映像としてつくられ、心理療法の中でクライエントが自らマンダラを描くのを認めることができる。またインドの後期密教を継承するチベット密教やヨーガの行法などの導入による密教の再認識、およびニューサイエンス、超心理学、トランスパーソナル心理学との出会いなど、密教の研究がますます活発化してきた。以上のことから、密教の領域の広さと奥深さを感ぜざるをえない。その点密教は、創造活動と創造性の虚空蔵、すなわち宝庫であるということができよう。

参考文献

恩田　彰『創造性教育の展開』恒星社厚生閣、一九九四年。

金岡秀友『密教の哲学』平楽寺書店、一九六九年。

勝又俊教『密教入門』春秋社、一九九三年。

頼富本宏『密教――悟りとほとけへの道――』講談社、一九八八年。

宮坂宥勝『密教の学び方』法藏館、一九九二年。

恩田　彰『禅と創造性』恒星社厚生閣、一九九五年。

田中成明『真言密教入門』世界聖典刊行協会、一九九五年。

林　道義「ユングのマンダラ」椎野八束編『ユング　現代の神話』アズ27号、新人物往来社、一九九三年五月、五八―六八頁。

マイケル・レイ、ロッシェル・マイヤーズ、恩田　彰監訳『クリエイティビティ　イン　ビジネス』（下巻）日本能率協会マネジメントセンター、一九九二年。

市川覚峯『修行千二百日――真の自己を求めて――』ＰＨＰ研究所、一九九五年。

田中成明『虚空蔵求聞持法』世界聖典刊行協会、一九九三年。

恩田　彰「死の不安」伊藤隆二他編『老年期の臨床心理学』駿河台出版社、一九九四年、二〇九―二二三頁。

原典訳、川崎信定訳『チベットの死者の書』筑摩書房、一九九三年。
恩田　彰『創造性開発の研究』恒星社厚生閣、一九八〇年。
山崎泰広『密教瞑想法』永田文昌堂、一九七四年。
山崎泰広『密教瞑想と深層心理』創元社、一九八一年。
立川武蔵『マンダラ瞑想法』角川書店、一九九七年。
田中公明『性と死の密教』春秋社、一九九七年。
八田幸雄『秘密経典　理趣経』平河出版社、一九八二年。
福田亮成『弘法大師の教えと生涯』ノンブル社、一九九五年。

第五章　浄土教における念仏の心理――『選択集』を中心にして――

はじめに

『選択集』については、すでに多くの諸先達、諸先学の方々の探究が行われており、私には何ができるであろうか。もし私にできることがあるとすれば、私なりの『選択集』の受けとり方としての理解、心理学的に考察した場合の所見、および自分のささやかな宗教体験からの知見についてなら書けるだろうと思い、この論文をまとめることにした。また本論文は諸先学の業績に負うところが大きい。至らぬ所も多々あると思うが、何か御参考になるものがあれば、幸いである。

一　念　仏

念仏とは、仏を念ずること、仏を憶念すること、仏の功徳や姿を心に思い浮かべることである。観念の念仏ともいわれる。法然の場合、阿弥陀仏の本願による南無阿弥陀仏と仏名を称える称名念仏のことをいう。

『選択集』十二には「念仏とは、専ら弥陀仏の名を称する、これなり」といい、同書十六には「正行を修せんと欲せば、正助二業の中には、なお助業を傍にし、選んでまさに正定を専らにすべし。正定の業とは、すなわちこれ仏名を称するなり。名を称すれば必ず生ずることを得。仏の本願によるが故なり」と述べ、念仏とは阿弥陀仏の本願に基づく称名念仏であるとしている。

阿弥陀仏の第十八願で「もし我れ、仏を得らんに、十方の衆生、至心に信楽して、我が国に生ぜんと欲して、乃至十念せんに、もし生ぜずんば正覚を取らじ」と願文には乃至十念とあるが、称名念仏が本願に誓われているのである。

それでは阿弥陀仏が数ある行業の中から、なぜこの称名念仏が往生の本願として選び取られたかという点では、法然は『選択集』三で次のように推察している。「聖意測り難し、たやすく解することあたわず」と述べ、勝劣と難易の二点から説いている。勝劣の観点からは、念仏は勝れており、ほかの行は劣っているとしている。なぜならば、名号には一切の功徳が含まれているからである。すなわち阿弥陀仏がそなえている四智、三身、十力、四無畏などのあらゆる悟りの功徳、それに姿や形、光明、説法、人々の利益等の一切の外に現れる働き、これらの功徳がすべて阿弥陀仏の名号の中に包含されている。それ故に阿弥陀仏の名号の功徳は、もっともすぐれているというのである。それ以外の行はそうではない。ただ一隅を守っているにすぎない。だから劣っているとしている。したがって劣っているものを捨てて、すぐれているものを選び取って本願とされたのである。

次に難易の観点からは、念仏は実践しやすく、ほかの修行は実践しにくいとしている。まず観想はとても難しいが、称名はやさしい。また念仏は誰でも、いつでも、どこでも無条件に称えることができる。さらに臨終の時、往生したいと思うのに一番適しているというのである。

このようなわけで、念仏は阿弥陀仏の本願に基づく称名念仏である。念仏には阿弥陀仏の一切の功徳がそなわっているので、すぐれており、また誰でも、いつでも、どこでも無条件にできるので実践しやすい。そこで法然は阿弥陀仏の選び取られた本願に基づく念仏往生を善導などのことばに触発されて選択されたのである。

最近、心理療法やカウンセリングの世界で、セルフコントロール（self control）の問題が重視されている。(1) セルフコントロールとは、自己の心身を調整して、その安定と統合をはかり、それによって自己の心身の機能を十分に開発し、そのときどきの状況に合った適応行動がとれることである。その点禅やヨーガ（Yoga）などの瞑想法は調身（身体を調え）、調息（息を調え）、調心（心を調える）から成り立つ。また念仏においても、この関係が成立している。

念仏では、ふつう正座の姿勢をとるが、姿勢を正しく、安定した姿勢をとる。そして手のひらを合わせて合掌する。念仏一会では、木魚またはふせがねを打つ。これも心身の感覚運動の自然のリズムに合わせて行われており、調身となっている。念仏の場合、立っている時も歩いている時も、横になっている時でもできるので、一般にはどのような姿勢や動きでもできるというのが特徴である。(2)

また念仏では、称名によって調息すなわち呼吸が調い、呼吸が調うことで調心が得られる。阿弥陀仏の名を声に出して称えることが、そのまま阿弥陀仏を念ずることになるということで念声是一ともいわれる。

『選択集』三に、念と声との関係はどうかと自問し、「答えて曰く、念声は是れ一なり、何を以てか知ることを得たる。『観経』の下品下生に云わく、声をして絶えざらしめ、十念を具足して、南無阿弥陀仏と称せしむ」と説かれている。すなわち南無阿弥陀仏と称えることに注意を集中するのである。

調心の方法としては、坐禅では数息観といって出入する息とその数という呼吸に注意を集中する方法、または公案に注意を集中する方法があるが、念仏では称名に注意を集中するのである。すなわち南無阿弥陀仏と繰り返し称え、その音声に傾聴し、それに専心するのである。注意集中は、一つの事象に注意集中することである。念仏では、主なる対象は称名念仏すること、すなわち南無阿弥陀仏（ナムアミダブ（ツ））の音声または声に出ない内言に注意を集中するのである。その場合阿弥陀仏の像や絵に視線を向けながら、念仏することや、眼の開閉は関係はないが、阿弥陀仏や浄土のイメージを浮かべながら念仏することもあると思う。

二　三　心

三心とは、阿弥陀仏の浄土に往生したいと思う者が持つべき三種の心構えである。すなわち①至誠心　②深心　③廻向発願心の三種である。浄土宗の実践体系の基本原則として、安心、起行、作業に分ける場合、安心は往生を願う者に必要な心構え、起行は実践すべき修行、作業はその修行の態度である。そこで三心はこの安心に相当し、通仏教的立場の総安心、浄土宗的立場の別安心に分けると、別安心に相当する。『観無量寿経』上品上生に「若し衆生ありてかの国に生ぜんと願ぜば、三種の心を発すべし。すなわち往生す。何等をか三となす。一には至誠心、二には深心、三には廻向発願心なり。三心を具する者は必ずかの国に生ず」ということによる。

善導は『観経疏』（散善義）で、至誠心について「至とは真なり。誠とは実なり。一切衆生の身口意業に修する所の解行《げぎょう》、必ず真実の心中に作すべきことを明さんと欲す。外に賢善精進の相を現じて、内に虚仮を懐くことを得ざれ」と。至誠心とは真実心であり、表面的には立派に努力しているようにふるまいながら、心の中では嘘偽りの思いをいだいてはいけないといっている。

カウンセリングにおいて、カウンセラーが身につけておくべき態度条件として、クライエント中心療法の創始者であるロジャーズ（Rogers, C.R.）は、次の三つをあげている(3)。第一は一致性（congruence）または純粋性（genuiness）、一致性とは自己概念と体験とが一致していること、純粋性とはあるがままの自己でいられることである。第二は無条件の肯定的配慮（unconditional positive regard）すなわちカウンセラーがクライエントの体験をあたたかく受容していることで、慈悲、愛、仁などがこれに相当する。第三は共感的理解で、相手の感情を相手の立場に立って感じとることのできることで、相手の感情を共有することである。

そこで至誠心は、この一致性、純粋性に相当すると思う。ロジャーズは、カウンセリングがめざす人間像については自分が真の自分自身であると述べ、これを表すのに老子のことば「道は自然に法《のっと》る」（The way to do is to be.）を引用している。これは人間がいかに生きるべきかということは、自然の生き方をすればよいと教えている。あるがままに生きればよいということである。(4) そこでこのままでいいのだという安らぎがえられる。この境涯は、浄土教でいう無生法忍であり、至誠心を悟りの面から見たのがそれである。

第二に深心というのは、深く信ずる心のことである。そして私自身は罪悪生死の凡夫であって、迷いの世界から出て、悟りの世界に入る縁のないものと自己を見きわめ（信機という）、そういう自分を阿弥陀仏は四十八願をたてて救って下さり、仏の誓願によって必ず往生できると信ずる（信法という）ことである。深心とは、深く阿弥陀仏の本願を信ずることであり、阿弥陀仏に自己をまかせることである。自己をまかせるということは、仏の本願成就の通りになると信ずることである。そこには一種の安らぎと自由と能動性が生まれる。単なる受動ではなく、内なる潜在的な創造力が出てくるのである。

スタンフォード大学の社会心理学の教授であるマイケル・レイ（Michael Ray）とサンフランシスコの創造性研究所の創立者で、美術家であり音楽家であるロッシェル・マイヤーズ（Rochelle Myers）は、著書「クリエイティビティ　イン　ビジネス（Creativity in Business）」において、「身をまかせる」（surrender）は、自己の内なる本質に身をまかせることで、問題が解決したり、状況がうまく展開するという。(5)「身をまかせる」とは、意図的にやるのではなく、神や仏にまかせるとか、自分が無心になって大きな力にゆだねるということである。浄土教では、自己の心身をあげて阿弥陀仏にすべてをおまかせすれば、自己は阿弥陀仏の生命力にみたされて、安らぎが得られ、阿弥陀仏の功徳が自己の中に現れ、はかり知れない智慧が生ずることになるのである。

第三は廻向発願心で、すべてをふり向けて浄土に往生したいと願うことである。『観経疏』散善義では「過去及び今生の身口意に修する所の世出世の善根、及び他の一切の凡聖の身口意に修する所の世出世の善根を随喜し、此の自他の所修の善根を以て悉く皆な真実深信の心中に廻向して、彼の国に生ぜんと願ず、故に廻向発願心と名づくるなり」と説いている。これを往相廻向といい、また阿弥陀仏の浄土に生まれた後に、大慈悲の精神を起こして、再び迷いの苦悩の世界にもどって来て、人々を救済することを還相廻向といって廻向には往相廻向と還相廻向の二つがあることを示している。この二つの廻向を現世において見る時は、前者では自己の往生のために念仏することであり、後者では他者の往生を願って念仏することになると思う。

そして三心がすでにそなわっていれば、その念仏の行は必ず成就して浄土に往生できる。もし一つでも欠けていたならば往生はできないという。善導はこのように一切の衆生が往生を願う者の持つべき心構えを説いている。

法然は、以上に引用した三心は、念仏する者にとって、最も肝要なものであるとして、極楽に往生したいと願う者は、必ず三心をそなえなければならないと述べている。また法然は至誠心について、至誠心とは真実の心であって、表面の行動では堅く立派に振る舞い、いかに努力しているように見えても、内面では愚かであり、悪いことを考え、なまけようという気持ちでいるとする。これは心の内面と表面とが調和していないということである。これは前述のカウンセラーの態度としての一致性、純粋性ができていない状態である。そして法然は「若し夫れ内を翻じて外に播《ほどこ》さば、また出要に足るべし」（もし内面の心を裏返して表面の行動に移したならば、これまた迷いの苦しみの世界から解脱することができるだろう」と述べている。すなわち自己の内心が表面の行動と一致すべきことを説いており、まさしくロジャーズのいうカウンセラーの態度条件である一致性または純粋性にあてはまることがわかるのである。この一致性または純粋性は、単にカウンセラーとして必要なだけではなく、すべての人間の生き方として必要なのである。すなわち至誠心は浄土に往生を願って念仏する者にとって必要であるだけではなく、あらゆる人々にとっても大切な生き方である。至誠心は智慧として見る時は、無生法忍すなわち如実知見（あるがままに真の事実に気づくこと）に転ずるのである。

この三心は、阿弥陀仏の本願を真実の心で深く信じて、浄土に往生したいと願って念仏することであるから、念仏に帰一することになる。逆にいえば念仏そのものに本来三心がそなわっているのであり、この自覚が大切なことを『選択集』は説いていると思う。このことから浄土に往生したいと願う者は、三心を心がけて念仏せざるをえなくなるということになる。そこで念仏すれば、三心が自然に身についてくる。だからひたすら念仏しなさいというのが法然が『選択集』（その他の語録を含めて）で説いていることだと思う。

三　四　修

浄土へ往生するための実践の基本原則として、安心、起行、作業がある。この中の作業は、定められている念仏を修する仕方、態度の規範である。日常生活で念仏をいかに行っていったらよいかということである。そこで作業として、四修が示されている。善導は『往生礼讃』で念仏実践のために説き、法然は『選択集』九にこれを引用して説き、さらに中国の窺基《きき》の『西方要決』を引いて、四修の必要性を説いている。①恭敬修《くぎょうしゅ》（または慇重修《おんじゅうしゅ》）・敬いの態度で、阿弥陀仏とその浄土の聖者たちを心から敬い礼拝すること　②無余修・ほかのことを一切まじえないことで、隙間なく念仏に専念し、ほかのことに注意をうつさないこと。これは念仏に注意を集中することである。やがて没頭し三昧にいたるのである。③無間修・時間的には念仏を絶え間なく相続することである。これも無余修と同じく三昧にいたるのである。煩悩が起った時に念仏すれば煩悩は消えるし、念仏していれば煩悩が入るのを防ぐことができる。④長時修・以上の三修を臨終にいたるまで一生涯続けることである。法然は念仏においては他の三修はいずれも長時修に帰一するだけでなく、四修はいずれもお互いに関連し合っていると説いている。

法然は、この四修のうち無間修を肝要とされ、無間修とは常に念仏することだといっている。換言すれば無間修は無余修との関係では、前者では念仏の相続をいい、後者では念仏への専心をいっているのであるから、念仏の実践から見ると、結局は同じことである。また無間修は、一生涯という長時間から見れば、長時修となるのである。すなわち法然は生涯かけて念仏を相続せよと説いている。「一枚起請文」では、往生を願って念仏をとなえることに自然と三心と四修はそなわると述べている。

瞑想法では、簡単な行動目標を設定して、それに注意を集中する。それを繰り返し行う。例えば念仏はもちろん、唱題、祈り、誦経、数息観、公案の拈提、マントラ（mantra, 真言）の念誦など、簡潔または単一な行動を繰り返す。そうすると思考活動の働きは抑制され、精神集中が強められ、やがて瞑想状態すなわち変性意識状態（Altered States of Consciousness略してＡＳＣ）に導かれる。ＡＳＣとは、通常の意識の覚醒状態とはちがったもので、心理的機能や主観的経験が著しく異なる変容した意識の状態である。[6]その本来の性質は純粋トランスといわれ、三昧状態がそれである。この状態では、心身に自律性、自発性が現れる。自分が思うように動いて、その行動がその状況に適応するようになる。すなわちセルフコントロール（self control）の働きが現れる。自発的に気づきや悟り、創造的なアイデアやイメージが生じ、創造活動が生まれ、また自然治癒力や精神的な成長力が開発するのである。ＡＳＣは、一般に通常的な現実的な覚醒意識を基本として、これが変容し、現実性から離脱したものとして、時には異常なものとしてとらえられることもある。しかし本来は正常な意識であり、浄化された意識である。すなわち三昧の状態がそれである。

四　三　昧

三昧はサマーディ（samādhi）、心を一つの対象に集中して、対象と一つになり散乱しない状態、心が静かに統一されて、安定している状態、心をひとところに定めて動かさないから「定」、観察する対象を正しく受ける（見える）から「正受」、平等に心を集中し続けることから「等持」ともいう。浄土教では、三昧の境地において三昧発得がえられる。すなわち仏が現前するのが見えたり、浄土が現れるのを見ることができる。さらに無生法忍すなわち如実知見がえられる。その点浄土教では、念仏三昧が修道システムの中核となっている。

禅定は、一つの事物に注意をとどめない心の状態である。注意を適切に分散させているのである。初めはいろいろな観念やイメージまたは考えが出てくるが、それは現れては消え、現れては消えていく。それを続けていくと、しだいに少なくなり、しまいにはほとんど出なくなる。禅でいう、何もない心の状態である非思量がこれである。この状態では自己と外界とが対立しなくなり、対象と一つになることから三昧という。自己が事象と一つになると、自由に心身が動けるようになり、心身の機能が十分に働き、生産的、創造的な活動ができるようになるのである。

注意集中が心が拡散していくのを調整して、一つの事象に集めるやり方とすれば、これに対して禅定はとらわれる心を自由に解放して拡散させるやり方である。すなわち注意集中が求心性を持つとすれば、禅定は遠心性を持つ。禅定は心身を浄化し、ホメオスタシス（homeostasis）の回復を促進し、その結果人格の再統合をもたらすことができる。その意味では、禅定は適切な用い方をすれば、心身の治癒力を促進する。

オーンシュタイン（Ornstein, R.E.）は、瞑想を二つの型に分けている。すなわち注意集中型瞑想と解放型瞑想である。前者は一点への精神集中を発展させるもので、念仏や禅の数息観などがそれである。これに対して後者は日常生活から隔離しないで、日常生活の過程で意識の訓練に関連づけているもので、只管打坐をあげている。また上座仏教のヴィパッサナー（vipassana）瞑想法、すなわち瞬間瞬間に起こっている現象に注意を集中して、それをことばに変換し、あるがままに真の事実に気づいていくのが後者にあげられる。

この両者の関係は、前述の注意集中と禅定との関係に相当すると思う。シャピロ（Shapiro, D.H.）は注意の仕方に基づいて、瞑想を三つに分けている。全領域に焦点をもつもの（広角レンズ様注意）、領域間の特定対象に焦点をもつもの（ズームレンズ様注意）、そして両者の間をいったりきたり移動するものである。最初のものは解放型瞑想に、第二のものは注意集中型瞑想に相当する。念仏はこれである。第三の移動型瞑想には、禅、ヨーガの瞑想などがあげられる。

禅定法は、すぐできるものではない。そこでそのためには注意集中法を練習し、それに習熟してから、この禅定法を行うと効果的である。

また念仏、禅の公案の拈提、唱題、マントラの念誦など、一つの対象に注意集中し、これに没頭すると三昧にいたる。三昧にいたるには、一つの対象に注意集中して、そのものになり切るというやり方が、精神集中法をやってから禅定法に移るやり方や初めから禅定法で行うやり方より容易である。このように三昧にいたるには、第一に精神集中して三昧にいたる法、第二に精神集中→禅定→三昧にいたる法、第三に禅定→三昧にいたる法があげられる。念仏は第一の場合である。禅では無字やその他の公案に精神集中して三昧に入る。第二のやり方では、禅では初め精神集中をやり、次にそれをやめて只管打坐に移行するやり方である。

そこで念仏は、注意集中法に相当するので、念仏してから坐禅（とくに只管打坐）する。念仏と禅を双修すると、坐禅がよくできると思う。その場合、念仏→坐禅→念仏というやり方をするとよい。すなわち散心の念仏でも、念仏を続けることで、注意集中ができるようになり、三昧力がついてきて、おのずと定心の念仏ができるようになる。この上で坐禅を修すれば、より定心がえられ、これによって、より深い定心の念仏ができ、三昧力がより強くなると思う。

(1) 観仏三昧

仏を念じ観ずる定（三昧）のことである。仏身の相好や功徳を想念し、観察すること。『観無量寿経』は、阿弥陀仏および極楽浄土を心で観想する十六の観法を具体的に説いている。これは思考というよりは想像力を使って、阿弥陀仏や諸仏諸菩薩のイメージを心に浮かばせるのである。これによって衆生をして滅罪、見仏、往生させようとしている。すなわち禅定に入って、心身を浄化し、対象を想像し、観察し、直観することである。これによって報身を観察させるのであるが、法身も見ることができる。『観無量寿経』に「次にまさにさらに無量寿仏の身相光明を観ずべし。（中略）この観を作すをば一切の仏身を観ずと名づく。仏身を観ずるをもっての故にまた仏心をみる。仏心とは大慈悲これなり」と説き、そしてその観法をするものは、死んでも必ず浄土に往生して、諸仏の前に生まれ、無生法忍（不生不滅の真の事実を悟ること）を得るであろうといわれる。すなわちこの観法によって、阿弥陀仏の報身として色身のみならず、姿形のない法身をも観ずることもできると述べている。

⑵見仏三昧

仏を心に想念し、あるいは仏像を観想し、または仏名を称えるなど、諸種の行法を実践して定（三昧）の状態に入った時、仏を見ることができること。浄土教では、般舟三昧および念仏三昧をとくに重視して、称名念仏による念仏三昧を実践し、三昧発得すれば、姿形のある仏（色身）を見ることができるとしている。善導は『観念法門』で「又この経を以て証するに亦是れ弥陀仏の三力、外に加するが故に見仏す。三昧と言うは即ち是れ念仏の行人、心口に称念して更に雑想なく、念念住心し、声声相続すれば心眼即ち開けて彼の仏の了然として現じたまうを見ることを得。即ち名づけて定と為し、亦三昧と名づく。正に見仏する時、亦聖衆及び諸の荘厳を見る。故に見仏浄土三昧増上縁と名づく」と述べている。これによると阿弥陀仏を専心に称名すれば、阿弥陀仏の大誓願力、三昧定力、本功徳力の三力が行者に加わり、心眼が開いて仏や聖衆および浄土の荘厳を見ることができる。これを見仏三昧というのである。

⑶般舟三昧

十方の諸仏が現に目の前に立って現れる三昧のこと。現在仏現前三昧、諸仏現前三昧、仏立三昧などともいう。この三昧を実習することで、現在の一切の諸仏が自分の目の前に立って現れる（現前する）ことから、般舟三昧というようになった。天台智顗《ちぎ》は、『摩訶止観』の中の四種三昧の一つに常行三昧を説いた。すなわち九十日の間、阿弥陀仏像のまわりを行道して口に念仏を唱え、心に阿弥陀仏を念ずるもので、昼夜絶え間なく続けるので常行三昧といわれる。この三昧が成就すると、諸仏が目の前に現れるのを見ることができるので「仏立三昧」ともいう。比叡山では、入唐した円仁が五台山の念仏から、常行三昧を伝えている。この常行三昧は、般舟三昧のことである。

⑷念仏三昧

仏を念ずることに専心して、心が統一され、安らぎが得られた状態。浄土教では、一心に南無阿弥陀仏と称えること。さらに仏の姿形（色身）や光明、功徳荘厳などを思い浮かべて、それに精神を集中する状態、またそれになる方法である。『観無量寿経』には「諸仏を見るを以ての故に念仏三味と名づく」と述べている。すなわち念仏三味によって、見仏し得ることを説いている。善導は『観経疏』で観仏三味と念仏三味を共に第一に重視しながらも、凡夫が阿弥陀仏の本願である称名念仏による口称の念仏三味を最も重視している。念仏三昧については法然は『選択集』十一において、「正しく念仏三昧の功能超絶して、実に雑善をもって比類となすことを得るにあらざることを顕わす」。すなわち念仏三昧がさまざまな善行と比較できないほど、すぐれた働きを持っていることを示している。また同篇に「念仏三昧はこれ総持のごとく、また醍醐のごとし。もし念仏三昧の醍醐の薬にあらざれば、五逆深重の病はなはだ治しがたしとす」と念仏三昧は、陀羅尼のように醍醐の味のようにすぐれた働きをもっている。だから五つの重罪を犯した者でも、その罪は消滅して救われるという。また念仏三昧が本願の行であることについては、『選択集』十二において「中に就いて同疏の玄義分の中に云わく、〈この経は観仏三昧を宗とし、また念仏三昧を宗とす〉と。すでに二行をもって一経の宗とす。何ぞ観仏三昧を廃して、念仏三昧を付属するや。答えて曰わく、〈仏の本願に望むるに、意、衆生をして一向に専ら弥陀仏の名を称せしむるにあり〉と云う。定散の諸行は本願にあらず。ゆえに付属せず。またその中において、観仏三昧は殊勝の行なりといえども、仏の本願にあらず。ゆえにこれを付属せず。念仏三昧はこれ仏の本願なり。ゆえにもってこれを付属す」とある。善導は、観経では、観仏三昧、念仏三昧の両三昧の行を基本においているが、「仏の本願に望むるに、意、衆生をして、一向に専ら弥陀仏の名を称せしむるにあり」と説いて、定善・散善の多くの行は、本願でないから伝授しなかったという。またこれらの中で観仏三昧は、ことさらすぐれた行であるけれども、仏の本願ではないから伝授しなかった。念仏三昧は、仏の本願であるから伝授したのであるというのである。こうした理由から法然は、念仏三昧こそ仏の本願であるから、これを選びとったと述べている。

⑸ 四種の三昧の関係

『観無量寿経』では、阿弥陀仏を中心にして諸仏、諸菩薩や浄土を観想する方法が説かれている。すなわち想像力を使って、種々のイメージを生み出していく。初めはそれぞれ対象を定めて、それに精神を集中して、能動的に観察していくが、やがて三昧にいたると、種々のイメージが自発的に生じてくる。こうして観仏三昧は、般舟三昧すなわち諸仏現前三昧に移行するようである。諸仏や浄土が自然に現れるのを見ることができるというので見仏三昧といっていると思う。

また観想をとらず無観称名をすることで念仏三昧にいたると、自然に阿弥陀仏を始め諸仏や浄土の荘厳が目の前に現れる般舟三昧が生ずる。この場合、善導は、『五種増上縁義』の第三見仏三昧増上縁を説く中で、「至誠心、信心、願心を内因とし、また弥陀の三種の願力をもって外縁となすによって、外内の因縁和合するが故に即ち見仏することを得」と述べている。このうち内因は至誠心などの三心を指し、阿弥陀仏の三種の願力というのは、『般舟三昧経』に説く大誓願力、三昧定力、本功徳力の三力を指しており、これら三種の仏力が衆生に働いているという。したがって煩悩具足の凡夫は三心をそなえて念仏し、その上で仏の加念（加護）の働きかけで仏や浄土を見ることができるのである。さらにはその境地において無生法忍を得ることができるのである。

また阿弥陀仏の本願により、口称の念仏により極楽浄土に往生すれば、当然阿弥陀仏や諸仏、諸菩薩を見ることができ、そこで無生法忍を得ることができる。このやり方はあらゆる衆生においてもできることである。したがって、法然は観仏三昧をすてて、現世における三昧発得による般舟三昧を重視しながらも、阿弥陀仏の本願に基づく念仏三昧を選択して、私たちに示されたものと思われる。

五　三昧発得

精神を一つの事に集中させ、散乱することのない安定した状態、すなわち三昧が得られる時、仏の相好、光明や浄土の荘厳を感見したり、さらにその境地において無生法忍の悟りを得ること。浄土宗では、口称念仏を行い、専心して念仏する時、自然に依正二報などを感見することをいう。法然は『選択集』十六において、「善導和尚はこれ三昧発得の人なり。道においてすでにその証あり。ゆえにしばらくこれを用ゆ」といい、善導が三昧発得しているから、善導を信頼してその教えにしたがうのであるという。『醍醐本』（法然上人伝記）や親鸞書写の『西方指南抄』また了慧の『拾遺語灯録』上巻には、法然が晩年に数度にわたり三昧発得されたことが「三昧発得記」として収録されている。これによると別時念仏中に、自然に光明が現れたり、水想観、地想観、宝樹観、宝池観、宝殿観が現れ、あるいは阿弥陀三尊が出現したりして、浄土の依報正報がたびたび現れたという。法然自身は、在世中自分の三昧発得の体験は、語られなかったが、ほとんどの法然の伝記では、それを事実として伝えている。

法然は、三昧発得が念仏三昧における救いの証として、重要な宗教体験の深さを示すものとして表現されている。しかし三昧発得は、一般には容易に体験されないということで、一般の人々には、三昧発得の必要なことを特に強調されていない。

三昧の状態になると、心身が浄化してくるので、そうした純粋な状態では、心身の自律性が生じ、今まで気がつかなかった新しい事実に気づく。すなわち初め自己と環境とが対立していたのが、三昧状態では、主客が一つになるので、その境地から自己を見つめ、環境を見ると、全くちがった見方が出てくるのである。念仏による三昧発得では、一般に依正二報を感見することが伝えられているが、観無量寿経に説かれているように、現世においても無生法忍が得られるのである。

六　無生法忍

浄土教では、念仏によって浄土に往生し、阿弥陀仏を見たてまつり、法を聞き、無生法忍を得ると説かれている。浄土教では、浄土における悟りに三法忍《さんぼうにん》すなわち音響忍《おんこうにん》、柔順忍《にゅうじゅんにん》と無生法忍《むしょうぼうにん》の三種の智慧があげられる。音響忍は

いう）は不生不滅の真の事実を悟ることである。(7)

音声を聞いて、あるがままに受け入れて悟ること、柔順忍はすなおに考えて法を悟ること、無生法忍（無生忍とも

三法忍については、『無量寿経』にある四十八願のうち第四十八得三法忍の願に「もしわれ仏をえたらんに、他方国土の諸の菩薩衆、わが名字を聞いて、即ち第一、第二、第三法忍に至ることをえず、諸仏の法において、即ち不退転を得ることあたわずんば、正覚を取らじ」とあり、また阿弥陀仏が悟りを開かれた道場樹（菩提樹）の枝葉に吹く風の音を聞き、またはこれを見るだけで三法忍を得るといっている。

無量寿経の道場樹について「微風しずかに動いて諸の枝葉を吹くに、無量の妙法の音声を演出す。その声流布して、諸仏の国にあまねく、その音を聞くものは深法忍を得て不退転に住す」また「阿難もしかの国の人天この樹を見るものは、三法忍を得ん」とある。これらは音響忍を中心として同時に、その根底にある柔順忍、さらに無生法忍が得られることを示している。

また『無量寿経』に「阿難、それ衆生ありて、かの国に生ぜん者は、みなことごとく三十二相を具足す。智慧、成満して、深く諸法に入り、要妙を究暢し、神通無礙にして、諸根明利なり。その鈍根の者は二忍を成就し、その利根のものは計るべからざる無生法忍を得」とある。このように三法忍に悟りの深さの段階をつけているが、本質的にはこの三つは一つのものであり、音響忍を得れば、柔順忍や無生法忍がつかめるのである。

無生法忍は、不生不滅の真の事実を悟ることであり、一切の存在は不生不滅、空であると悟り、それによって心の安らぎを得ることである。また無生法忍は、如実知見、すなわち真実、真如をあるがままに知見することである。四十八願のうち第三十四聞名得忍の願に「もしわれ仏をえたらんに、十方無量不可思議の諸仏世界の衆生の類、わが名字を聞いて菩薩の無生法忍、もろもろの深総持をえずんば、正覚をとらじ」とある。これによると、極楽浄土に生まれれば、浄土の理想的な修行道場のシステムに基づいて、阿弥陀仏を中心として、諸仏、諸菩薩によって、修行者の機根に基づき、適切な指導を受け、誰でも自然に無生法忍の悟りが得られることが保証されているのである。

一般に阿弥陀仏の本願に基づく念仏によって浄土に往生し、その後無生法忍を得ると説かれているが、実は現世において、無生法忍が得られることは、『観無量寿経』において説かれている。「この語を説きたまう時、韋提希は、五百の侍女と共に仏の所説を聞き、時に応じて、即ち極楽世界の広長の相を見、仏身及び二菩薩を見る事を得て、心に歓喜を生じ未曾有なりと歎じて、廓然として大悟して、無生忍を得る。五百の侍女は、阿耨多羅三藐三菩提の心を発して、彼の国に生ぜんと願ず」とある。このことは凡夫といえども、阿弥陀仏の本願に基づく仏力と、釈尊の説法と通力によって現世において阿弥陀仏と浄土を見、無生法忍を得たことを示している。

一遍が法燈国師に参禅し、「念起即覚」の公案に対して「となふれば仏もわれもなかりけり南無阿弥陀仏の声ばかりして」とよんだが、「未徹在」（まだ徹底していない）といわれ許されなかった。[8] この境涯では、念仏する自己と阿弥陀仏が二つになって対立している。ところがさらに一遍は「となふれば仏もわれもなかりけり南無阿弥陀仏なむあみだ仏」とよんで印下を得たという。この場合、自己と阿弥陀仏が一つになっている。こうなると、自分でナムアミダブツと称えるというのではなくてナムアミダブツがひとりでに口をついて出てくるのである。そして念仏で自己と阿弥陀仏とが一つになる。すなわち自己がなくなってしまって阿弥陀仏だけになる。換言すれば、自己が阿弥陀仏になるのではなく、阿弥陀仏が自己と一つになっているのである。このような状態を念仏三昧という。この法燈国師と一遍との問答は『一遍上人絵詞伝直談鈔』によると、一遍の二回目の歌は「棄《すて》はてて身はなき物と思《おもい》しに寒さきぬれば風ぞ身にしむ」とある。この歌に、あるがままの真の事実を悟った無生法忍の境涯が示されていると思う。

七　念仏往生

念仏往生とは、阿弥陀仏の名号をとなえて西方極楽浄土に往き生まれることである。曇鸞の『往生論註』によれば、往生に見生往生（見生而無生往生）と無生往生（無生而生往生）の二種をあげている。往生の生というのは、阿弥陀仏の本願に相応する清浄の無生の生であるという。すなわち西方極楽浄土は、法性無性（真如の世界で、そこには生死・生滅はない）の世界である。浄土に生まれれば、浄土の功徳の働きかけのシステムによって、凡夫がとらわれている実生実滅（この世の生滅・生死のあること）の見解（見生）が、浄土では、生滅がないという真如すなわち法性無生の智慧に転換するというのである。この世の生死・生滅のある苦から離れ浄土に生まれたいという思いで、称名念仏して浄土に往生すれば、無生の真の事実を体得する。すなわち何も求めるものはなかった。このままでよかったのだと気づき、安らぎが得られるのである。これが無生法忍を得るということである。この浄土の法性無生を知って往生するのが無生往生であり、これを知らずに往生するのが見生往生であるとしている。この説は、道綽にも縦承されている。

法然は、見生往生について説いている。『選択集』二によると、往生行について「ただし、往生の行において、二行を分つこと、善導一師のみに限らず。もし道綽禅師の意によらば、往生の行多しといえども、束《つか》ねて二とす。一には謂わく念仏往生、二は謂わく万行往生なり。もし懐感禅師の意によらば、往生の行多しといえども、束ねて二とす。一は謂わく念仏往生、二は謂わく諸行往生なり。（恵心これに同じ）かくのごときの三師、おのおの二行を立てて、往生の行を摂す。はなはだその旨を得。自餘の諸師はしからず。行者まさにこれを思うべし」と述べ、往生を念仏往生と諸行往生の二種に分けている。

法然は、称名は阿弥陀仏が因位の時、八万四千の法門の中から選択された本願の行であるとして、『無量寿経』の第十八願「もしわれ仏をえたらんに、十方の衆生至心に信楽して、我が国に生ぜんと欲して乃至十念せんに、もし生ぜんば、正覚をとらじ」を念仏往生の願と名づけている。そして『選択集』三に「弥陀如来、法蔵比丘の昔、平等の慈悲に催されて、普く一切を摂せんがために、造像、起塔等の諸行を以て往生の願としたまわず、唯称名念仏の一行を以て其の本願としたまえるなり」と述べている。法然は念仏往生を選択したのは、阿弥陀仏は諸行を往生の本願としないで、称名念仏一行をもって往生の本願として、それが成就しているからだというのである。そして法然は、念仏往生は、諸行往生とくらべて、すぐれていて、しかも実践しやすくて、一切の人々が往生できるからであるとしている。それが阿弥陀仏の本願であったというのである。だから法然は、念仏往生を選択したというのである。

西誉聖聡は、その『一枚起請見聞』に、往生について三機に分ち、第一は無生の生の往生、第二は現世証得の往生、第三は見生無生の往生をあげている。第一の無生の生の往生は、往生するというのは、不生不滅の法性無生の世界に生まれること、すなわち成仏することだという。第二の現世証得の往生は、阿弥陀仏の本願の理を信知して現世において無生法忍を得ることである。韋提希のごとくである。以上の二者は現世において無生法忍を得るということで、第一は往生即成仏、第二は証得ということで同じことである。第三の見生無生の往生は、仏の本願を信じて阿弥陀仏の浄土に往生すれば、自然に無生法忍を得るということである。すなわち凡夫が無生の浄土に往生すれば、自然に浄土の無生なることを悟るということである。聖聡の見解は、機根のすぐれた人が念仏によって、現世において無生法忍を得ることを明らかにしようとしている。その点法然は、三昧発得の体験を持ち、現世において無生法忍を得られたが、一切の衆生が阿弥陀仏の本願に基づく念仏によって往生し、浄土のシステムによって自然に無生法忍が得られる道すなわち見生往生（見生無生の往生）を選択され、念仏往生を教説されているのである。

引用文献

（1）恩田　彰「セルフコントロールと創造性――瞑想法を中心として」『サイコロジー』第二巻、第三号、サイエンス社、一九八一年三月、四〇―四五頁。
（2）恩田　彰「禅と念仏の心理学的比較考察」『印度学仏教学研究』第二三巻、第一号、一九七四年十二月、一―七頁。
（3）伊東　博『カウンセリング』（第四版）誠信書房、一九九五年、一二七―一六一頁。
（4）恩田　彰「カウンセリングと創造性の開発」『東洋大学文学部紀要』第四八集、一九九五年三月、二一―四八頁。

（5）マイケル・レイ、ロッシェル・マイヤーズ、恩田　彰監訳『クリエイティビティ・イン・ビジネス』（上巻）日本能率協会マネジメントセンター、一九九二年、四九―一〇一頁。
（6）恩田　彰「宗教的修行とＡＳＣ」『催眠学研究』第三六巻、第二号、一九九二年三月、一七―二四頁。
（7）恩田　彰「浄土教と創造性」浄土教思想研究会編『浄土教――その伝統と創造Ⅱ』山喜房仏書林、一九八四年、二四九―二七一頁。
（8）大橋俊雄校注『一遍上人語録』岩波書店、一九八五年、六五―六六頁。

参考文献

恩田　彰『禅と創造性』恒星社厚生閣、一九九五年。

法然上人全集刊行会編『定本　法然上人全集』第一巻、山喜房仏書林、一九七七年。

石上善応『法然――選択本願念仏集――』（「日本の仏典」3）筑摩書房、一九八八年。

法然著（大橋俊雄校注）『選択本願念仏集』岩波書店、一九九七年。

坪井俊映『浄土三部経概説』隆文館、一九八一年。

藤吉慈海『浄土教思想の研究』平楽寺書店、一九八三年。

藤吉慈海編『浄土教における宗教体験』百華苑、一九七九年。

藤堂恭俊「天親と曇鸞の浄土教思想」平川　彰他編『浄土思想』（「講座・大乗仏教」5）春秋社、一九八五年、一九六―二一五頁。

藤本浄彦『法然浄土教の現在――教義と教化の接点をもとめて――』四恩社、一九九二年。

戸松啓真「法然上人の三昧発得記について」『密教文化論集』智山学報第一九号、一九七一年三月、一九九―二一二頁。

松岡孝紀「法然上人に於ける三昧発得記の体験」『法然上人研究』第五号、一九九六年四月、四一―六二頁。

藤井正雄他編『法然辞典』東京堂出版、一九九七年。

浄土宗大辞典編纂委員会編『浄土宗大辞典』（第一、二、三巻）山喜房仏書林、一九七四年、一九七六年、一九八〇年。

早島鏡正・大谷光真『浄土論証』（「仏典講座」23）大蔵出版、一九九六年。

藤堂恭俊・牧田諦亮『浄土仏教の思想』第四巻、曇鸞道綽、講談社、一九九七年。

第六章　上座仏教におけるヴィパッサナー瞑想法の心理

はじめに

仏教については、禅と浄土教に長年親んできたので、インドから中国、日本へと伝来してきた北伝の仏教には、その教義のみならずその行である坐禅と念仏の実域およびその心理学的研究を通して、その大略はつかむことはできた。他方心理療法とくに精神分析、それからカウンセリングとくにロジャーズ（Rogers, C.R.）のクライエント中心療法や催眠療法、自律訓練法などの実践からそれらの方法と仏教とくにその行としての瞑想法との比較考察を行ってきた。例えば禅と心理療法（カウンセリング）との比較で、心理療法（カウンセリング）は心理現象の因果律を扱うのに対して、禅では本質の世界（空の世界）と現象界（縁起の世界）を真の事実の両面として扱っている。しかし私が学んだ仏教は空観が強調されており、縁起の世界は十分に納得できなかった。また「般若心経」の翻訳（英訳、独訳、仏訳）の仕事に参加する機会があり、この経典は「空」の根本思想を説いており、初期仏教の「縁起」を否定しているように見えるが、実は「縁起」をきちんととらえていなければ「空」もはっきり見えないことがわかってきた。

今まで禅の修行や研究で空の世界については理解できたが、縁起の世界も禅では説いており、心理療法の面からも裏づけることができ理解はしていた。しかし縁起の世界は、まだ十分に納得するところまで至らなかった。また初期仏教で釈尊が説かれたのは、何であったかを明らかにしたいと思っていた。こうした問題をかかえていた時に、上座仏教のヴィパッサナー瞑想法を学ぶようになり、縁起の世界が今までよりも明確に見えてきた。また今まで学んできた日本に伝来した仏教とくに禅、浄土教、密教などと比較して、上座仏教のヴィパッサナー瞑想法が因果律を重んずる臨床心理学やカウセンリングの理論や治療（カウンセリング）の方法と整合性があることがわかってきた。こうしたことが本章を取りあげることになった理由である。

初期仏教、上座仏教およびヴィパッサナー瞑想法については、まだ十分には修行と研究を積んできたわけではないので、今後さらに探究を続けてゆきたいと思う。

一　上座仏教について

上座仏教（上座部仏教ともいう）は、テーラヴァーダ・プッディズム（Theravāda Buddhism）という。テーラ（Thera）は、長老、上座の（僧）、年長者を意味し、ヴァーダ（Vāda）は、語とか論、さらには種々の説を示している。そこでテーラヴァーダは、長老すなわち上座の僧の説かれた教説ということである。

釈尊入滅後百年ほど後に仏教教団の律（教団規則）の解釈をめぐって意見が対立し、教団は保守的な上層の上座部と革新的な大衆部とに根本分裂して、部派仏教時代に入った。その後、教団はさらに分裂を繰り返すが、従来より伝統を重んじてきた保守派の長老たちの教団がテーラヴァーダすなわち上座部と呼ばれている。

現在スリランカ（セイロン）、ミャンマー（ビルマ）、タイ、カンボジア、ラオス、ベトナム、インドネシアなど東南アジア諸国に伝わる仏教もこの系統に属し、南方上座部仏教、南方仏教、上座仏教と通称される。上座仏教が南方仏教と呼ばれるのは、南方に伝わり広まった仏教ということで、南伝仏教ともいう。これに対して中央アジア、中国に伝わり、さらに北朝鮮、韓国、日本に伝えられた仏教は、北方仏教または北伝仏教と呼ばれる。チベット密教もこれに入る。

南方上座部仏教は、最近上座仏教という呼称が用いられている。その理由としては、上座部仏教の中には、教義は同じであっても、解釈や社会・文化背景の違いによって生まれた種々の教派を含んでおり、また過去の一部派の教義や教団に限定しないで、それに付随してきた土着の諸信仰をとり入れて、現に実践されている生きた上座部仏教を総称して使われているという[1]。

南方上座部仏教は、小乗仏教といわれることもあるが、この表現は大乗仏教の徒からの「劣った乗物による仏教」という意味の蔑称で、適切な呼称ではない。そうした意味で上座部仏教を小乗と呼ぶことは適当ではない。

上座仏教は、釈尊の教えを忠実に伝えているとされ、大乗、小乗と区別される以前の仏教ともいわれる。パーリ語の経・律・論の三蔵を伝持し、パーリ語文献を多量に伝えている。また上座仏教の僧侶は、一般の世俗の世界を離れ、出家して僧院に入り、戒律をきびしく守って清浄な修行者として生活している。沙弥僧は十ヶ条の、比丘僧は二二七ヶ条の戒律を固く守って、経典を学び、禅定を修するのである。その点戒律を受持することが最も重要視されている。

ビルマ上座部仏教の研究者である生野善應氏によると[2]、ビルマの上座仏教は、純仏教（パーリ仏教）だけではなく、非パーリ仏教的要素（大乗仏教、民間信仰など）が混在していることも少なくない。また混在の程度も濃淡さまざまであるという。また上座仏教の教学は、綱要書にブッダゴーサ（Buddhaghosa）仏音）の『清浄道論』（Visuddhimagga）がある。これは五、六世紀にセイロン（スリランカ）で著わされたもので、すぐれたテキストとして用いられ、ビルマ上座部では今日でも教学のテキストとして使われているという。

上座仏教の教徒は、出家した僧侶と在家者に大別される。上座仏教の特徴は、出家主義にある。男性であれば一生のうちでたとえ一週間の短い期間でも出家することが尊ばれている。出家者の目的は、修行によって執着を断つことである。この執着を断つことによって、苦から解脱することで涅槃に入ることができると考えられている。上座仏教では一般に輪廻転生が信じられているが、完全に執着から解脱し、必ず涅槃に入り、二度とこの世に生まれ変らない阿羅漢果を得ることを究極の目的としている。在家者にとっては、仏、法、僧の三宝に帰依し、不殺生、不偸盗、不邪婬、不妄語、不飲酒の五戒を守り、出家者である僧侶に布施を行い、功徳を積んで自分の心を浄化することによって、善い来世に生まれると信じられている。

二　ヴィパッサナー瞑想法とは何か

上座仏教には、悟りへの実践法、すなわち人生は苦とされる「一切皆苦」から解脱する行法として、ヴィパッサナー瞑想法がある。

ヴィパッサナー瞑想法とは、瞬間瞬間に生じている現象に注意を集中し、三昧となり、それに気づき、コトバで確認していく方法である。この現象は自分自身であるので、この方法は自己を観察する方法である。

ヴィパッサナー（Vipassanā）とは、「特別によく注意して観る」という意味である。ヴィ（vi）というのは、分離すること、すなわちはっきり区別することである。パッサナー（passanā）は、観ること、観察することで、ヴィパッサナーは、物事を明確に区別して、精細に観察するということである。アルボムッレ・スマナサーラ長老によると、ヴィパッサナー瞑想法は、次の五段階に分けられる。(3)

第一段階　現象を分析して、識別して観る。
第二段階　識別した現象の関係を知る。
第三段階　自分の問題を見つける。
第四段階　発見した問題を解決する。そうすると苦しみは消える。
第五段階　苦しみから解放され、自由になる。

しかしこのように分析して、関係性を見つけるには、かなり修行を要する。そこでふつうには、物事をよく観て、確認することに専心するのである。

仏道を修行するための三つの基本的な項目として三学すなわち戒・定・慧がある。これはヴィパッサナー瞑想法においても、この段階で進められる。最初は戒で、戒を保つことであり、悟りを得て心が安定となり自由を得るための条件であり、また禅定を得るための条件である。これは自己の心身を調整する自己コントロール（self control）の働きを持っている。在家信者の場合は、仏道の修行をする時、仏・法・僧の三宝に帰依し、比丘に従って五戒を受けるのである。第二は定で、禅定を深めることで、悟りと解脱が得られる。この場合、対象を選択して、それに精神を集中するサマタ瞑想であり、例えば呼吸瞑想を行う。最後の実践は慧で、智慧の行である。これがまさしくヴィパッサナー瞑想法の実践である。

⑴四念処

ヴィパッサナー瞑想法は、四念処（四念住）の修法である。すなわら身受心法の四つの対象において、サティ（sati, 念）をもってよく観る（気づく）修法である。何を観るかというと身念処では、身体やその運動の状態、受念処では感受すなわち苦、楽または不苦不楽と受けとること、心念処では、心の働き、すなわち考えていること、想像していること、欲求していること、それから法念処では、一切の法（存在または現象）は無常・苦・無我であると観察することである。

⑵サティ（念）

ヴィパッサナー瞑想法ではサティ（念）の修法が大切である。サティは、今ここにおいて対象に注意集中して気づくことである。英語では**awareness**または**mindfulness**と訳される。サティとは、自分の中にある**nāma**（名法）という精神の働きと**rūpa**（色法）という物質に分けて、瞬間瞬間に覚知する（気づく）ことである。名と色とがわかるように、物事を見る時は「見る」と覚知し、感情や欲求を入れないで、見る時はただ見る、聞く時は聞くだけである。このように観ていく。このサティは行住坐臥のすべての行為において修得する。歩く時は「左、右、左、右」とまた足を「持ち上げる」「運ぶ」「おろす」と一つ一つ心を集中して、気づいていく。立っている時は、体に心を集中して「立っている」「立っている」と念ずる（気づく）。坐っている時は「坐っている」「坐っている」、手を伸ばしている時は、「手を伸ばしている」、身体にだるさ（色）を感じたら、その部分に心を集中して「だるい」「だるい」と念ずる（名）のである。このように名色二つあるだけで、どのようなものが生じても、すべて一瞬のうちに消滅してしまうことがわかる。

また呼吸の瞑想で、目を閉じて自分のおなかに心を集中して呼吸するために、おなかが膨らんだり、縮んだりしているのがわかる。その場合、息を吸っておなかが膨らんでいる時は「膨らんでいる」「膨らんでいる」と念ずる。また息を吐いておなかが縮んでいる時は、「縮んでいる」「縮んでいる」と念ずるのである。

次にこれを「膨らみ」（色）と「膨らんでいる」と念ずる（気づく）心（名）を区別し、また「縮み」（色）と「縮んでいる」と念ずる心（名）とが区別できるようになる。そして「膨らんでいるもの」は、それを念じているものとは別である。「縮んでいるもの」は、それを念じているものとは別であると対象と念ずる心、すなわち身体（色）と心（名）とが別々のものであることが明らかにわかってくる。これが名色分離智という智慧である。

三　サマタ瞑想法とヴィパッサナー瞑想法

上座仏教の瞑想法は、サマタ瞑想法とヴィパッサナー瞑想法に大別されるが、上座仏教の特徴はヴィパッサナー瞑想法にある。そこでヴィパッサナー瞑想法の特質を明らかにするために、サマタ瞑想法と比較して考察したいと思う。今後サマタ瞑想法をサマタ（samatha）、ヴィパッサナー瞑想法をヴィパッサナー（vipassanā）と略記する。

ヴィパッサナーは、サマタが縁となって生ずる。通常はサマタ→ヴィパッサナーの順序で修習される。仏教の修行法は、何れも止（サマタ）を基本とする観（ヴィパッサナー）を修習しているけれども、私たちが今まで修習してきた坐禅や念仏では、サマタを徹底させているところに特徴があり、ヴィパッサナー瞑想法は、ヴィパッサナーを徹底させるところに特徴があると思う。

サマタは、一つの対象に精神（注意）を集中する方法である。これは凝念（dhārana）すなわち注意集中（concentration）のやり方である。坐禅では数息観といって、出入の息を数えて、呼吸に注意を向ける方法や経行（歩行禅）や上座仏教で行う呼吸瞑想や歩行瞑想もこれにあたり、私たちが学んだ修行法と上座仏教とは、ほとんど変りはない。

サマタの方法に入るものとしては、身体感覚に注意を向けるものとして、ヤコブソン（Jacobson, E.）の漸進的弛緩法がある。この方法では、筋肉の緊張と弛複の感覚に、また自律訓練法（autogenic training）では、手足の重い感じ、温かい感じ、心臓調整、呼吸調整、太陽神経叢の温かい感じ、額が涼しい感じに注意を集中する。またフォーカシング（focusing）という心理療法では、現在の生活に意味があり、関係のある身体の感覚をフェルト・センス（felt-sense）といい、この感覚にぴったりするコトバや身体のポーズやイメージを見つける。これらの象徴を取っ手（ハンドル、handle）というが、ヴィパッサナーの体験を示すコトバは、これにあたると思う。このコトバやイメージが自分の体験とぴったりした時、起こっていることがそのまま受容できるようになると、フェルト・シフト（感覚の移行変容、felt-shift）が起こって、洞察、身体的な解放、前進的、想像的な生活の変化が生ずるという[4]。

コトバに注意を集中するものとしては、禅の公案がある。無字の公案では「ムー」という低い音、または内言に、また「父母未生以前の本来の面目」という公案では、その低い音声や内言に注意を集中する。また念仏、題目、ヨーガの聖音（OM）を繰り返したり、密教では阿息観といって、「アー」という音声を出して、それに注意を集中して、その音声になりきる。また延命十句観音経や般若心経の繰り返しの誦経もこれに近い。また超越的瞑想法（Transcendental Meditation, TM）もマントラ（mantra, 真言または呪文）を繰り返し唱える点、念仏に近い。

音響に注意を集中するものとしては、鐘の音、木魚の音、太鼓の音、音楽などに注意を集中させるなどがある。

また心の中にあるイメージに注意を集中させるものとしては、ヨーガで他から与えるものや自然に浮かんできた家、木、動物などの事物、人物や風景などのイメージに注意を集中させることなどがある。この場合自然に浮かんでくるイメージへの集中は、ヴィパッサナーに近い。また自律訓練法の黙想訓練、観無量寿経に出てくる日想観、水想観などの十六観法などは、何れもサマタの方法である。

次にヴィパッサナーは、瞬間瞬間に起こっている現象に注意を集中して気づき、それをコトバであらわして確認していく方法である。

瞑想の導入部において呼吸瞑想を行うが、これはサマタ瞑想もヴィパッサナー瞑想も同じである。ただし異なる点は、瞑想中に雑念や考えや妄想が出てきた場合、サマタでは、出てきた観念やイメージにとらわれることなく、出るにまかせ消えるにまかせるというやり方をとって、もっぱら呼吸に集中し、三昧に入っていくのに対して、ヴィパッサナーでは、心に観念や考えやイメージが生ずれば、それに精神集中してサティ（気づく）していくのである。そうするとそれらの観念やイメージなどが消えたり、少くなったり、それへの執着がとれるので、再びもとの呼吸のサティにもどるのである。ヴィパッサナーでは、苦からの解脱のためには、心を一つの方向に統一するのではなく、自分の心の動きに集中して気づいていくことによって、今ここでの自分の心身の現象をあるがままに観るという方法をとっていくのである。これは如実知見、すなわちあるがままに知見するということである。

私は瞑想を大別して注意集中と禅定（瞑想）に分けている。(5) 注意集中は、一つの事象に注意を集中することである。禅では数息観、公案の拈提、念仏、題目、密教の阿字観などがそれである。これに対して禅定（瞑想）は、一つの事物に注意をとどめない心の状態である。注意を適切に分散させているのである。禅では只管打坐がこれに相当する。この分類によると、ヴィパッサナー瞑想は、禅定（瞑想）のやり方に入る。

オーンシュタイン（Ornstein, R.E.）は、瞑想を二つの型に分けている。すなわち注意集中型瞑想と解放型瞑想である。前者は一点への精神集中を発展させるもので、禅の数息観やマントラの念誦がそれである。これに対して後者は日常生活から隔離しないで、日常生活の過程で意識の訓練に関連づけているもので、坐禅の只管打坐をあげている。また上座仏教のヴィパッサナー瞑想法もこの中に入れることができる。

この両者の関係は、前述の注意集中と禅定（瞑想）との関係に相当すると思う。シャピロ（Shapiro, D.H.）は注意の仕方に基づいて、瞑想を三つに分けている。全領域に焦点をもつもの（広角レンズ様注意）、領域間の特定対象に焦点をもつもの（ズームレンズ様注意）、そして両者の間をいったりきたり移動するものである。最初のものは解放型瞑想で、ヴィパッサナーや只管打坐の特徴を示している。第二のものは注意型瞑想に相当する。禅の公案の拈提、念仏やマントラの念誦がこれである。第三の移動型瞑想には、禅、ヨーガの瞑想やヴィパッサナー瞑想においても行われている。

四　禅とヴィパッサナー瞑想法

次に取りあげる問題は、禅とユング心理学との出会いの問題であるが、この両者の間にヴィパッサナー瞑想法を入れて考察すると、禅とユング心理学との関係がより明確になってくるということである。

平成十一年五月二四日から五月二八日にかけて、京都の花園大学の後援で開かれた日米仏教心理学会議（禅と深層心理学会議）に参加した。参加者はアメリカを中心として、日本、英国、オランダ、ドイツの臨床心理学者とくにユング分析家が多く、いずれも仏教とくに禅の修行をしているか、または関心の深い人々である。

私は五月二四日「近代日本心理学と禅」と題して、明治時代西欧の心理学が日本に導入されてから後の禅の心理学的研究の歴史について、主な研究者の業績を中心に発表した。次に花園大学で長年にわたり禅の修行と研究を行ってきたジェフ・ショア（Jeff Shore）教授が「禅における自己の在り方――ユングと久松との問答を解く――」について発表した。一九五八年スイスのユング（Jung, C.G.）の家で、禅者であり、京都大学の宗教哲学の教授であった久松真一とユングの対談が行われたが、その時久松は精神療法は人間を悩みそのものから一挙に解放することができるかとたずねたのに対し、ユングは原理的には可能であると認めている。この問答がこのたび会議では最後まで問題になった(6)。

この問題について、ヴィパッサナー瞑想法と関連づけて考察しようと思う。

久松の説く禅とユングの分析心理学とでは、苦からの解脱の方法は全く違うということである。久松は苦というものは現象としてはあるとしても、本来はないものである。したがって苦から解放されることもない。これをはっきり悟る（気づく）ことが大切だといっている。苦がないと気づけば、苦しみは消失するか、少なくとも軽減するということだ。その点「一切皆空」を悟ることである。これに対してユングは「集合的無意識」（人類共通の普遍的な無意識）から生ずる苦からの解放を含めて、分析によって苦の生起の因果律を解明することによって苦からの解放を意図している。このユングのやり方は、禅の数息観や公案の拈提、念仏、題目、阿字観、マントラの誦持のようなわが国伝来の仏教の行法よりも、初期仏教、現在では上座仏教のヴィパッサナー瞑想法に近い。ヴィパッサナー瞑想法は、瞬間瞬間に生じている現象に注意を集中して、三昧となり、それに気づき、これをコトバなどで確認していくやり方である。すなわち現象が発生し、消滅していく事実をあるがままに気づくことを如実知見というのがこれである。この方法によって一切のものが種々の因（原因）と縁（条件）によって生ずるという関係である縁起をつかむことで、苦から解脱できるということに対応していると思う。

無門関の「達摩安心」では、後の二粗慧可大師といわれた神光が達摩大師に「私はまだどうしても安心できません。どうか安心できるように御指導下さい」と。達摩いわく「それならその不安の心を持って来い。そうすれば安心させてやろう」。神光は一生けん命に不安の心を探したが、見つからなかったので、不安の心というものは、どこにも無かったことに気づいた。そこで神光は「不安の心はどこにもありませんでした」と。達摩いわく「そうか、それがわかったら、安心ではないか」と。これは不安とか苦しみは、本来ないものだと悟ったということだ。そうすれば、おのずと不安や苦しみは消失する。少なくとも軽減するということである。

これに対して縁起については、十二縁起について、初期仏教や上座仏教の視点から、いかに苦から解脱するか考察してみよう。

十二縁起とは、苦悩を発生させ、逆に消滅させる十二の条件を系列化したもので、①無明、②行、③識、④名色、⑤六処（六根）、⑥触、⑦受、⑧愛（渇愛）、⑨取（執着）、⑩有、⑪生、⑫老死の十二のことである。まず第一に「無明」は智慧のないこと、すなわち主客不二、自他一如の真の自己（事実）を自覚していないことや、誤まった「行」すなわち、行為や経験の集積、心理学では習慣や態度や意志および行為や人格の潜在的形成力としての業（**karman**）によって苦が生ずるということである。第二に、「六処」（六根）という眼・耳・鼻・舌・身・意の六つの感覚器官、脳および神経系、「名色」という認識の対象である物質（色）と精神（名）であり、色・声・香・味・触・法の六境、「識」という眼識（視覚）、耳識（聴覚）・鼻識（嗅覚）・舌識（味覚）・身識（触覚）・意識（広義の意識で、直観、想像、思考を含む）の認識の意識作用の三者の「触」（接触）すなわち結合によって認識が成立するということである。

例えばここで身識すなわち「痛み」という痛覚が生じたとする。しかしこの段階では苦は生じていない。次の段階の「受」（感受）で、これを楽と受けとるか、苦と受けとるか、苦でもなく楽でもないと中性的に受けとるかである。ここで苦と受けとれば、苦しみが生じ、苦と受けとらなければ苦から解放される。また無明や行によって、認識が生じた時の苦楽（または快・不快）の感じ方によって苦楽の有無と程度が異なってくる。次は「愛」（渇愛）の段階である。苦悩の起こる根本原因は無明であるが、その直接原因は渇愛であるとされている。苦（不快）を嫌い、楽（快）を好むという選択をする強い欲求である。この選択をしなければ、苦から解放される。ところが「取」（執着）の段階で、ほしいものはあくまで自分のものにしたいと思ったり、持ち続けようと思ったり、また嫌いなものはあくまで捨て、避けようと行動する。この執着のために苦しむことになる。この執着に気づき、執着から離れれば苦から解放される。ところが一般に識・受・愛・取とそれぞれの関門として切断されていて関係がないのに、これらを一つ一つ通過し、関係づけて苦しみを自らつくり出しているのである。

第三は「有」は、「無明」やその人の素質や人格であり、すでに積みあげてきた「行」に基づく「取」(執着)が縁(間接的原因)となって形成される。これによって「生」、人間が生まれる。この場合死後の来世に生まれると取ることもできるし、この人生で時々刻々新しい経験をしていくと見ることもできる。こうした生という縁から「老死」すなわち老や病や死から生ずる不安、悩み、苦しみ、悲しみ、またこれ以外のすべての苦悩が生ずるのである。

このように十二縁起は、これらの苦の生ずる縁起関係を悟ることによって苦から解脱できることを示している。このことは西欧の心理療法のやり方に符合するものがあると思う。

この十二縁起は、一定の時間の中で起こる縁起関係、一生のうちの縁起関係、および何世代にわたり輪廻し生まれ変って起こる縁起関係としても見ることができる。部派仏教時代になって、十二縁起は前世から現世、さらに来世にいたる三世にわたる因果関係を述べたものであると説明されるようになり、これを三世両重の因果として説かれている。(7) この見方は上座仏教においても説かれている。

次に論点を変えて見ることにする。無門関に「百丈野狐」の公案がある。大昔ある寺の住職が一人の修行者から「大悟徹底した人は、因果の法則に支配されますか、それとも支配されませんか」と問われ、「不落因果」すなわち因果の法則に支配されないと答えた。その答のために五百回も野狐に生まれ変り、野狐になっているという。その後野狐になっている老人が百丈に同じ質問をした。すると百丈は「不昧因果」すなわち因果の法則は、これを昧《クラ》ますことはできないと答えた。するとこの老人は大悟して野狐の身を脱することができたという話である。

この場合、不落因果と不昧因果は、真如という自他一如の真の真実の二面を示しているが、本来一つのものだ。この両面が一つであるという真の事実をつかむのが悟りである。ここでは不落因果は空を示し、不昧因果は縁起を示している。この点からすると、久松は空を悟れば、「不落因果」すなわち苦から脱することができると説き、ユングは縁起（因果律）をはっきりつかめば、「不昧因果」、したがって苦から解脱することができると説いているように見える。しかし久松は空を説きながら、その真に縁起が働いていることをはっきりとつかんでいると推察する。またユングは空を、そして空と縁起との関係をどの程度までつかんでいるか私にはわからない。

しかしながら縁起の気づきによる苦からの解脱を釈尊が説いているが、ユングはこの縁起の法則をより具体的に明確に示していると思う。その点久松とユングとの問答は、この二人の達人が苦の解脱の方法について、また空と縁起の関係についての、重要な接点について論じており、今日の私たちの集まりの重要な契機となり、今回の会議の討議に発展したものと思われる。

したがって苦から解脱する方法には、大別して二つの方法があるということだ。一つは苦はどこにもないと「一切皆空」という空の事実をはっきりと気づけば、苦は消滅するか軽減するということである。このやり方は私たち日本人が護持し発展させてきた大乗仏教といわれた北伝の仏教であり、禅はこれである。これに対して「一切皆苦」を知り、苦はどのような因縁によって生ずるか、したがってどのように消滅するかという縁起をはっきりつかむことで苦から解脱できることを釈尊が説き、初期仏教、今日では上座仏教が説いている。西欧で発達してきた精神分析、分析心理学およびその他の心理療法の多くは、禅とくらべるとヴィパッサナー瞑想法のやり方に近い。禅の場合は、数息観や公案の拈提のようにサマタ（Samatha, 一つの対象に注意を集中する方法）のやり方をとっている。しかし只管打坐は、ヴィパッサナーのやり方に近い。

一般的にいうと私たち日本人が学んできたのは、大乗仏教といわれる北伝の仏教であり、その行法のほとんどがサマタの方法である。これに対して南伝の仏教は、初期仏教（原始仏教）として、主として教学として日本に入って来たが、ヴィパッサナーのような行法は、最近になって上座仏教の僧侶によって伝えられたと思う。

私は禅と精神分析に親しんできたが、サマタの方法によりサマーディ（samādhi, 三昧）を体験することで空をつかむことができた。しかし縁起の世界は、精神分析やその他の心理療法の実践と従来の行法でかなりつかめることができた。しかし釈尊の説かれたという縁起については、今一つ納得できなかった。しかし最近上座仏教のヴィパッサナー瞑想法を学ぶことにより、縁起の世界が、今までよりもはっきりと見えるようになった。空は縁起から導かれたものであり、縁起は空に帰するものであり、空と縁起は一つのものである。縁起と空の関係については、今後さらにこの真の事実を参究したいと思う。

次に他の講演については、以上の問題に関連した事柄を取りあげて述べてみたいと思う。

唯識心理学の研究者である岡野守也氏は、禅とユング心理学は、深層心理の領域の中では、別の側面をとらえるものとして、理論と臨床の両面からアプローチすることによって相補的、統合的にとらえることができる。その場合唯識の理論が媒介することによって、以上のことが促進するといわれたことには十分に納得することができた。

奈良教育大学名誉教授で、禅と西洋思想の比較研究をしてきた阿部正雄教授は、「ユングと禅における self」について講演した。これによるとユングが真の自由を得るために、集合的無意識がそこから解放されなければならない何かであるかと久松からたずねられて肯定したという。そこで阿部が禅とユング心理学は、人間の苦悩を癒す方法が、本質的には異なっているにもかかわらず、相互に有益に学び合うことができると語っていることに感銘を受けた。

精神科医で久松真一に師事した加藤　清博士は、ユングと久松との対話では、お互いに同意を得るまでにはいたらなかったが、「久松は偉大な心理療法家になり、ユングは偉大な宗教家になっている」と以前彼の本に書いたことがあったという。このことはある意味で真実を語っていると思う。

今度の会議の外国人の代表で、ユング派の分析家であるポリー・ヤング・アイゼンドラス（Polly Young-Eisendrath）博士は、「人間の苦の変容――心理療法と仏教の視点から」について講演を行った。これによると仏教は苦の変容のためのスピリチュアルな根拠を示すので、私たちの意味づけと意図は、私たちの生活を形成し、苦を軽減する上で決定的な重要な力を持っている。そして意味づけと期待の基盤である自らの知覚のパラダイムを転換させる時、知覚されるものを変化させる。ここに新しい意味を創り出していける自由が得られると述べている。また博士は久松真一の「なすすべがない時、どうするか」という根本公案によって元気づけられたと語っている。

このたびの会議の主催者で、花園大学で臨床心理学を基礎としてユングの分析心理学と禅研究をしている村本詔司教授は、「伝統的霊性のヒューマニスティックな回復――ユングと仏教」について語った。この中で一九五八年に久松真一がユングに、人は集合的無意識から自由になれるかとたずねた質問を取りあげて、「もし自分なら、ユングに代って〈ノー〉と答えるであろう。しかしそういうことで、人がエゴイズムから自由になれないと言っているのではない。そして集合的無意識は、そこから解放される何かであるよりもむしろ、思い知るべき何かであるように思われる。それは仏教とくに禅仏教が空や絶対無の名において無視しがちな身体的イメージ、社会関係、男女の性の分化、コスモロジーとなって現われる」と述べていることは注目に値する。すなわち無門関の百丈野狐の公案で、ある僧が不落因果といって野狐に落ち、百丈の指導によって不昧因果を悟って野狐身を脱する話を思い出すのである。

この会議では、ユングの分析心理学を中心とする深層心理学と仏教とくに禅との関係で、空と縁起について探究できたことは、私が今まで参加した禅研究および国際的な禅（瞑想）研究グループの会議と比較して、大変画期的で有意義であったと思う。

五　ヴィパッサナー瞑想法のやり方

ヴィパッサナー瞑想法は、瞬間に起こっているあらゆる現象に注意を集中して、それに気づき、確認していく方法である。またこれは自己の心身の観察法であり、常に自分の行動と意識に常に気づいているということである。

　そこでヴィパッサナー瞑想法では、先ずサティ（気づく）ということが大切である。サティとは、何かを見ている。例えば、花を見ている、絵を見ていると思うことではない。ただ「見ている」ということに気づくことである。また何かを聞いている。例えば、音楽を聞いている。自動車の音を聞いているのではなく、「音」「音」と rūpa（色法、物質）として確認し、また「聞いている」「聞いている」と nāma（名法、精神の働き）として確認するのである。また食事をしている時は、ご飯をたべている。おいしい、まずいということに関係なく、「味わっている」「味わっている」と自分の状態に気づき、確認するのである。そこに感情、欲求を交えず、価値判断をしないで、その事実に気づくだけである。どこか身体が痛い時、いやなものだし、苦しいものである。しかしその身体の痛みも瞬間的に見ると、それほどのものではなく、耐えられることがある。それを避けようとし、除こうとするので、かえってその痛みを拡大してしまい、それを苦しいと受けとってしまうのである。そこで痛みは痛み、それを苦しみと受け取ることとは別のものだ。そこで事実をはっきり見て、そのままを受け容れることが大切である。「苦しくても苦にならない」という境地にいたれば、苦を受容し、苦から解脱することができるのである。認知療法では、対象の受けとり方を変えることによって、すなわち歪んだ認知のしかたを現実的なものに変えることによって情緒状態を変える方法を行っているが、これはヴィパッサナー瞑想法のやり方と符合するものがあると思う(8)。

　次にヴィパッサナー瞑想法では、四念処という行法が重視される。すなわち身受心法の四つの分析において、サティ（念）を行わせる。そしてそれらの心身の現象の生滅を観察させ、あらゆる存在や現象の無常・苦・無我を体験させる。またそのほかの智慧が生ずるのである。そこで万物に対する執着を離れ、厭離して、苦からの解脱にいたらせるのである。この四念処（四念住ともいう）とは、四十七道品という悟りの境地（涅槃）を実現する智慧を得るための実践修行の最初の方法である。すなわち身体を不浄として観察する（身念処）、感受するものはすべて苦であると観察する（受念処）、心は無常であると観察する（心念処）、諸法（一切の存在）は無我であると観察する（法念処）の総称である。このヴィパッサナー瞑想法では、念処とは、注意を対象に集中させ、気づかせ、対象をはっきりと印象づけることである。身念処は、呼吸瞑想では、息を吸う時は腹が「膨らむ」、吐く時は「縮む」と確認し、足が痛くなる時は「痛み」と確認する。歩行瞑想では、「左足、上げる、運ぶ、おろす」と念ずる。このように呼吸や歩行、食事、行住坐臥など日常の身体的行為を念ずることである。受念処は、受とは感受という意味で、例えば手足が痛くなったり、しびれたり、かゆくなったりしたら、そうした身体の感覚に気づいて確認する。心念処は、心が起こす種々の観念、イメージ、考えや感情、欲求などに気づくこと、例えば呼吸瞑想中、家のことや家族のことなどを思い出したり、仕事のことを考えたりした時は、「考えている」「考えている」と確認する。その雑念が消えたら、もとの呼吸瞑想にもどる。法念処は、足が痛んだり、鳥の声が聞こえる時、心は瞬間瞬間に生滅していることに気づく。すなわち一切の存在や現象は「無常」であることがわかる。また一切の心身の現象は思うようにならないという「苦」であること、また実体的なものがない、したがって自己が所有するものはない。自己として認識されるものもない。また自己に対する執着もないと気づくという「無我」を確認することなどである。

ヴィパッサナー瞑想法は、大別して二種類の方法がある。一つは集中的瞑想法であり、もう一つは日常的瞑想法である。毎日一定の時間、集中的瞑想法を行い、そのほかは日常的瞑想法を行う。集中的瞑想法には、坐る瞑想、立つ瞑想、歩く瞑想などがある。[9][10]

⑴ 坐る瞑想（坐禅瞑想）

坐り方としては、とくにきまった坐り方を規定していない。結跏趺坐、半跏趺坐でも正坐でもよい。半跏趺坐の場合、脚を組む時は、左脚を手前に引きよせる。右脚を左脚のももの上に置く。背筋を真直ぐに伸ばして、肩の力を抜く。手の組み方は、左手の掌を上にして、右脚の上に置く、その上に右手の掌を上にしてのせる。顔を真直ぐに前に向け、目は軽く閉じる。この坐り方は日本に伝来した坐禅の坐り方と若干異なる。

「瞑想を始める」と意識しながら瞑想を始める。息を鼻から吸って、鼻から吐き出す。できるだけ自然に呼吸をする。同時に鼻先に注意を向けて息が入ったり、出たりするのを念ずる（意識する）。また息を吸っておなかが膨らむ時は、「膨らむ」「膨らむ」と声を出さずに確認する。息を吐いておなかが縮む時は、「縮む」「縮む」と念ずる。

瞑想している中で何か考えが浮かんできたら、「考えている」「考えている」と念じ、何か思い出したら「思い出している」「思い出している」と念ずる。また何かが見えたら「見えている」「見えている」と念ずる。それらが消えたら、またもとの「膨らむ」「縮む」と呼吸瞑想にもどるのである。

また瞑想中に身体の痛み、かゆみ、脚のしびれなどが現れた時は、「痛み」「かゆみ」「しびれ」などと適当なことばでラベリングして、この感覚に注意を集中して観察していく。脚のしびれを直すには、「しびれ」「しびれ」と確認する。それでもしびれが取れなかったら、「しびれる、足を動かす、足を組みかえる」と意識して、足を組みかえる。そしてもとの呼吸瞑想にもどる。

瞑想中、外の自動車の音が聞えた時は、「車の音」「車の音」と確認して対処する。これを聞くまいと思ったり、また追いかけることもしない。あくまで自分の心や体に起こっている現象を観察するのである。また眠気を感じたら、これを念じて消していく。「いねむり」「いねむり」と念ずる。このように念じているうちに、眠気がなくなる。それでも眠気が消えなければ、「姿勢を直す」「姿勢を直す」と確認して、背筋と頭を真直ぐに伸ばす。そして眠気が消えたら、もとの呼吸瞑想にもどる。坐禅の時間は三十分から六十分ほどである。

⑵ 立つ瞑想（立禅）

立っている時は、立っている状態を確認する。「立つ」「立つ」と意識しながら、ことばで確認して立ち上がる。立つ時は立つ身体の感覚を感じとる。脚は肩幅ほど開き、倒れないようにして立つ。手は後か前で組むようにする。右の下腕部で左手でつかむようにする。その反対でもよい。そして「立っている」「立っている」と声を出さずにことばで確認する。さらに足の裏が床や地面に触れる感覚を感ずる。そして「触れる」「触れる」と確認する。この時間は五分から十分ほどである。

⑶ 歩く瞑想（歩行禅）

禅の経行《きんひん》に相当する。例えば、次のようなやり方がある。

第一は、右足を前に出す時は「右」と心の中でいい、左足を前に出す時は「左」と心の中でいう。第二は、「上げる、おろす」「上げる、おろす」と繰り返す。第三は、「上げる、運ぶ、おろす」と繰り返す。または右足を出す時は、「右足、上げる、運ぶ、おろす」、左足を出す時は、「左足、上げる、運ぶ、おろす」とことばで確認して歩く。そして歩く運動感覚を十分に感じとるようにする。まわる時には、「まわる、まわる、まわる」と心の中でいってまわる。これは部屋の中で向きをかえる場合、直角ではなく、若干まるくまわるのである。歩いている時に、まわりの景色や人に気を取られたり、考えごとをした時は、ゆっくり止まって、「見ている」「考えている」と心の中でいって、それからゆっくり再び歩き出すようにする。歩行瞑想の時間は、十分から二十分ほどである。鈴木一生氏によると、[11]ミャンマーの寺院の道場では、静坐（坐禅瞑想）は一時間、歩行瞑想は一時間行っているという。

以上の坐る瞑想、立つ瞑想および歩く瞑想は、坐禅、念仏、題目、密教の真言の念誦、阿字観などのサマタ瞑想法と重なるところがある。ヴィパッサナー瞑想法では、このサマタ瞑想によって禅定（三昧）力を養って、ヴィパッサナー瞑想を修するのである。またサマタ瞑想法では、例えば坐禅中、観念やイメージ、考えおよび妄想が生じた時、数息観や公案に注意を集中するか、またそういう雑念や妄想が出現しても「出るにまかせ、消えるにまかせる」というように取り合わないやり方をするのである。ところがヴィパッサナー瞑想法では、それらが出現した時は、それにサティ（念）し、ことばで確認していく。そしてそれらが消えるのを待って、もとの瞑想にもどるのである。その点禅の只管打坐では、一つの事物に注意を集中せず、適切に分散させている。その点、サマタ瞑想→ヴィパッサナー瞑想→只管打坐という順序で、一定の対象に注意を集中するサマタ瞑想、次に瞬間に心身に起こっている現象にサティするヴィパッサナー瞑想、さらにどこにも注意をとどめず、注意を心身のすみずみに向けている只管打坐といった位置づけができると思う。

日常的瞑想法としては、歩く瞑想では、外出する場合、左足を前に出す時は「左」、右足を前に出す時は「右」

と確認して歩く。また食事、読書、入浴、病気、就寝その他の活動においても、その中で生ずる心身の現象にサティして確認していくのである。その詳細は省略する。

六　ヴィパッサナーの智慧

ヴィパッサナー瞑想法によって得られる智慧とは何かについて考察してみよう。[12]

(1) 名色分離智

名（精神）と色（物質）とを識別する智慧である。私たちが呼吸をしている時、その息を吸ったり吐いたりしていることに注意を集中して観察する。その場合息を吸う時、空気が鼻を通り過ぎること「色」（rūpa, 身体、物質）と、鼻に空気が触れたことに気づく「名」（nāma, 精神、心の働き）とが別のものであることを明らかに知ることができることをいう。また息を吸う時の腹の「膨らみ」（色）と「膨らむ」と念ずる（気づく）心の働き（名）、吐く時の腹の「縮み」（色）と「縮む」と念ずる心の働き（名）とをはっきり識別できることをいう。これを心理学で説明すれば、色は刺激（stimulus）とくに光、熱、音など外的刺激を指し、名は反応（response, reaction）すなわち刺激に対して生ずる変化すなわち動作、運動、活動に相当すると思う。

(2) 縁摂受智

すべての心身の現象が、因縁によって生起するものだと受けとる智慧である。「光や音声などの対象によって、見ることや聞く働きが生じた」、「以前の感覚や記憶によって、その後の認識や感情や思考が生じた」、または「現在の心身の状態は、今までの生活や態度が生み出したものだ」というように、心身の状態は、様々な因縁によって生じてきたことをはっきりと悟ることである。

(3) 思惟智（洞察智）

いかなる現象も常に変化するという（諸行）「無常」、あらゆる心身の現象が、自分の思うようにならないということで苦である（一切皆）「苦」、そしてそうした苦も自分の力でなくすことができない。そこで自分のものではないから「無我」である。このように無常、苦、無我と洞察する智慧である。どんなにすばらしいものを見たり、聞いたり、体験しても、やがて消え去り、またどんな恐ろしいことを見聞し、体験しても、やがて消えていく。ちょうど夢やまぼろしのように生じては消えていくのに気づくのが「無常」、すべての心身の現象は苦しいものだ、自分の思うようにコントロールできない。人生の楽しみはいつか消え去る。人間には欲望はなくては生きてゆかれないが、欲望を適切にコントロールできなければ楽は得られない。ところが人間はこの欲望のために苦しみ、またその執着のために苦しんでいる。これが「苦」である。自我があると思い、自分だけが大切だと思う。思うようにいかないと、自分の欲望の充足をさまたげるものを攻撃する。しかしその欲望の充足を求める自我は、実体として固定したものではなく、どんどん変化している。そういうことで、これを（諸法）「無我」というのである。

⑷ 生滅智

すべてのものが生じては滅することに気づく智慧である。心の働きは、瞬間瞬間に生じたり滅したりしている。これを利那生滅という。そうした心身の働きを念じていると、心身の働きの生滅をあるがままに知ることができるようになる。そこで不安や苦悩が生じても、すぐにこれを念じていると、それらが消えていくのに気づき、心身が安らかになるのである。

⑸ 壊滅智（**壊智**）

すべてのものが速い速度で消滅してしまう。さらにそれを念じている自分の心まで滅してしまっていることに気づく。例えば呼吸瞑想で「膨らみ」「縮み」と念じている瞬間に、腹の膨らみ、縮みが次々と消滅してしまうことがわかる。またこれを念じている心もやがて消滅してしまう。したがって「膨らみ」とそれを念ずる心が、二つとも相ついで滅してしまうことがわかる。

禅では、本来こうした外的世界もない、それを認識している自分もない。一切のものがないのだと悟ることを「空」といっている。これは上座仏教でいう（諸法）「無我」のことを示していると思う。

⑹ 行捨智

あくせく努力もせず、またあきらめもせず、平静にして適切な態度で深く念ずることができる智慧。これは平静でいられて、しかも修行に意欲的であるということである。

⑺ 随順智（類智）

すべての念ずる対象と念ずる心が共に消滅して、涅槃を悟ることができる智慧。この智慧を得たと思われる人が「対象と念ずる心がすべて抜け落ちてしまった」と述べている。これは道元禅師のいう「身心脱落」（身も心も抜け落ち、一切の束縛から解放された境地）に相当すると思う。この時の心理状態について、「非常に澄み切った気持が、次々と生じ続ける。その時、心そのものが存在しないようなうつろな気持で満足し、安楽の状態になる」。またこの時の精神状態は「念ずることもできないし、念じようとしてもはっきりわからない。それ以外何も考えたくもないし、考えることもできない。ただ澄み切った安楽の精神状態が続くだけだ」という。

この境地は禅の「非思量」すなわち思量・不思量をこえた三昧の境地である。この境界は、初期仏教でいう預流果を得た者の体験する智慧であるという。預流果（須陀洹《しゅだおん》）は、初期仏教や上座仏教では、最高の悟りの境地とされる阿羅漢果に至る聖者の流れに入った境地で、少くとも七回人天を往復する間に悟って涅槃に入ることができるとされている。

謝　辞

一九九三年頃から上座仏教修道会の代表である竹田倫子先生の紹介で、スリランカのA・スマナサーラ長老から上座仏教のヴィパッサナー瞑想法について聞く機会があり、その後修道会の指導に来られたミャンマーのスマナ比丘、およびミャンマー国立仏教大学講師のニヤヌッタラ長老および日本でのミャンマー人の得度式に授戒に来られたミャンマーの高僧の方々から直接指導を受ける機会が与えられた。またビルマ上座仏教の研究者である生野善應先生やミャンマーで上座仏教の修行をされた井上ウイマラ師から指導を受けた。これらの方々に心からお礼を申し上げたい。

引用文献

(1) 池田正隆『ビルマ仏教――その歴史と儀礼・信仰――』法藏館、一九九五年、三―一五頁。
(2) 生野善應『ビルマ仏教――その実態と修行――』大蔵出版、一九九五年、一九―二八頁。
(3) A・スマナサーラ『自分につよくなる』図書刊行会、一九九七年、一一三―一一九頁。
(4) 村瀬孝雄「フォーカシング」伊藤隆二編『心理治療法ハンドブック』福村出版、一九九二年、一三七―一五四頁。
(5) 恩田　彰「宗教的修行とASC」『催眠学研究』第三六巻、第二号、一九九二年三月、一八―二〇頁。
(6) 恩田　彰「日米仏教心理学会議に参加して」『日本人間性心理学会ニュースレター』第三七号、一九九九年八月十日、四―七頁。
(7) 水野弘元『原始仏教』平楽寺書店、一九九六年、一四八―一七五頁。
(8) 大野　裕「認知療法」氏原　寛・成田善弘共編『カウンセリングと精神療法――心理療法――』(「臨床心理学①」) 培風館、一九九九年、一七六―一八五頁。
(9) A・スマナサーラ　前掲書、一二五―一八六頁。
(10) マハーシ長老（ウ・ソバナ）著（ウ・ヴィジャナンダー訳）『ミャンマーの瞑想――ヴィパッサナー観法――』国際語学社、一九九五年、一八―五六頁。
(11) 鈴木一生『さとりへの道――上座仏教の瞑想体験――』春秋社、一九九九年、一六―二〇頁。
(12) マハーシ長老　前掲書、五八―一二〇頁。

参考文献

三枝充悳『初期仏教の思想』東洋哲学研究所、一九七八年。

水野弘元『仏教教理研究』(「水野弘元著作選集」第二巻) 春秋社、一九九七年。

水野弘元『パーリ論書研究』(「水野弘元著作選集」第三巻) 春秋社、一九九七年。

田中教照『初期仏教の修行道論』山喜房仏書林、一九九三年。

恩田　彰『禅と創造性』恒星社厚生閣、一九九五年。

早島鏡正『ゴータマ・ブッダ』(「人類の知的遺産」三) 講談社、一九七九年。

羽矢辰夫『ゴータマ・ブッダ』春秋社、一九九九年。

安谷白雲『禅の心髄無門関』春秋社、一九六五年。

佐藤　健『南伝仏教の旗』中央公論社、一九八九年。

NHK「ブッダ」プロジェクト編『ブッダ　大いなる旅路2――篤き信仰の風景　南伝仏教』日本放送出版協会、一九九八年。

石井米雄『タイ仏教入門』めこん、一九九一年。

A・スマナサーラ『意のままに生きられる』図書刊行会、一九九七年。

ニヤヌツタラ長老『アラハンブッダの教え⑴』上座仏教修道会、一九九九年。

ウィリアム・ハート、太田陽太郎訳『ゴエンカ氏のヴィパッサナー瞑想入門』春秋社、一九九九年。

第七章　健康法としての坐り方

一　「坐る」ことの意義

外国の教会の聖人たちが立像が多いのに、東洋とくに日本では仏像の坐像の多いのが目立つ。東大寺の大仏や鎌倉の大仏も坐像である。また広隆寺の半跏思惟像として知られる垂脚倚坐像は、腰かけている。その点西洋のキリスト教世界が、直立歩行による活動という緊張の文化とすれば、インド、中国、韓国、日本のような東洋の世界は、瞑想という弛緩の文化といえるかもしれない。坐るにしても椅子に腰かけるにしても、休息行動、リラクセーション、くつろぎの姿勢としてとらえられるが、ただそれだけにとどまらない。瞑想するによい姿勢として、東洋において数千年にわたって育てられてきたのである。

ヒューズ（Hewes, G.W., 1955）の論文「ある姿勢慣習の世界分布」によると、脚を交叉し、あぐらがきに組み合わせて坐る文化圏は、インド、東南アジア、オーストラリア、日本および北米の西部、中米と南米の西海岸地帯、そしてアフリカの一部の地域に集中しているという。そしてこれらを分類して、人種に分けている。これから一本足姿勢、椅子に坐る姿勢、うずくまる姿勢を除くと、次の五つの姿勢に分けられる。

①脚をまっすぐに伸ばして坐る姿勢

女性に多く見られ、機織などの労働に向いており、母親が乳幼児を育てるのに適している。メラネシアの女性は、こうした姿勢で休む。

②脚を交叉するか、あぐらをかいて坐る姿勢

この坐り方は、ヒンドゥー教や仏教と結びついたものとして結跏趺坐（足を反対側の太モモの上にのせる坐法）や半跏趺坐（一方の足を反対側の太モモにのせる坐法）の坐法があり、インドから日本にいたる広い地域で行われている。

③ひざをついて坐る、いわゆる正坐とその変型

正坐は日本の普通の代表的な坐り方である。そのほかアフリカの一部、メキシコ、インドネシアでは、主として女性の坐り方となっている。イスラム世界では礼拝の時、この姿勢がとられる。

④両脚を脇へ折り重ねて坐る姿勢

一般に女性の坐り方で、アメリカの平原部と西南部、メラネシア、南米、南アフリカに見られ、日本の女性もこの坐り方を好む。

⑤一方のひざを立てて、他方の脚を横たえて坐る姿勢

オーストラリアの原住民、アフリカ、北アメリカで見られる。片方のひざをつけて腰を浮かす坐り方は、西部アメリカでは、「カウボーイ坐り」として知られ、また弓で矢を射る時の姿勢がこれである。

そのほか、両方の足裏を合わせて坐るのは、音楽を奏するのによく、これを楽坐という。また両方の足を太モモの外側に出して尻を直接床につけて坐るのを割坐という。またしゃがむ姿勢は蹲居といい、昔長老に対する最敬礼とか相撲や剣道で行う姿勢である。またうずくまる姿勢もある。

そこで人間はなぜ坐るのか、「坐る」ことの意義について考察してみよう。

①坐ることは、休息行動であり、くつろぎの姿勢である。チベットでは坐って眠る人たちがいる。立つことは活動を示し、横臥することは休息を示す。前者が緊張を後者が弛緩を示すとすれば、坐ることはその中間で緊張と弛緩のバランスのとれた姿勢である。いわば休息しているが、いつでも立って活動できる準備状態でもある。

②ロダンの「考える人」のように、坐ることは考える姿勢である。
③奈良や鎌倉の大仏のように、結跏趺坐や半伽跏趺の仏像や中宮寺や広隆寺の半跏思惟像は、瞑想している姿勢である。後者の半跏思惟像は、思惟（思考）している面と瞑想している面の両方があるが、どちらかというと瞑想しているといった方がよいであろう。
④ヨーガ、禅の瞑想法のように、坐って身体を調え（調身）、呼吸を調え（調息）、これらに注意を集中して心を調える（調心）ことが結びついているように、坐法と呼吸法と調心法が一体のものとしてとらえられているということである。その点坐ること自体が、心身のセルフコントロールの方法として、健康法として、また修行法として考えられてきたのである。
⑤坐ることは神仏に対する礼拝や祈り、君主に対する忠誠、客に対する挨拶の姿勢である。すなわち相手に対する崇拝、尊敬または敵意のないことを示す姿勢である。
⑥女性に多いが、子どもを抱いて授乳し育てる姿勢である。
⑦機織、裁縫、細工など坐業の姿勢である。
⑧琴、琵琶、太鼓、笛やピアノ、オルガン、チェロ、などの楽器を演奏する姿勢である。
⑨食事をとり、お茶を飲む姿勢であり、僧堂の生活の茶礼や茶道などから礼法として発展してきたのである。

二　健康法としての坐り方

ここでは心身の健康によい、さらに健康法となる坐り方について考察してみよう。

⑴ 坐禅の坐り方

坐禅は調身、調息、調心の三つから成り立っている。

①調身の法

坐禅をするには、坐蒲団を厚く敷き、その上に坐蒲といって直径およそ四五センチぐらいの丸い蒲団をおく。坐蒲の代りに坐蒲団を二つに折っておく。その上に尻をおろすのである。

坐禅の坐り方は大きく分けて結跏趺坐と半跏趺坐とがある。結跏趺坐は、まず右の足をもって左のモモの上にのせ、左の足を右のモモの上にのせる。坐禅は心を安定させるのを目的とするが、そのためには身体を安定にするのである（図1）。略式として半跏趺坐がある。半跏趺坐はただ左の足を右のモモの上におき、右の足は左のモモの下に入れておくのである（図2）。足が痛み出したら、足を換えてもさしつかえない。

手は右の手を左の足の上に、手の平を上にする。その上に左の手を同じく手の平を上にして重ねる。その時親指の爪先と爪先を軽くつける程度にして、この爪先が胸に向っているようにする。この手の組み方を法界定印という。身体はまっすぐにする。左右に傾いたり、前にのめったり、後に反《そ》り身になってはいけない。頭の姿勢を正しくする。アゴがノドから離れ過ぎ上向きになっても、頭が下向きになってもいけない。目はあけて自分の座より一メートル程度前方に自然に視線が落ちるようにする。腹は力を入れようとせずに、自然に入るにまかせる。

②調息の法

坐禅の呼吸は、鼻から静かにする。それから深呼吸をし、今までの息をすっかりはき出して、大きく息を吸うのである。それから身体を左右に、できるだけ大きく静かに振る。振子のように初めは大きく、しだいに小さくして止めるのである。これを数回してとめる。坐禅をやめる時は、左右揺身するが、始める時とは反対に、初めは小さ

図1　結跏趺坐

図2　半跏趺坐

く、しだいに大きく身体を振って、それから静かに禅定から出るのである。

③調心の法

心を調える方法であるが、調息の法に基づいている。例えば数息観、随息観、只管打坐などの方法がある。

(一)数息観　初めて坐禅をするには数息観がよい。数息観には、出入息観、出息観、入息観の三通りがあるが、出入息観から始めるとよい。数息観は自分の息を数えるのであるが、出入息観は吐く息と吸う息の両方を数える。息を心の中で数える。数を数えることを一生懸命にやれば、自然に心が調ってくる。その数え方は、最初入る息を「ひとーつ」と数え、次に出る息を「ふたーつ」と数え、十までいったら、また一つに返る。これを繰り返し数えるのである。

次に出息観は出る息だけを数える。また入息観は吸う息だけを数えるのである。それから息を数えない入息、出息の時は、息を数える代りに、その息に注意を集中していることが必要である。数息観は、まず出入息観を修練し、それから出息観、入息観をやるとよい。心が落ちつかない時は入息観がよい。また心がぼんやりしたり、眠くなったりした時は出息観がよい。

(二)随息観　これは出る息、入る息に注意を集中する。息が出るとはっきりと意識し、息が入るとはっきりと意識するのである。

以上は精神集中法である。すなわち一つの事に注意を集中する方法である。とかく注意は拡散するが、一つの事にとどめておく方法である。

(三)只管打坐　今までの数息観、随息観は、出入の呼吸に注意を集中するやり方であるが、只管打坐は、これをやめてただ一生懸命に坐ることに徹底するのである。この只管打坐は初心者にとっては決して容易ではない。そこで数息観、随息観をやってから、この只管打坐に入るとよい。この只管打坐が、坐禅の最も基本的な純粋な坐禅であるとされている。

ところがこの只管打坐をやっていると、雑念が起きてきたり、いろいろなイメージが浮かんできたり、またぼんやりしてきたり、眠くなったりする。そうした時は、先ほどの数息観、随息観や公案の拈提（師匠より与えられた禅の問題に注意を集中すること）にもどるとよい。またいろいろな考えやイメージが出てきて、じゃまになる場合は「出るにまかせ、消えるにまかせる」といった自然にまかせる態度をとればよい。現象は現れても、それらは自然に消えるので、それを待てばよい。これは森田療法の「あるがまま」の態度に通ずると思う。

坐禅の効果として、次のことをあげることができると思う。①よけいな緊張を解放し、心身を安定し、気力を充実させる。②身体の機能が十分に働くようになる。③意志力を高める。④注意集中力がよくなるので観察力、理解力、記憶力を高める。⑤直観力、洞察力、悟りを促進する。

⑵ヨーガの坐法――シッダ・アーサナ

ヨーガ（Yoga）は、心身の安定をもたらし、緊張と弛緩ならびに心身の統一と放下（解放）の最高のバランスをもたらし、心身の健康性を増進し、悟りの知恵を開発し、自己実現を達成させる瞑想システムであり、自己コントロール法である。

ヨーガの瞑想システムでは、坐る体位（姿勢）が最高のものであり、そのためにはいろいろな体位法（身体の調整法）を行って、身体のゆがみ、硬さを除き、身体を柔軟にしておかなければならない。瞑想するには、空気が比較的にきれいな早朝か夜遅く行うとよい。静かなところ、寒からず、暑からずのところがよい。

坐法には二つの原則がある。

1　背骨をまっすぐに立てる

2　全身がくつろいでいる

この二つの条件は、相反し矛盾しているように見えるが、背骨をまっすぐにして上体をしっかり立てているのは、緊張の状態であり、また全身がくつろいでいるのは、リラックスした弛緩の状態である。ヨーガではこうした緊張と弛緩のバランスがとれていることが大切である。

坐禅の坐り方は、一般に結跏趺坐と半跏趺坐の二つであるが、ヨーガでは多くの坐り方がある。坐禅では、ふつう尻に坐蒲をあてがうがヨーガではやらない。ヨーガにも結跏趺坐や半跏扶坐の坐り方があるが、ここでは達人坐（siddha-āsana, シッダ・アーサナ）の坐り方について述べる（図3）。この坐法はヨーガの基本的なもので、成就坐ともいわれ「完全な坐法」という意味を持っている。

①両脚を床の上に大きく開いて坐る。右の脚を折り曲げて足を手前に引き寄せ、カカトを会陰部（肛門と生殖器の中間部）につける。右足のウラは、左太モモの内側に密着させる。この時男性の場合、性器はカカトの上にのっている。②次に左の脚を折りまげて、その足のカカトを性器のちょうど真上の恥骨の前にすえる。左足のウラは右の太モモにそって伸びる。そしてその足先を右脚のモモとコムラの間にはさみ込む。この時両方のクルブシは、性器をはさんで上下に重なり合って、左足のカカトは恥骨の間に直立する形になる。③腕を自然に伸ばして、手は親指と人指し指で輪をつくる「智恵の印相」をつくり、両ヒザの上にのせておく。④アゴを胸に引きつけて、ノドを引き締めて、それを保つ。⑤この坐法をやめる時は、片方ずつゆっくり脚をのばしてもどす。注意すべき事項としては、両ヒザが床につくこと、一時間以上続けないこと、性器を痛めないように注意すること、時々左右の脚を取り換えることである。この坐法は、心身をリラックスさせ、背骨と腹部の機能を高め、脚と腰を強くするとされている。

図3　シッダ・アーサナ

(3) 正　坐

正坐は、日本式の典型的な坐り方である。畳の部屋で坐るのによい。板の間では座蒲団を下に敷いて坐るとよい。この坐り方は、長い間かかって洗練されてきた小笠原流礼法による坐り方で、それについて述べる（図4）。これは、合理的な坐り方であり、長い間坐るのによく、また健康にもよい。この坐り方は背骨をまっすぐ伸ばし、脳の活動を活発にし、内臓を特に圧迫することのない、心身を安定させる坐り方である。この方法は心を落ちつけ、精神を集中することができるので、寝る前に五分でも十分でも正坐すると、ストレスを除き、心身の健康によいとされている。

●正坐の坐り方

①坐るのに跪坐という姿勢をとってから正坐に移ると坐りやすい。跪坐とは、坐って爪先立った姿勢である（図5）。②背筋をピーンと伸ばすこと。やや前傾する。③ヒザ頭をそろえるが、両ヒザの間に握りこぶしで男性は二つ、女性は一つが入るぐらい開くとよい。④両足の親指を重ねるようにする。途中でしびれそうになった時は、両足の親指を重ねてかえたり、上下に動かすとよい。また跪坐の姿勢をとり、あしの指を折りまげることができると、しびれが治る。⑤呼吸は自然呼吸で、吸った息は下腹に届くように力を入れる。吐く時は吐ききってしまわず、少し残すようにして吸いこむ。⑥肩をいからせたり、肘を張ったりしないで、身体のどこにも力を入れず自然な姿勢にする。⑦指を八の字のようにヒザの上におく。手を組

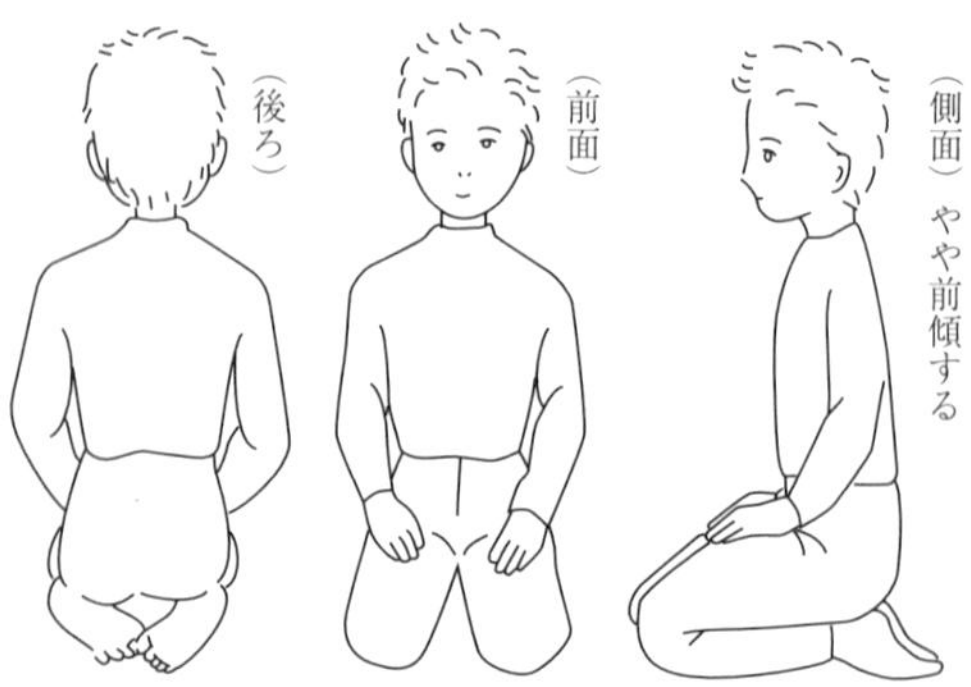

図4　正座

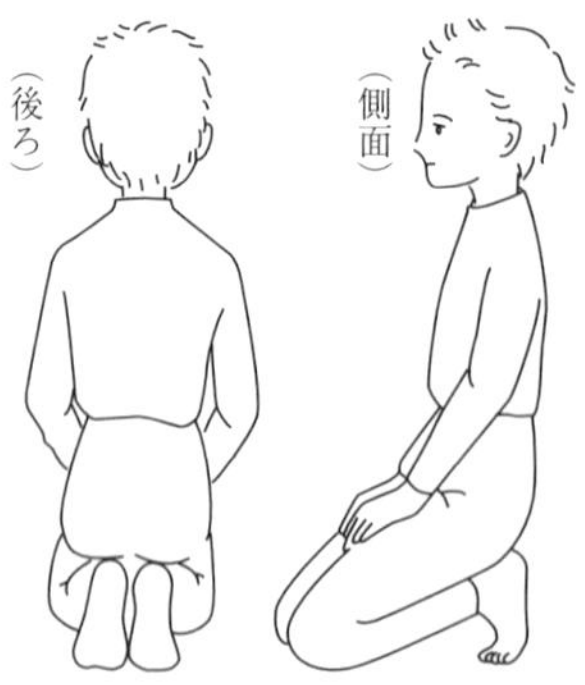

図5　跪坐

んでもよい。⑧視線は正面を見る。自然に全体が見えるようにする。⑨アゴをひき、頭を前後左右に傾けない。⑩口はしっかり結んで、舌は内口蓋につけるとよい。

正坐からの立ち上り方としては、正坐から跪坐の姿勢をとる。片足を半足前に出し、おなかを引っ込めたり、腰を曲げることなく背筋を伸ばしたまま、息を吸いこみながらゆっくりと立つ。後の足を前の足にそろえる。立つ姿勢から坐るには、片足を半足ほど前に出し、上体をゆらさないようにして、静かに腰をおとし、跪坐の姿勢をとって、後ろにある足のヒザがついたら、そのついたヒザを前に進めてそろえる。跪坐の姿勢になってから、片足ずつ爪先をねかせて腰をおろす。

⑷ 静坐――静坐療法

静坐は日本的な坐法の一つで、正坐に近いが、やり方がいくらか異なる。静かに坐って呼吸を整え、心身を落ち着かせる方法は、古来東洋に伝わってきたものである。この静坐の姿勢と呼吸に一つの形式を与え、静坐法として完成させたのは、岡田虎二郎（一八七二―一九二〇）である。これが岡田式静坐法といわれる。静坐法は姿勢を正し、呼吸を調整することによって心身の安定をはかる。この方法は身心の治療や健康保持だけでなく、さらに人格の向上、完成をめざすという修養の目的をもって生み出された。これを医療に応用し、静坐療法として確立したのは、岡田虎二郎から指導を受けた医師の小林参三郎である。この静坐法は、坐禅やヨーガの坐法と同じく調身、調息、調心によって、身心の自己調整を促し、健衆への生きる力を増進すると共に、特に神経質症や心身症に有効であるということである。

坐り方。①両足の土ふまずを深くX字型に重ねて坐る。②ヒザ頭を少し開く。開き方は正坐と同じ。③臀部（尻）をなるべく後方につき出し足の上に軽く置く。④腰をぐっと立て、下腹をヒザの上に委せる気持ちで坐る。⑤上体を少し前に出し、肩や胸、みぞおちの力を抜く。⑥アゴを引く。⑦両手を深く、しかも軽く組んで下腹につけ、ヒザの上に置く。⑧口と目は力まずに閉じる。

呼吸の調え方。丹田腹式呼吸法で、息を出す時みぞおちを落としながら下腹部丹田に力を入れる。①息を吐く時は、みぞおちの力を抜いて落としながら、息を徐々に出し、下腹部丹田に力を入れて静かに長く出す。下腹部を前に押し出すような気持ち、立てた腰のあたりから前へ押し出す気持で丹田に力を充実させる。②息を吸う時は、下腹部の力をゆるめると、上腹部みぞおちがスーッとふくらんでくる。息は吸い込もうとしないで、息が鼻から自然に入ってくるにまかせる。しかし注意すべきは、息を吐く時下腹に力を入れるとしても、無理に力を入れてはいけない。

(5) 椅子の坐り方

主として小笠原礼法に基づいて述べる。①腰をかける時は、足のツマ先を揃える。②上体を曲げることなく椅子に対して垂直になるように重心を移動して椅子に腰をおろす。③背もたれにはもたれかからない。④身体は前後左右に傾かないようにする。⑤いくぶん浅く腰をかける。⑥手は自然の形で八の字にヒザの上に置く。⑦腰は曲げたり、足を組んだりしない。⑧足を床にきちんとつけて安定させる。⑨背筋をまっすぐに伸ばす。

椅子の腰かけ方については、心身が健康になる坐り方としてアレキサンダー・テクニークを創始したアレキサンダー（Alexander, M. 一八六九－一九五五）の指導法が参考になると思う。彼は頸、脊椎などを中心とするからだの使い方を調整して、健康に有害な緊張の習慣を取り除くという、からだ全体の調整法、健康法または姿勢術というべきものを生み出した。

椅子に坐る（腰かける）には、頭の動きに身体を合わせると、バランスがうまくとれる効果があるのでよいという。そこでからだは頭の「上方に・前に」向かう動きに合わせるということである。椅子に坐る場合は、椅子の前に立ったなら、頭とからだを上方に持ちあげるようにする（図6）。そして脚にかかった力が抜けたと感じたら、ヒザを軽く曲げる。椅子にからだが近づいたら、腰を折り、からだを前に傾斜させて坐る（腰かける）。

逆に椅子から立つ場合は、頭をからだからひき離すように上方に持ちあげること、そうして頭の動きにつれてからだをそれに合わせながら、前方にからだを傾斜する。お尻が椅子から離れるまで、からだを倒しながら、上方へ向かう動きにからだを合わせる（図7）。前方にからだを傾斜させると、上方は椅子に対して斜めの方向になる。脚に体重が移ったところでこの動作は完了する。立った状態になってからも、頭を上方に持ちあげるように心がける。そうすればからだがそれについてくる。この場合、頭の余計な緊張をリラックスすることが必要である。

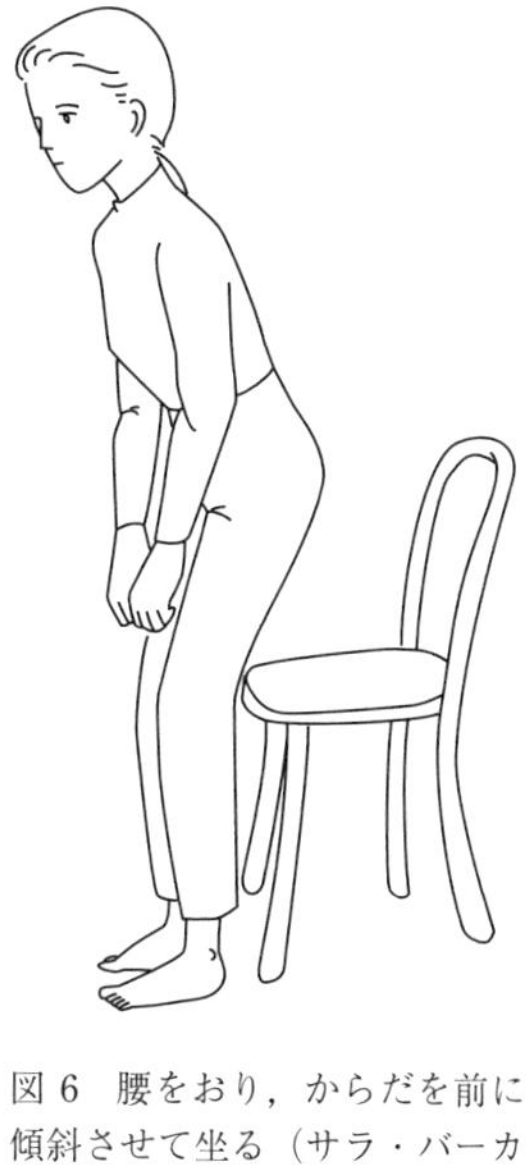

図6　腰をおり，からだを前に傾斜させて坐る（サラ・バーカー，姿勢術，186ページによる）．

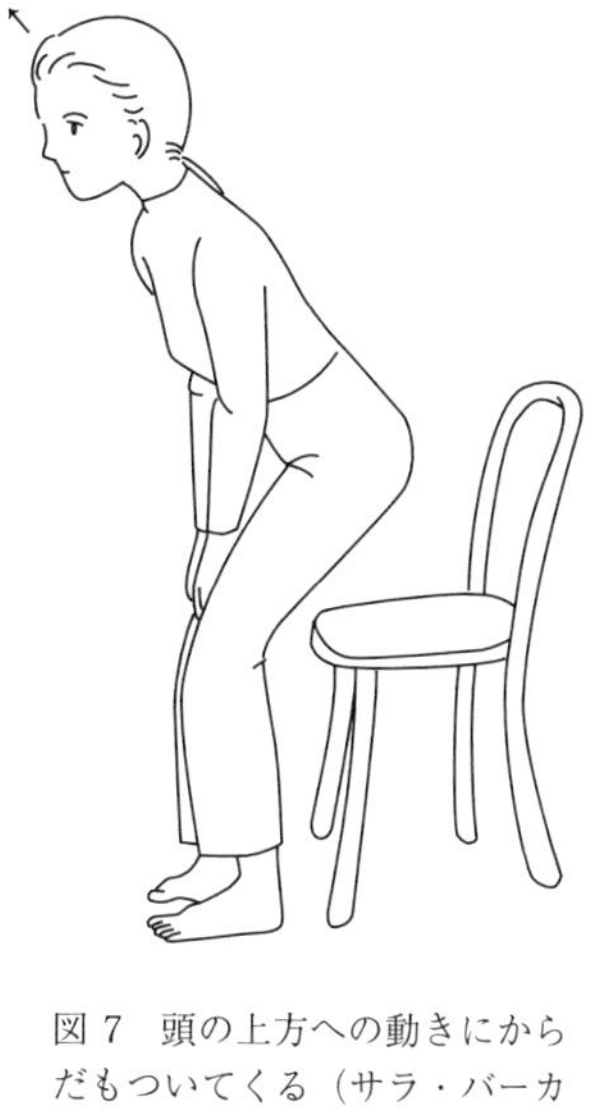

図7　頭の上方への動きにからだもついてくる（サラ・バーカー，姿勢術，182ページによる）．

参考文献

山折哲雄『「坐」の文化論』佼成出版、一九八一年。

山折哲雄・正木　晃・永沢　哲『坐る　観る　写す』（「修行と解脱」２巻）、佼成出版、一九九二年。

恩田　彰『創造性開発の研究』恒星社厚生閣、一九八〇年。

山田耕雲『新版　禅の正門』春秋社、一九八六年。

佐保田鶴治『ヨーガ入門』池田書店、一九九〇年。

番場一雄『ヨーガ』平河出版、一九七八年。

小笠原忠統『小笠原流いい女の礼儀作法』広済堂出版、一九八九。

小笠原清信『「美しい女性」と呼ばれる作法秘訣集』主婦と生活社、一九九〇年。

横山慧吾「静坐療法」佐藤幸治編『樽的療法・内観法』文光堂、一九七二年、一九一-六三頁。

W・バーロウ（伊東博訳）『アレキサンダー・テクニーク』誠信書房、一九八九年。

サラ・バーカー（北山耕平訳）『アレキサンダー式姿勢術』三天書房、一九八七年。

第八章　死の不安と癒し

一　死の不安

私の大学の上司に哲学者、教育学者また随筆家として、沢山の名文を残した堀　秀彦教授がいた。堀は一九八七年（昭和六十二年）に八十五歳で亡くなられたが、約五〇年間にわたり死について思索し、書き続けてきた。亡くなる一年前に『死の川のほとりにて』[1]、亡くなられたその年に『死の彷徨』[2]が出ている。堀はフランスの哲学者モンテーニュ（Montaigne, M.）の思想に共鳴され、大きな影響を受けられたようだ。モンテーニュは『エセー（随想録）』を著わし、人間の内面生活、社会生活の真実を観察、省察した。[3]堀は死についてモンテーニュの「死んでしまうのはいやじゃない。死ぬのがいやなんだ」ということばを引用して、このことばが自分の死の考えにくさをよく表わしていると述べている。そしてモンテーニュは、自分の死をこわがっているという意味だけではなく、いわんや生に執着していることではないという。このことは人間は死ぬことは避けられないことで、理性的、客観的には受け入れることはできるが、感情的、主観的には自分が死ぬことを拒否するということである。結局は私たちは死ぬことはいやであり、不安なのである。またモンテーニュは、死の不安は自然から与えられたものではなく、人間が勝手につくり出した誤り、迷いにすぎないというのである。そして「哲学すること、それはどのようにして死ぬかを学ぶことだ」と述べている。いいかえると「哲学すること、それはどのように生きるかを学ぶことだ」ということである。そこで堀は死を避けることなく、主体的に死に直面して、思索することによって死の不安を克服し、さらには人生を楽しもうというところがあった。この点モンテーニュや堀の生き方には、エリス（Ellis, A.）の論理療法に近いものがある。すなわち来談者の非合理的、消極的なビリーフ（受けとり方）を合理的、積極的なビリーフ（受けとり方）に変えることによって、その背後にある感情を調えて快適な状態をもたらすというやり方である。(4)

不安（anxiety）は、現実の危険ではなく、未来において起こるかもしれない危険という対象がはっきりしない恐れ（fear）である。恐れと不安との違いは、対象の有無によって区別され、不安には対象が見出されていない。不安には、未来の危険に対する予測が不確かであり、しかもはっきりと自覚されていない。また予測しても、自分ではどうにもならない無力感を伴うものである。その対象は、事故、病気、死などであり、それに伴う苦痛である。

仏教では人間が避けられない苦しみとして、生老病死の四苦をあげている。生は誕生であり、生まれる苦しみである。この世に生まれることは子宮内世界で死んで、この世に再生することである。今まで生きている世界から別の世界に移行することで苦しみがある。老は老いること、年をとれば心身共に衰えて思うように仕事ができなくなる。病は病気になること、それに伴い苦痛があり、死にいたる。死は生命がなくなること、また死においてあらゆる存在がなくなるという恐怖が生ずる。仏教では、生命としての自己存在への執着が、すべての迷いの基本であり、そこから苦悩が生ずるので、その執着からの解脱によって安心を得ることを目的としている。

人間は対象の世界に直接にかつ必然的に結ばれている存在であり、その対象が奪われるか、またはなくなる状態が対象喪失（object loss）である。それには、①自分が一体感を持っていた親しい人の喪失、②自分が一体化していた慣れ親しんだ環境の喪失、③環境に適応するための社会的役割や行動様式の喪失、④対象としての自己の喪失がある。このような時には、混乱状態や持続的な悲しみ、抑うつの状態におちいる。こうしてみると自分の死は、④であるが、それには①②③も含まれる。そこで死の不安は、自己にまつわる全存在の喪失を予期する心理過程であるといえよう。

キューブラー・ロス（Kübler-Ross, E.）は、多くの臨死患者との面接に基づいて、自分の近い死を予期し、あるいは宣告された人が、次の五段階を順次にたどって、最終的に死を受容すると述べている。すなわち死の不安や恐怖を癒していく過程を述べている。(5)

第一段階「否認」――自分が致命的疾患にかかり、末期であると知らされると、多くの人が示す反応は「そんなはずはない」という反応である。この「否認」は、予期しない衝撃的な情報を聞かされる時の緩衝装置として働き、自己の人格の崩壊を防ごうとする。その意味では健康な対処方法である。

ある乳ガンの女性患者は、死ぬ少し前まで、治療を拒否していたが、最後のことばとして、「私、もうこれ以上がんばれないように思います」と言って、一時間足らずに死んでいる。

第二段階「怒り」――死ぬのは自分だという事実を否定できなくなると、怒り、羨望、恨みなどの感情が出てくる。「自分だけが、なぜこんな目にあわなければならないのか」と運命の不当を非難し、健康な人への羨望や恨みが出てくる。怒りは家族のみならず医師、看護婦その他の医療スタッフに向けられる。しかし患者は自分が理解され、大事に世話されると、やがて怒りを静めていく。

あるビジネスマンはホジキン病（リンパ肉芽腫病）で入院。今まで自分の仕事や家庭生活では自分の思う通りに振る舞っていた。ロスは妻には、訪問の時期、時間を夫に意思決定することをまかせ、看護スタッフにも世話の時間の決定を患者にまかせるように指導した。すると怒りや抵抗が全くなくなったという。

第三段階「取り引き」――神とか人々との取り引きができれば、死ぬことを少し先に延ばせるかもしれないと考える。良い振る舞いをすれば、生命を延ばし、苦痛をやわらげられると願うのである。患者がこういう約束を申し出た場合は、これを無視しないで、心の悩みを聞き、不合理な恐怖や不安、また罰せられたい願望を解放できるように援助するのである。

ある女性患者は、一人息子の結婚式に出席するために、生き延びることができれば、どんなことでも約束すると言った。

第四段階「抑うつ」――病状が進み、自分の病気を否認できなくなり、衰弱が加わってくると、大事なものを喪失するという悲しみ、さらには抑うつにおちいる。乳ガンの女性の容姿の喪失、子宮ガンの女性の女性性の喪失、財産や職の喪失、夢や希望の喪失などである。抑うつには第一に反応抑うつと第二に準備抑うつ、すなわち世界との訣別を覚悟するために経験しなければならない抑うつがある。第一の抑うつには、他の女性的な特徴をほめたり、または乳房人工補装術をほどこし、自信をとりもどさせるのである。第二の抑うつの場合には、励ましたりするのではなく、患者の悲しみの表現を促し、またことばによらず、手を握る、髪をなでる、ただ黙ってそばに坐るとかして、患者の苦痛を共有することによって、死の不安を受容しやすくするのである。

ある男性ガン患者は絶望感におちいっており、それに妻からあらゆる事で非難されていたが、ロスの指導により、妻は夫に対するマイナスの感情を吐き出したことにより、プラスの感情が出てきて、夫の良さを見出し、それを夫に示すことで、夫の心がなごみ、妻に感謝のことばを述べている。

第五段階「受容」――長い苦しい闘争が終わり、自分の運命を受け入れる。まわりの人々への怒りを吐きつくし、すべてのものを失う悲しみの作業をなし終え、ある程度静かな期待をもって、近づく自分の終わりを見つめることができる。この頃になると、うとうとまどろみ、関心の環は縮まっていく。そこで患者は一人きりにしてもらいたいと望む。また患者とのコミュニケーションは、ことばではなく、そばにいることで、大切な時間を共有することができ、安心させることができる。

ある五十八歳の女性、腹部の悪性腫瘍で入院。結婚生活がめぐまれた有意義なものであると信じ、このまま平安のうちに死にたいと思っている。ところが夫は妻をもっと生かせておきたいと思い、外科医たちも、もう一度手術すれば延命ができると信じている。しかし手術に対して抵抗したので手術を中止した。そこで夫が妻の死を受容し、気持ちを共有するようになった。すると患者は安らぎを得て、自分のことは自分でするようになったという。

これらの段階は、入れ替えることはできず、必ず隣り合い、時には重なり合うことがある。こうして多くの患者は、何ら外部からの援助を受けることなく、最終的受容に達していった。そこでそうでない人々には、他から助力が必要であった。そして大切なことは、患者は最後の瞬間まで何らかの形で希望を持ち続けていたことである。すなわちどの患者も、何らかの新しい治療法の可能性の望みを棄てていない。そこで医療スタッフも、その希望を棄ててはいけない。患者と希望を分け持つことである。また死後の世界の存在と人間が永遠に生きることを信じていることで、安らかに死を待つことができる。また死を受容した人で、まわりの人々に感謝し、自分のできる事で人々のために何かをしようとするものが出てきている。これは何れも自分の中の生命の存在を発見し、これからの生活に希望を見出したからであると思う。

ユング（Jung, C.G.）は、人間が死ぬことは、一つの世界を終わって、次の世界に入っていくことだという。そこで死は一つのイニシエーション（initiation：誕生の通過儀礼）であると考えている。[6] 死とはこの世で死んで、新しい世界に生まれ変ることで、すなわち死と再生のプロセスである。このことは心理療法にもあてはまる。すなわちクライエントは精神的に死んで生まれ変るプロセスにある。最近臨死体験（Near-Death Experience）が問題になっている。これは臨床的に死んだと判断された後、蘇生した人たちが、天国や浄土と思われる死後の光の世界を見てきて、その後に安らぎを得ていることが研究されている。[7] 例えば、ある患者がお花畑を通って、川を渡ろうとする。川の向こうにはもっと美しい花が咲いている。さらに渡ろうとすると、「お前はここへ来るのはまだ早い。やるべき事をやってから来い」という声が聞こえる。また後ろの方から自分の名前をよぶ声を聞いて意識をとりもどしたという体験が多く語られている。この体験は、この世界と死後の世界との接点を示し、死ぬことは死と再生へのイニシエーションを示しているものといえよう。

二　死の不安の治療

ガンのような末期患者に特有な不安には、死、なおらない、恐ろしい病気、はげしい耐えられない苦痛といったマイナスのイメージが伴っている。このような末期患者に対する精神的な援助法、対処法（coping）として、平山正実は、次のようにまとめている(8)。

①意識的レベルに働きかける方法――理性や意志に働きかける方法で、援助者が患者に対して一定の教育プログラムを設定して指導する。病気に関する診断、経過、予後、治療などの情報、これからの生き方、問題解決について、講義、読書、日記や自伝を書くこと。またカウンセリング、グループワークを通して、気づかせ、また情報を提供する。

②無意識レベルに働きかける方法――情緒や感情に働きかける方法で、イメージ、夢に焦点をあてて精神の安定をはかる。方法として、自己催眠、夢分析、内観法、イメージ療法、音楽や絵画などによる芸術療法がある。

③心身全体に働きかける方法――心身全体のバランスと安定を得るため、心身をリラックスさせるための漸進的弛緩法、自律訓練法、バイオフィードバック法、ヨーガ、坐禅、ダンス、超越的瞑想法その他の瞑想法などがある。

④実存的レベルに働きかける方法　信仰を深め、自己受容性、死生観の形成、人格の成熟、宗教による癒しをうるため、宗教的講義、祈り、経典読誦、宗教儀礼、聖職者によるカウンセリング、臨終行儀などがある。

次に死の不安の治療法について考察しよう。

(1) 個人的治療

患者との一対一の関係においてかかわるもので、この心理治療の目的としてカタルシス、受容、自己洞察、自己実現などがあげられる。カタルシスは、患者の不安や葛藤によって生ずる怒りや悲しみ、苦しみを十分に吐き出させて、治療者はもっぱら聞くことに徹する。受容は、患者の悩み、苦しみを共感的理解をもって聞き、その訴えを受容すること、自己洞察は、患者に自己の行動の意味や原因を気づかせること、自己実現は、患者のやりたいこと、やり残したことをやらせて、自分の可能性を最大限に開発し、実現させること。

七十七歳の僧侶。寺の建立を計画していたが、脳卒中で静養、地鎮祭に出席し、その後衰弱が目立ち、容態が急変し、入院し、約一週間で死亡。この人が安らかに死んだことは、信仰を持っていたこと、妻がつきっきりで看病を続けたこと、寺院建設の実現が確実になり、心残りがなくなったことがあげられる(9)。

死にゆく老人にとって、信頼できる家族がそばにいると安心していられる。家族がそばにいるだけで気持ちが安まるのである。そこで家族が老人の気持ちを受容し、その希望や欲求ができるだけかなえられるように援助することが大切である。もし家族がいない場合は医療スタッフがその代りの役を引き受けることが必要である。

七十六歳の女性。主な病気は心不全、敗血症で左足を膝下から切断し、その傷跡が痛む。また脇腹に神経痛があり、時々はげしい頭痛がおそってくる。こういう状態でも死にたいと思ったことはないという。長男の嫁はほとんど毎週顔を見せるが、娘は四人いて、見舞いに来るのを待っている。しかしそれぞれ事情があって、見舞いに来られない。娘のことを心配しているうちに頭が痛くなったり、気持ちが落ち込んでくる。自分は家族から見捨てられて「このまま死ぬんじゃないか」と思ったりする。病院のスタッフが忙しさのあまり、つい素っ気ない態度をとったり、不用意なことばをかけると、大きく落ち込んでしまうという。

一般に自宅死を望むものが、病院死を望むものをはるかに上回っている。しかしなかなかその通りにいかないのが現状である。老人の意識は、ぼけない限り、終始はっきりしており、苦痛を訴え、死の不安を示すが、家族がそばにいるだけで、気持ちが落ちついてくる。村上冴子は、「家族は老人と死との間に立つ防壁、死にいくときの拠り所といえるのではないかと思う(9)」と述べている。

(2) 集団的治療

キューブラー・ロスは、死の不安を癒すための集団によるワークショップを開いている。[10] これは四泊五日の日程である。参加者が一人ずつ中央に出て、自分の悩み、苦しみ、考えていること、感じていることを自発的に話す。はげしい苦悩、怒りや悲しみの感情を語り、これを他の人たちが耳を傾けて聴く。やがて話を終えると、ファシリテーターに促されて、太いゴムホースで電話帳を激しくたたきつける。思いが切れるまでたたき続ける。たたき終わると、皆がそばによって、かわるがわる抱擁して、やさしいことばをかけて祝福する。たたき終えた人は、深い解放感と安らぎに満たされるのである。患者は死という不可避の運命に直面させられていることに対する怒り、恐怖、死後の不安、残る家族への心配などを洗いざらい吐き出すことが、死を受容し、残されている生を充実して生きていく上に必要なプロセスであるという。特にこの怒りの放出が大事である。中でも「電話帳たたき」が、このワークショップの重要なイベントである。ワークに入っている時は狂乱とも見えるほど感情を吐き出し、泣き、わめき、叫ぶ。しかしワークが終わって、休憩に入ると、誰もがにこやかな笑顔にもどり、安らぎを得るという。そして四日目にロスがでてきて、レクチュアを行い、参加者の感情興奮を徐々に覚まして、日常生活に適当な精神状態にもどるように援助するのである。このワークショップにおける基本的態度は、無条件絶対受容であるという。すなわち患者がしゃべること、やることを何ら意見や助言をしないで、ひたすら受け入れるのである。これが患者をして、自己の運命や死を受容させる大切な条件となっている。

わが国では、ロスについて直接指導を受けた卜部文麿が三泊四日でこのワークショップを行っている。日本においても同じような現象が起こったという。例えば日本ではとかく遠慮がちな抱擁もスタッフや参加者の間に何らかの抵抗も違和感もなく全く自然に起こった。そこで人間は「やり残した仕事」を解決しない限り、これ以上成長しないということを学んだという。すなわち参加者の中には、死への恐れの克服と受容のみならず、積年の気掛かり、わだかまりを解決できずにかかえこんだままでは、死ぬにも死ねない、生きていくのも苦しい。そんな問題を解決したい要求があるものだということである。このワークでは、知識、教養、権威や地位などをすべて取り払って、まるはだかの人間同士が苦悩や悲しみを分かち合い、共感や愛、やさしさを共有し、その中で癒されていくのである。

死を受容することは、すべてをあきらめ、死ぬのを待つだけの受動的で、憂うつな気分におちいることではない。起こったことを受け入れ、事実を正しく観ることによって、人間は死を前にして、落ちつき、明るさ、勇気、希望をとりもどしていく。そして今まで苦痛の連続であった時間を充実した時間に変えていくことができる。そして生きることへの限りのない感謝をしながら、肉親や友だちやすべての人々に「ありがとう」ということばを残せる気持ちになっていくのが、死の受容ということである。ある患者は「ガンになったお蔭で、この年齢になって、ようやく、いのちの美しさ、すばらしさに気づくことができた。ガンになってよかったと思います」とまで言っている。死の受容は、その結果として、自分はいのちにみたされ、生かされている、という気づきをもたらす。また、多くの人々に愛され、与えられているという実感を持ち、感謝の気持ちを持つようになるということは、まさしく死の受容は、人間の再生をもたらすことを示している。

(3)『チベットの死者の書』による癒し

「死とは何か」「人間は死んだらどうなるのか」「人間の死後の世界はどうなっているか」「人間はどうしたら安らかに死を迎えることができるか」について答えてくれる有力なテキストに、『チベットの死者の書』[11]がある。このお経は現在でもチベットで死にゆく人の枕辺で僧侶が唱える経典である。死後四十九日間の追善廻向、鎮魂の経典である。その内容は、死の瞬間から次の生の誕生までの間に霊魂がたどる旅路、七週四十九日間のいわゆる中有（バルドウ）の様子を描き、死者が迷いの世界に入らずに、正しい解脱ができるように指導している。バルドウ（中有）とは、死んだ後に次の生に生まれ変って輪廻転生を続けるまでの間で、最長で四十九日間にわたる、死と生との中間時期である。この書によると、すべての人は死後三日半を過ぎて覚醒する。そして四十九日間に次の生に再生する。このように輪廻転生には、前の世と今の世との間に因果関係があるようだが、私たちにはそれがわからない。このように人間は何度も生まれ、何度も死ぬ。それが繰り返される。そうすると死は一回限りではなく、人間は生き続けていると考えざるをえなくなる。

一九八一年にスティーブン・レヴァイアン夫妻はダイニング・センターを設立し、仲間のデール・ボーグラムが末期ガン患者のために瞑想を教え、カウンセリングを行った。そしてこの『チベットの死者の書』を好きな時に患者に読ませている。[12] この試みが財政的なゆきづまりで三年半で活動が中止された。その代りボーグラムを責任者として、新しくリビング・ダイニング・プロジェクトが始まった。対話をしながら死を看取っている。ボーグラムを中心に約三〇人のボランティアがいて、死を迎える人のもとに出向いて、対話をしながら死を看取っている。一九九三年ボーグラムは四六歳の末期のエイズ患者を訪ね話をしている。そして『チベットの死者の書』を患者に読んで聞かせている。「あなたの本質は創造力と知性を備えた空なるものだ。形もなく色もなく物質でもない。あなたの意識は、無限の可能性を持っていて、喜びにあふれている。……友よ、この世を旅立つときがきた。死は誰にでも訪れる。だから、この世へのこだわりを捨てるのだ。……あなたが目にするのは、とてつもなく明るい青い光だ。この光はあなたの本質だ。この光に溶け込んだとき、あなたは覚《さと》ることができる」とある。それから瞑想することをすすめて、その誘導をしている。

(4) ターミナル・ケアと臨終行儀

人の死に際して、看取りの在り方が問題にされている。それがターミナル・ケア（terminal care）の問題である。ターミナル・ケアとは、死に臨んだ人への看護、また生から死への境界に臨む人の看護である。さらには新しい世界（死後の世界）への誕生のための援助ということができる。田宮　仁によると、ターミナル・ケアとは、現在の医療では治療の見込みがなく、死期が近いと診断された人や老人に対して、その人にとって残された日々がより望みどおりに過ごせるように、その人の諸欲求が充足され、その人にとってより望ましい死が迎えられるようにケアすることである[13]。これに近いことばとして、パリアティブ・ケア、ホスピス・ケア、ビハーラ・ケアなどがある。パリアティブ・ケア（palliative care）とは、病気を治すことはできないが、苦痛となっている症状を緩和し、除去することのできる処置をとること、ホスピス・ケア（hospice care）は、死にゆく患者に最高の包括的ケアを提供すること、次にビハーラ・ケア（vihāra care）は仏教の知恵や方法を活用したケアであり、田宮　仁が提唱したものである。

ターミナル・ケアの目的は、死にゆく人が、その人らしくいのちを全うするように援助することである。内容は人によって異なるが、共通するところは、苦痛を緩和し除去すること、またその人の生きる質（quality of life）を高めることである。身体的な苦痛の緩和を中心としたコントロールは、主として医療、看護の仕事である。次に心の不安、恐怖や悩みの克服は心理治療、カウンセリングの問題である。特に死ぬことや死後の世界などへの不安や恐怖については、サイコセラピスト、カウンセラー宗教家による「癒し」や「救い」の問題の援助が重要である。また家族や医療費の支払いなどの経済問題や社会的な問題は、ソーシャル・ワークの仕事である。ターミナル・ケアは、従来の治療や延命を主とした医療から、「癒し」としての全人的な治療への転換を示している。そこで治療のみならず、癒しまたは救いといった、従来宗教で扱ってきた問題まで扱うことが要請されている。ターミナル・ケアは、欧米ではホスピスを中心にキリスト教関係者が、医療スタッフとチームを組んで行ってきたが、わが国では仏教関係者がこのホスピスに相当する、ターミナル・ケアの施設としてのビハーラをつくって活動を行っている。そこで日本におけるターミナル・ケアの問題を考えるのに、その原点というべきものとして、日本の看取りの基本形態である「臨終行儀」といわれるものがある。

臨終行儀は、仏教思想に基づいて、臨終の人の心得と看取りの作法（行儀）について示したものである。これは釈尊の最後に習うべきものであるが、中国の唐代の初期に臨終行儀の原型がつくられ、その後日本に伝わり、わが国では、平安時代中頃より、浄土宗のそれが重視され、その後各宗派にも用いられ、江戸期に入って、広く庶民の中で行われていたものである。これはターミナル・ケアの方法として見ると、参考になると思う。臨終行儀の主なものをあげてみよう。①臨終の人のために別の建物をたてて病者をそこへ移す。俗事を離れて、やがて安楽な浄土へ往生するための準備をする。浄土系では阿弥陀如来を安置する。②善知識（指導者）や看護者がそばにいて、安らかに死を迎え、浄土に往生できるように宗教的行の援助、看護や身辺の世話をする。③善知識や看護者は慈悲の心で病者を世話することが要請される。④病者の悩み、心残り、気になっていること、罪悪感などをよく聞き、心の浄化と安定をはかる。⑤善知識が病者に経典を読誦すること、念仏、題目、真言を唱えることをすすめ、それに唱和して助声する。また病者に代って経典を読誦し、その意義を講ずる。

著者の叔母のN・M。以前から浄土宗の深い念仏信仰を持っていたが、一九三六年に十六歳で念仏往生をとげている。初めは大腸カタルと診断されたが、病状が悪化し、入院した。その後自宅で療養し六ヵ月がたった。早朝容態が急変したので床間に阿弥陀如来の絵をかけ、香をたき、臨終の準備をした。父親（寺の住職）が善知識として、死の不安や極楽往生への不安に応えている。例えば、臨終がせまり「なぜ病に勝てず死ぬの」との問いに、父は過去世の業を説いている。すると「死というものは楽なものね。こんなに楽なものとは思ってもいなかったわ」と述べている。付き添いの看護婦さんに「長い間わがままいってすみませんでした」「すみませんが仏様の処へ行くのだから頭髪をゆい直し、顔にお化粧し、身体を拭き浄めてから、衣類を着せかえて下さい」とたのみ、そうしている。また「皆んな泣かずに声を出してお念仏を唱えて下さい。私も唱えます」といってまわりの人にたのんでいる。また「私は極楽に行けるかしら」という問いに、父は「お前は信心深く、念仏を続けてきたから必ず極楽往生は疑いない」と答えている。「火葬にしたら熱くない?」という問いに、父は肉体と霊との分離を説いている。まわりの親しい人に何度もお礼をいって安らかに念仏しながら息を引き取っている。

この例は、臨終行儀にかなっており、望ましい死の迎え方を示していると思う。

引用文献
（1）堀　秀彦『死の川のほとりにて』作品社、一九八七年。
（2）堀　秀彦『死への彷徨』人間と歴史社、一九八七年。
（3）M・モンテーニュ、荒木昭太郎訳、エセー『モンテーニュ』（『世界の名著』19）中央公論社、一九七〇年、七〇–九五頁。
（4）Ellis, A. & Harper, R.A., *New Guide to Rational Living*, Prentice-Hall, 1975.（国分康孝・伊藤順康訳『論理療法』川島書店、一九八五年）。
（5）Kübler-Ross, E., *On Death and Dying*, Macmillan Company, 1969.（川口正吉訳『死ぬ瞬間』読売新聞社、一九七一年、六五–一八九頁）。
（6）C・G・ユング、湯浅泰雄・黒木幹夫訳『東洋的瞑想の心理学』創元社、一九八四年、六一–一七四頁。
（7）恩田　彰「極楽浄土の光景――臨死体験から」戸松啓真教授古稀記念論文集刊行会編『浄土教論集』大東出版社、一九八七年、二六三–二七九頁。
（8）平山正実「精神的ケアのあり方」こころの科学三五、一九九一年、七五–八一頁。
（9）村山冴子「死の臨床」井上勝也編『老年期の臨床心理学』川島書店、一九八八年、一八六–一九九頁。
（10）E・キューブラー・ロス、ト部文麿訳『生と死の癒し』アニマ二〇〇一、一九九一年、二三–一七八頁。
（11）原典訳、川崎信定訳『チベットの死者の書』筑摩書房、一九九三年。
（12）河邑厚徳・林由香里『チベット死者の書』日本放送出版協会、一九九三年、一五一–一九〇頁。
（13）神居文彰・田宮　仁・長谷川匡俊・藤腹明子『臨終行儀――日本的ターミナル・ケアの原点』北辰堂、一九九三年。

参考文献
Albery, N. *et al.*, ed., *The Natural Death Handbook*, The Natural Death Center, 1993.（中村三千恵訳『上手な死に方』二見書房、一九九四年）。
馬場謙一他編『老いと死の深層』（『日本人の深層分析』十二）、有斐閣、一九八五年。
仏教ホスピスの会編『がん体験』春秋社、一九九一年。

日野原重明『死をどう生きたか』中央公論社、一九八三年。
カール・ベッカー『死の体験——臨死現象の探究』法藏館、一九九二年。
吉福伸逸『生老病死の心理学』春秋社、一九九〇年。

第九章　仏教の今昔

一　法眼禅師について

この論文は、私の禅の師匠である山田耕雲老師の遺徳を偲んで執筆したものである。山田老師は法眼禅師を私淑しておられ、自分は法眼禅師の弟子であったように、親しく感ずるといっておられた。これははっきり憶えていないが、自分は法眼の生まれ代わりであるともいっておられたように思う。そこで法眼という人は、どういう人か、またどのような教化をされたのかを考察しようと思う。

法眼は得法の後、清涼寺《しょうりょうじ》に住したので、清涼文益《ぶんえき》と呼ばれるが、諡名《おくりな》によって浄慧禅師、または大法眼禅師と呼ばれている。唐の僖宗《きそう》の光啓元年（八八五）余杭（淅江省）魯氏の家に生まれた。七歳の時、新定智通院の全偉禅師について出家得度し、越州開元寺で具足戒を受け、さらに明州育王寺の希覚律師のもとで戒律を学び、儒家の学問を修《おさ》め、文章に非凡な才能を示す。その後禅の求道を志し、福州（福建省）の長慶慧陵（雪峰義存の法嗣）のもとで修行したが、悟りを得るまでに至らず、同輩と共に江西に向って行脚に出た。

大雨に出会い、川が水であふれたので、寺（地蔵院）で水がひくのを待った。桂琛《けいちん》和尚（雪峰義存――玄沙師備――羅漢桂琛）がたずねた。「あなたがたはどこへ行かれるのか」　法眼「行脚し続けております」　和尚「行脚とはどういうことか」　法眼「知りません」と答えた。「知らないのが、最も仏法にかなっている」と和尚はいった。法眼ははっと気づくところがあった。雨も上がり、お別れの挨拶をすると、和尚は「あなたがたは三界唯心万法唯識（この世界のあらゆるものは心の現れである）ということを知っているか」。「もちろん知っております」その時和尚は庭の石を指して問うた。「この石はあなたがたの心の内にあるのか、それとも外にあるのか」。法眼は「心の内にあります」。すると和尚は言った。「どうしてこんな石を心の中に置いておくのだ」。返すことばがなくて、法眼たちは、地蔵院に留まり修行することにした。法眼は華厳や唯識の教理を説いて、自己の見解を呈したが、桂琛は「仏法はそんなものではないぞ」と言った。「私にはもう述べる言葉も、考える道理もなくなりました」と法眼は言った。その時和尚は言った。「もし仏法とは何かといえば、あらゆるものが仏法だということだ」。この一言を聞いて法眼は大悟した。そして羅漢桂琛の法を嗣いだ。

法眼の大悟の機縁が唯識の教理にあることに注目したい。唯識論は禅定体験から生まれ煩悩から悟りへの意識・人格の変容のプロセスを明らかにしてきたものであるが、唯識論を学ぶことだけで悟りに至ることは難しいと思う。ここに正師について禅の実参を行って悟りを得る必要があると思う。

嗣法の後、臨川（江西省）の崇寿院に住し、その門下の修行者は千人を越えていたという。やがて江南の国主（南唐の烈祖）が師の道風を慕い、金陵（江蘇省）の報恩禅院に住せしめ、浄慧禅師の号を与えた。後に建康（今の南京）の清涼禅院に迎えられ、朝夕法を説いた。遠近の禅の修行者が多く集まったという。後周世宗の顕徳五年（九五八）七十四歳で示寂した。寂後、大法眼禅師、さらに大智蔵大導師と諡名された。法眼宗の開祖と仰がれている。門下には天台徳韶、清涼泰欽をはじめ「景徳伝燈録」に名がのっている者だけでも六十三人の名前があがっている。さらに徳韶の法嗣に永明寺《ようみょうじ》智覚延寿（九〇四−九七五）がおり、「宗鏡録《すぎょうろく》」、「万善同帰集」などを著わし、禅と念仏の双修を説いている。

法眼には、「法眼文益禅師語録」康熙四年（一六六五）刊があり、崇寿禅院、報恩禅院、清涼禅院等三坐禅道場における説法をおさめている。ほかに「参同契注」と「宗門十規論」がある。前者は現存していない。「宗門十規論」は、宝暦六年（一七五六年）刊、当時の宗門の疲弊を十ヶ条に分けて示し、修行者を戒めたものである。それは以下の通りである。一、悟りの眼が明らかでないのに、人の指導をする。二、自己の門風を守って、他派を攻撃する。三、法を説くのに、相承の系譜を知らない。四、時節因縁をとらえていないし、しかも悟りの眼もない。五、理事不二たること、すなわち平等即差別たることがわかっていない。六、正師の指導を受けず、坐禅修行もしないで、古今の言句を推察する。七、古人の言句を憶えていても、それを自由に生かして働かすことができない。八、経論の真意をよくつかんでいないで、むやみに引用している。九、詩の形式をきちんと守らず、また真の事実をはっきりつかんでいないで頌をつくっている。十、自己の短所を改めようとせず、好んで他人の長所をけなしている。これらは他の修行者の戒めであるばかりでなく、法眼自身の自戒でもあった。法眼は、「宗門十規論」の序において「理は頓に明らむに在りと雖も、事は須らく漸に証すべし」（真の事実はすみやかに明らかにすることが大切であるが、それを行動に実証するには、段階を踏んでやれ）と述べて、著実な修行の在り方を示している。

法眼の宗風を見ると、大きく分けると、次の二点を指摘することができる。一つは「箭鋒相拄う《せんぷあいさそ》」であり、もう一つは「巡人犯夜《じゅんにんぼんや》」である。「箭鋒相拄う」というのは、弓の名人か両方から矢を放って、その矢じりと矢じりが途中でがちっとかみ合った状態で、相手の力量に応じて、自由自在に接化し得ること、すなわち相手の問いを真正面からがっちりと受けとめ、しかも相手をして悟りにいたらしめる絶妙な働きをいう。これは「啐啄同時」ともいい、師家と修行者との機鋒が相投合して、修行者をして開悟せしめることである。また「応病与薬」すなわち相手に最も適した臨機応変に教化することともいうことができる。この「箭別鋒相拄う」に相当するものに、次のような問答がある。

一、二僧巻簾《にそうけんれん》「無門関」第二六則、「従容録」第二七則

ある時、昼の食事の前に僧が参禅に来た。法眼禅師は、簾を指さした。二人の僧が同じように簾を巻き上げた。師は「一得一失」（一人はよいが、一人はダメだ）といった。

法眼が簾を手で指したことも、一得一失といったことも、それだけで、意味はない。何れも真の事実をつきつけ

ている。山田老師は「永平広録」の提唱で、次のように述べておられる。「倶胝和尚は何か聞かれるとスッと指を一本立てた。それだけ！このスッと指を立てる時に、現象界に現れた指一本が問題なのではない。これによってゼロで無限大の世界をつかまえて貰いたいという事なのです。この一得一矢も、その一本の指と同じように私は見たい。一得一矢に意味はない。ムーと同じです。（見台一打）カチーン、これと同じです。道元禅師の永平広録で『天宇廓清《かくせい》一得一矢』（宇宙は一点の雲もなく晴れ渡っている。まさしく眼に礙ゆる雲の端も無し）といわれたのは、それを狙っておられたように思う」と。山田老師は、この二僧巻簾の公案を大変大事にされ、われわれにその真髄を示されている（山田耕雲「永平広録」提唱（第九一回）『暁鐘』第二四七号、平成六年五月参照）。

一、慧超問仏「碧岩葉」第七則

ある僧が法眼に問うた。「わたし慧超が和尚におたずね致します。仏とはいかなるものですか」。法眼「お前は慧超だ」と答えた。

「和何なるか是れ仏」とは、仏道修行者にとっては、究極的な問題である。これは一言で真の事実を示している。分別、判断を許さない鋭さがある。

一、法眼舡陸「従容録」第五一則

法眼が覚上座（覚鉄觜《かくてつし》ともいわれ、悟りの眼があいている）がやってきたので、たずねた。「船で来たか、陸路から来たか」　覚上座「船でまいりました」。法眼「その船はどこにあるか」。覚上座「河岸にあります」。覚上座が退出してから、法眼はかたわらの僧にたずねた。「どうだ。さっきの僧は、悟りの眼をそなえているか、それともそなえていなかったか」　この問答を通して、かたわらの僧に悟りの眼があいているかどうかの点検と眼を開かしめる、修行者の機根に応じた親切な指導ぶりが示されている。

一、法眼質名「従容録」第七四則

ある僧が法眼にたずねた。「維摩経の観衆生品に、文殊菩薩が〝無住本（真の事実）からすべての存在が出てくる〟と言っておられる。それでは無住本とは、どんなものでしょうか」。　法眼は「形のあるものは、形のないものから生じ、名前はまだ名前のないものから出てくるものだ」といった。

次に第二の法眼の宗風の特徴は、「巡人犯夜」（夜警が泥棒をするという意味）で、相手の道具を奪い取って、自分の道具として使って相手を済度しているということだ。相手のものとは、自分のものであり、それが真の自己そのものにほかならない。また「就身打劫《たこう》」というのもそれである。すなわち他人の身につけているものを奪い取ることで、師家が学人の機に応じて、相手の分別を奪い取ってしまうことである。

一、清涼院の監院（事務長）に玄則がいたが、一度も入室参禅していない。ある日法眼がたずねた。「お前さんは、ここにいて、なぜ入室してたずねないのか」。　玄則「私は和尚さんをだますわけにはゆきません。実はここに来る前に、青峰義誠禅師のもとで安心を得ております」。　法眼「どういう事で安心を得たか」　玄則「私は青峰和尚に〝本当の私とはどんなものですか〟とたずねました。すると和尚は『丙丁童子来求火』といわれました」。法眼「そうか、それはよいコトバだ。しかし恐らくお前さんはわかっていないだろう」　玄則「丙丁童子とは、火の神のことです。火の神が火を求めるということです。ちょうど自分が自分をさがしているようなものです」。法眼「お前さんがわかっていないことがはっきりわかったよ」　玄則は、その時は納得しないで、ついに道場を立ち去った。玄則は途中まで行って考えた。「法眼禅師は、五百人の善知識といわれる立派な方だ。それがあのようにダメだといわれるのは、定めし理由があるのであろう」ともどってきて、おたずねした。「本当の私とはどんなものですか」。　すると法眼はすかさずいった。「丙丁童子来求火」。玄則はただちに大悟した。

「拈評三百則不能語」第一二一則

一、ある日法眼が講座にのぼると、ある僧が「如何なるか是れ曹源の一滴水」（六祖慧能から流れ出た禅の真髄とは、どんなものですか）とたずねた。法眼は「是れ曹源の一滴水」と答えた。その僧は茫然として退いた。そばにいた天台徳韶は、大衆の中にいたが、これを聞いてただちに大悟した。徳韶は嗣法して頌を呈した。「通玄峰頂、是れ人間にあらず。心外無法、満目青山」(天台山の通玄峰の頂きは、人間世界を超越している。心の外にあらゆる存在はない、この心が満目の青山として現前しているのである)。法眼はこれを印可していった。「この一頌だけで、わが宗を継ぐことができる。あんたは後に王候に尊敬されるであろう。私はあんたに及ばない」と。

「碧岩集」第七則評唱

一、法眼毫氂「従容録」第一七則

法眼が脩山主にたずねた。「毫氂《ごうり》も差有れば、天地懸《はるか》に隔たる。(三祖僧璨《そうさん》の「信心銘」の句、ちょっとでも分別の思想が働くと、真の事実はつかめない。それは天と地ほどの大きな開きがある)というが、あんたはこれをどうとらえているか」。脩山主は「毫氂も差有れば、天地懸に隔たる」と答えた。法眼「そんなことでは、どうしてわかったと言えるか」といった。脩山主「私の見方はこれだけです。和尚さんは、どうとらえていますか」とたずねた。法服は「毫氂も差有れば、天地懸に隔たる」と答えた。脩山主は、そこで礼拝した。

「毫氂も差有れば、天地懸に隔たる」には、意味がない。真の事実を直接に示している。見台をたたいて、「カチーン」これと同じである。

また法眼は、華厳教学にくわしく、禅教融合をはかったところに、法眼のもう一つの宗風の特徴があることに注目しておきたい。

参考文献

岩野真雄編「景徳伝燈録下」『国訳一切経』史伝部一五、大東出版社、一九五九年。
足立大進「法眼」西谷啓治編『禅の歴史――中国――』講座禅　第三巻、筑摩書房、一九六八年。
国訳禅宗叢書刊行会「国訳浄慧法眼禅師宗門十規論」国訳禅宗叢書　第八巻、一九三四年。
柳田聖山「中国禅宗史」西谷啓治編、前掲書。

鈴木哲雄『唐五代の禅宗――湖南江西篇――』大東出版社、一九八四年。
阿部肇一『増訂中国禅宗史の研究』研文出版、一九八六年。
岡野守也『唯識の心理学』青土社、一九九〇年。

二　インド仏跡巡拝記

私は平成十一年一月十四日から一月二十五日にかけて、私にゆかりのある仏教寺院の主催したインド仏跡巡拝の旅に参加した。仏跡はインド北部とネパールにわたっている。生誕地ルンビニー、成道地ブッダガヤー、初転法輪の地サールナート、そして入滅地クシーナガル、これが四大聖地である。

このほか私たちは　ラージギール、サヘート・マヘート（祇園精舎と舎衛城）を巡拝した。すなわち六大聖地である。私たちが行かなかったサンカーシャ、ヴァイシャーリーを加えると八大聖地になる。サンカーシャは、釈尊が亡くなった生母マーヤー夫人を訪ねて忉利天《とうりてん》に昇り、母に法を説いて地上に降りたというところ、ヴァイシャーリーは、釈尊がしばしば訪ね、また最後の旅の途中にも訪ね、「維摩経」の舞台となり、仏滅一〇〇年ごろ第二回仏典結集が行われた町である。

一月十四日午前十一時三十分頃成田を出発、飛行時間は約九時間というが、インド時間でニューデリーに午後九時頃到着した。

インドは日本より三時間三十分遅れている。飛行機でインド上空で見た夕日の美しさは、これこそ極楽浄土の光景であると思った。インドでは、インド人のガイドがついたが、旅の注意事項として、インド時間といって生活はのんびりしていて、時間は正確でなく、金の支払いもルーズで、インドでは何があっても「気にしないで」生活することだという。ニューデリーの夜は、いくらか寒く、そのホテルはホテル・パークロイヤルというヨーロッパ的な一流ホテルだった。

翌十五日早朝に出発、空港で三時間待たされて、一時間三十分かかってパトナーに到着、専用バスでラージギールに出発、三時間かかってセントラル法華ホテルに到着、日本食が出る。おいしく、また辛くないのがよい。バスの中から見たインドの人々の生活は、昔からの生活が今に残っている感じで、古い粗末な家の中に多くの人が住んでいて、着ているものも女性はサリー、男性は厚い布を身にまとっている。以前中国の農村地帯をまわったが、中国の方がずっと近代化している。ラージギールはかつてマガダ国の首都、王舎城（ラージャガハ）があったところで、釈尊の布教の大きな拠点であった。この日はヒンドゥー教の知識の女神のお祭りで沢山の人々が道路にあふれていて、車で行くことが難しく、ナーランダ大学跡へ行く予定を変えて、竹林精舎の跡に行った。マガダ国王ビンビサーラ王が釈尊にさしあげた精舎で、竹が多くあるので竹林精舎という。釈尊像のあるところで誦経する。ガイドがこの竹林精舎の現在ではほとんどなくなった元の竹が数本残っているのを見せてくれた。その竹には各節との間に一本の黒い筋が入っているもので、その敷地内の一隅にあった。この事が事実かどうかわからない。ホテルから日没の光景を見る。インドでは朝晩霧が深く太陽の形がくっきりと見え、やがて地平線にうすくなって消えていった。

十六日午前五時四十五分ホテルを出発、霊鷲山に向った。霧が濃く、山に昇る。二十分ほどで頂上につく。霊鷲山は、その頂上が鷲の形に似ているということ、または禿鷲が住んでいたということから名づけられた。ラージギールには、マガダ国の首都の王舎城（ラージャガハ）があり、釈尊はこの王舎城の霊鷲山で説法をした。無門関「世尊拈花」の説法はここで行われ、「法華経」や浄土経典の「無量寿経」「観無量寿経」もここで説かれている。頂上の香室（釈尊の居住場所）跡に釈尊像が祀られ、花輪と線香をささげた。それから誦経をして、日の出を待ったが、曇っていて御来迎を拝むことはできなかった。寒風にさらされ、大変寒かった。それからこの香室の前と、この近くの巨岩の石窟（釈尊が雨の時瞑想されたと思われる所）の中で坐禅をした。早朝にもかかわらず、往復に絵葉書売りや数珠売りがうるさくつきまとった。

次にナーランダ大学跡にいく。これは五世紀にクマーラ・グプタ王によってつくられ、十二世紀にイスラムの侵攻を受けて徹底的に破壊された。この大学は世界最大の総合仏教大学であった。中国の玄奘は、ここで五年間学んでいる。現在東西二五〇米、南北六百米の壮大な遺跡に、十二の僧院跡、十四の寺院跡が残っている。図書館は当時世界最大であった。部屋の壁に一人がはって入れるような穴があいていて、その中で瞑想ができるようになっていた。小山のような大きなストゥーパがあり、それはサーリプッタ（舎利弗）のために建てられたもので、その頂上に登るとナーランダ大学が一望できる。次に川幅が一粁ほどもあるネーランジャラー河（尼連禅河）を見にいく。長い橋を渡って向う岸について河の中におりた。乾季なので水はなく、あたりは砂で、掘ると湿った砂が出てきて、海岸の砂地に似ている。ところどころに草が生えている。この砂地の下を水が流れていると思うと、インドの悠久の歴史が思い出される。

ホテル・スジャーターに泊まる。とても寒い。暖房もない。ツインの隣りのベッドの毛布をかけても寒かった。翌十七日の朝食は日本人向きに辛さをおさえてあった。この時乳粥が出たが、大変おいしかった。仏伝によれば、釈尊は苦行によって悟れないと知り、セーナー村の乙女スジャーターの捧げる乳粥（パヤス）をたべ、尼連禅河で沐浴して、体力と気力を回復して、ブッダガヤーにゆき、菩提樹のもとで禅定に入られ、悟りを開いたという。このパヤスは、牛乳に砂糖と蜜を加えて煮た粥で、今でも滋養食として用いられている。この乳粥は釈尊の悟りへの機縁になっていることを考え、しかもホテル・スジャーターでスジャーターにちなんだおいしい乳粥をいただいたことは、とても印象的であった。

十七日午前七時三十分、ブッダガヤーの大塔に向った。ここは釈尊が菩提樹下で成道されたところである。アショーカ王によって紀元前三世紀に建てられた寺院。現在の大塔は、高さ約五十四米。二世紀頃築かれ、改修を重ねられ、十八、九世紀にイギリス人によって大規模な改修が行われた。その下で成道された菩提樹と、悟りを開かれた時坐禅されていた金剛宝座の前で誦経する。そして坐禅をした。菩提樹の下で高音でお経をあげていると、大塔のまわりに沢山のチベット僧が低音でお経をあげている。調和して何ともいえない心地よさを感じた。現在ブッダガヤーには五千人近くのチベット僧が来て、ダライ・ラマもこられて十日間の法要が行われているという。この日はダライ・ラマはお帰りになっていた。つぎに大塔の内部に入る。とても狭い。中央に釈尊の右手を地面につけている降魔成道の触地印の坐像が安置してある。多くの参拝者で混雑していた。大塔のまわりをチベットの僧侶か信者が、下に板を敷いて五体投地で礼拝しているのを見た。このブッダガヤーは、土産品売りが多く、昨夜バスでホテルについた時、私たち一人に一人の物売りがぴったりとよりそってガイドしたり、物売りをしたり、またガードもしてくれる。そのサービスによって、ついに土産品店で土産品を買わされることになった。

午前十一時四十分ブッダガヤーを出発、バラーナシー（ベナレス）に向った。距離にして二四五粁、専用バスで所要時間八時間、ガイドによるともっと時間がかかるかもしれないという。国際道路になっており、定量以上に荷物を積んだトラックがひっきりなしに走っており、その途中にトラックター、牛や馬にひかせた牛車や馬車（これに四、五人は乗っている）、また屋上にも人が沢山乗っているギュウギュウ詰めのバスが入り込んでくる。また道路の端には人も歩いている。道路はこわれていて、その上を走るのでガタガタ身体がゆれる。多くの車が無理して走るので故障車が続出し、そのため渋滞となり、一時間以上も遅れ、午後九時三十分頃ホテルについた。そこはホテル・クラーク・バラーナシーで欧米並みである。

十八日午前五時三十分頃出発、ヒンドゥー教の最大の聖地であるベナレスのガート（沐浴場）に向う。ベナレスはコーサラ国に属し、釈尊もしばしば訪れている。ここではインドの聖なるガンジス河でヒンドゥー教徒が水浴してシヴァ神に祈っている情景が見られる。

このガートには沢山のヒンドゥー教の寺院が存在するが、もとは藩王の宮殿であった。これらの寺院から鐘の音が鳴りひびいていた。ボートに乗り、灯明を流し、河岸を一まわりする。水面から水蒸気が上っていて、霧におおわれて対岸は見えない。ボートのまわりに舟に乗ってお土産を売りつけたり、またなまずを売りつけるもの、数珠や絵葉書を売るものがよってくる。ガートで河の水で沐浴すれば、どんな罪でも浄められるという。岸辺にある火葬場を見る。ちょうど火葬しているところだ。死者の遺骸は火葬にされ、その骨と灰は河に流される。その煙によって心身の汚れが出ていくので、魂が浄められ、天界に生まれるという。薪には菩提樹と竹は使わないという。帰りは、牛のふんがころがっている古い狭い路地を通り、シヴァ神を祀るヒンドゥー教寺院、ヴィシュワナート寺院の中をのぞく。ヒンドゥー教徒でないと中には入れない。この寺院の屋根が金箔でふかれているので、「黄金の寺院」ともいわれる。大きな道路に出て、人力車に乗ってバスが待つところまでいった。

十八日午後二時ごろ、サールナートを訪れた。ここは釈尊が苦行を共にしていた五人の比丘に初転法輪をしたところである。ダルマラージカー塔は、釈尊がはじめて教えを説いた場所を記念して、紀元前三世紀にアショーカ王によって建てられたもので、現在はその基部しか残っていない。またアショーカ王がこの地を訪れたことを記念した、直径八〇糎の四本の折れた塔があり、五米ほどの四頭のライオン像が頭部に彫られた塔はサールナート考古博物館の正面ホールにある。ここで大きく目立つのは、ダメーク塔で、直径二八米、高さ十三米の基部の上に三十米の円筒形の塔が築かれた二段重ね仏塔すなわち舎利塔である。ここで誦経を行う。ついでサールナート考古博物館に入った。ここでは施無畏印仏立像や五世紀作の説法印仏坐像が印象的であった。とくに坐像は、説法している釈尊像であり、非常に優しいお顔をしておられる。その後ムルガンダ・クティ寺院（初転法輪寺ともいわれる）を訪ねる。この内部の壁いっぱいに釈尊の生涯を描いた壁面がある。

日本人画家の野生司香雪《のうすこうせつ》が戦前に描いたものである。

十九日午前七時、ベナレスのホテルを出発、クシーナガル（クシナガラ）まで二六八粁を九時間ぐらいで走った。途中、チュンダの村に到着した。釈尊はマガダ国のバーヴァー市で鍛冶工（金属細工師）のチュンダから供養を受けた。釈尊はきのこの料理だけをたべ、残ったきのこの料理を他の者がたべないように土中の穴に埋めさせた。そして彼のために説法を行い、教えはげましてマンゴーの林に戻られた。この時釈尊は、死ぬほどの激痛を起し、赤い血がほとばしり出たという。その苦痛に耐えて、クシーナガルに向かった。途中喉の渇きを訴えて、アーナンダに水を汲ませたが、その水はよごれているはずなのに、不思議なことに水が透明に澄み切っていたという。クシーナガルにいたり、釈尊は二本のサーラ樹（沙羅双樹）の間に頭を北にし、右脇を下にして、足を重ねて静かに横たわった。釈尊はチュンダに後悔の念を起させないようにという思いやりと、弟子たちにはチュンダの供養は、彼がやがて天に生まれる功徳があるのだと説いた。釈尊が悟りを開く前にスジャーターから乳粥を受けたことと、このチュンダの食物の供養を受けたことは、二大供養として尊ばれている。このチュンダの供養の意義を高からしめたのは、釈尊の慈悲によるものである。

チュンダの村にバスで入っていくと、村の子供たちが五十人ほど集まってきたので、同行の人がビデオでかれらの映っている姿を見せると、子供たちはワァワァ叫んで喜んでいた。チュンダの記念の礎石にお経をあげたが、子どもや大人が私たちのまわりを取りかこんで物めずらしそうに見ていた。

有名な仏跡では、「お金をくれ」といってよってくるものがいるのに、ここではそんなことがなかったので、心がなごむのを感じた。それからクシーナガルの東一粁のラマーバル・ストゥーパ（荼毘塚《だびづか》）をおとずれた。夕日が霧もやの中に沈んでいった。これは高さ十五米ほどのレンガを積み重ねたものである。ここで釈尊の遺骸が荼毘にふされ、遺骨は八等分され、各地に仏塔が建てられたという。この日朝もやの中を走る専用バスの運転手の技術に驚いた。私の目では三十米前はよく見えない。十米前になってようやく見えるくらいだ。右の方にすれちがう自動車、左の方に歩いている人、トラクターや自転車や遅い車を警笛をならして追いこしていった。また車の事故で道路が渋滞したので、村道に入ったところ、左側に溝があり、対向車に向かって、すれすれに通り抜けていく運転技術に驚き、感心した。ガンジス河にかかっている橋を渡っている時、象に乗っている人を見かけたり、川べりで遺骸を荼毘にふしている状景を見た。クシーナガルのホテル・パシック・ニワスにつく。トイレがこわれて水が外にもれており、とても寒かった。ツインベッドのもう一つのカバーを重ねてねたが、それでも寒かった。ついに喉を痛めてしまった。インドがこんなにも寒いとは思わなかった。気候は春から夏にかけてのよい気候だというので、そのつもりの用意をしていった。実は冬の服装で防寒の用意が必要だったのだ。日本では風邪には抵抗力があると思っていたが、インドで風邪をひき、喉を痛め、鼻水や咳まで出るようになった。

二十日午前六時四十五分、クシーナガルの涅槃堂に参拝した。ホテルから霧の中を歩いて約五―六分のところで、黄色い建物で、その後にはストゥーパが建っているが、現在工事中である。釈尊入滅の地を記念して、ミャンマー（ビルマ）人が建てた寺院で、内部には大きな釈尊が涅槃に入られた像が横たわっている。私はちょうど釈尊のお顔の真ん前に坐った。ここで誦経をする。涅槃堂の前に二本のサーラ樹（沙羅双樹）が植えられているが、その近くに僧院の跡がある。午前八時頃にバスで涅槃堂を出発、ネパールのルンビニー園に向かった。午後二時頃ネパールのルンビニー法華ホテルに到着し、そこで日本食の昼食をとる。午後三時に釈尊生誕の地ルンビニー園についた。マーヤー堂がある。そこはチベット風の寺院だ。その中にマーヤー夫人の「釈迦誕生像」が祀られている。二つあるが、古い方は磨耗が著しく、顔がなくなっている。もう一つは白い石に彫られている。釈尊の生母マーヤー夫人に因んで建てられたマーヤー堂の修復工事のために事前調査がネパール政府考古局と日本仏教会によって進められてきたが、一九九五年三月、アショーカ王が布石された石板がマーヤー堂中心部から発見された。以後、マーヤー堂は修復より、保存されることになり、マーヤー堂は別の場所に移されることになった。その後にアショーカ王石柱がある。これは紀元前三世紀にアショーカ王が訪れ、この地こそ釈尊が生誕した場所であると宣言して建てた。その一部はサールナートにあり、頭部の四頭のライオン像は、サールナート考古博物館の玄関のホールの真ん中にある。釈尊が生まれた時、身体を洗われた池があるが、現在の池は一九三〇年代に拡大されたもので、水を汲みあげると、古い池が出てくるという。

二十一日早朝ホテルを出発、午後二時頃バルラーンプルのマーヤーホテルについた。ここで昼食をとり、サヘート・マヘートにいく。サヘートに祇園精舎があった。祇園精舎は、今は遺構だけであるが、当時は七階建ての木造建築があったという。釈尊が二二年にわたり、長くここに住み、説法されたという。浄土教の「阿弥陀経」が説かれたところで、仏跡最後の誦経が行われた。ここにくる前に、一九八一年「日本国祇園精舎の鐘の会」が寄進した梵鐘を見る。僧侶たちがその鐘をついていた。平家物語の「祇園精舎の鐘の声、諸行無常の響きあり」という有名な文章があるが、当時のインドでは梵鐘があったという事は知られていない。釈尊の主たる布教の拠点は、マガダ国の王舎城と、コーサラ国のサーヴァツティ（舎衛城）であった。

コーサラ国は当時、パセーナディ王によって統治されていたが、釈尊はこの王と親交があった。首都、舎衛城は、祇園精舎の北方約一粁のマヘートの地にあった。舎衛城は、今では全く廃虚となっている。泊ったマーヤーホテルは、藩王《はんおう》（マハーラージャ）の宮殿であったもので、窓からの光りも少し暗い部屋で、トイレがこわれていて応急処置をしてもらった。部屋は暖房がなく寒いので、明るいうちは外を歩いていた。

二十二日午前四時にホテルを出発、午前九時頃ラクナウの空港に到着した。朝早くまだ暗く、しかも霧のたちこめた中の車の運転技術はすごい。途中四、五回トイレ休憩をとりながらいった。太陽が霧の中にくっきりと円い姿をあらわしたが、その光景も忘れられない美しいものであった。午前十一時二分、ラクナウの空港を出発、ニューデリー空港に五十分で到着した。するとこれがインドだなと思われる暑さを感じた。その夜のホテルは最初のホテル・パーク・ロイヤルであった。ようやく、目的の仏跡巡拝を終え、ホテルでくつろぐことができた。

二十三日六時十分、ニューデリーの駅から特急列車で約二時間でアーグラーに到着、世界最高の美しい墓であるタージ・マハルを訪ねた。またアーグラー城も見て、専用バスで四時間三十分かかってニューデリーのホテルにもどった。

二十四日、ニューデリー、デリーの観光をした。ここでは国立博物館を見学する。インダス文明からムガル朝時代にいたる彫刻、絵画が展示されている。布袋様の原型となった腹が大きく出ているクベーラ像、ブロンズ製の踊るシヴァ神像などがあった。またミャンマー（ビルマ）の人が寄進したという金色の舎利塔があり、その中に釈尊の骨や歯といわれるものが透明な器にいれられて見えるようになっていたのが印象的であった。

午後八時十五分ニューデリーの空港を出発、二十五日午前八時二十分成田空港に到着した。

釈尊は、竹林精舎と祇園精舎を拠点として布教活動をされたが、私たちは飛行機と専用バスで長距離を長時間にわたって、その活動の跡を訪ねた。しかも長距離のところを何度も徒歩で往復された釈尊の足跡を思うと、改めて釈尊の偉大さが偲ばれるのである。

第二部　創造性の開発

第一章　カウンセリングと創造性の開発

一　カウンセリングにおける創造性

カウンセリングは、カウンセラーによってクライエントとの間にリレーション（心のふれあい）がつくられることによって、クライエントが意欲を高め、健全で、積極的な創造的態度を形成し、自己の可能性を開発するのを援助することである。最近自己の成長力の開発、自己実現、すなわち自己の可能性の開発といった開発的カウンセリングが重視されるようになってきた。カウンセリングによって、クライエントが「洞察する」、「覚知する」、「自己自身になる」、「自己の本性を発見する」、「真実の自己になる」、「自己実現する」、「十分に機能する人になる」というが、これらはいずれも創造的態度の特徴を示している。そこでカウンセリングは、とくに創造的態度の面において創造性を開発するということができよう。

マスロー（Maslow, A.H.）は、創造性を「特別な才能の創造性」と「自己実現の創造性」に分けている。[1] 前者は天才とか科学者、発明家、芸術家などの特殊な人たちに見られる創造性で、社会的に新しい、価値あるものを生み出す。これに対して後者は、人間の可能性、自己の潜在的能力を開発する。また自己の持つ能力や人間性を最高に実現しようとする意味で、誰でも持っているものである。そしてほかの人にとっては、必ずしも新しくはなくてもその人にとって初めての活動、社会的に価値はなくとも、その人独自の個性的な活動を生み出す創造性である。その場合、後者は、それぞれの活動領域における経験を専門的に深めることによって、前者への移行が可能である。

そこでカウンセリングでは、当然この「自己実現の創造性」を開発することになる。この自己実現は、マスローによれば、成長動機に基づいている。成長動機で生活する人は、恒常より変化を、過去や現在よりも未来を、弛緩より目標達成のための緊張を、享楽よりも苦難を、依存よりも独立と自由を、愛情を受けるよりも与えることができる。そして厳しい人生の体験を通して、自己をきたえ、創りあげていくのである。

創造性（creativity）とは何かという創造性の定義および概念については、人によって多種多様であるが、それらの中には共通な概念が生まれてきている。

私は次のように定義している[2]「創造性とは、新しい価値あるもの、またはアイデアやイメージを創り出す創造力およびそれを基礎づける創造的人格である」。

創造性の構造を図解してみると、図のようになると思う。創造性は大きく分けると創造力と創造的人格になるが、創造力は創造的思考と創造的技能（創造的表現力）に分けることができる。創造的思考（創造的想像）は、想像と思考、発散的思考（思考の方向が多種多様に変わっていく思考）と収束的思考（ある一定の方向や目標に導かれていく思考）、または直観的思考と論理的思考（分析的思考）とがそれぞれ統合されたものとしてとらえることができる。その点思考、とくに収束的思考と論理的思考は、従来知能の概念として重視されてきたが、想像ならびに発

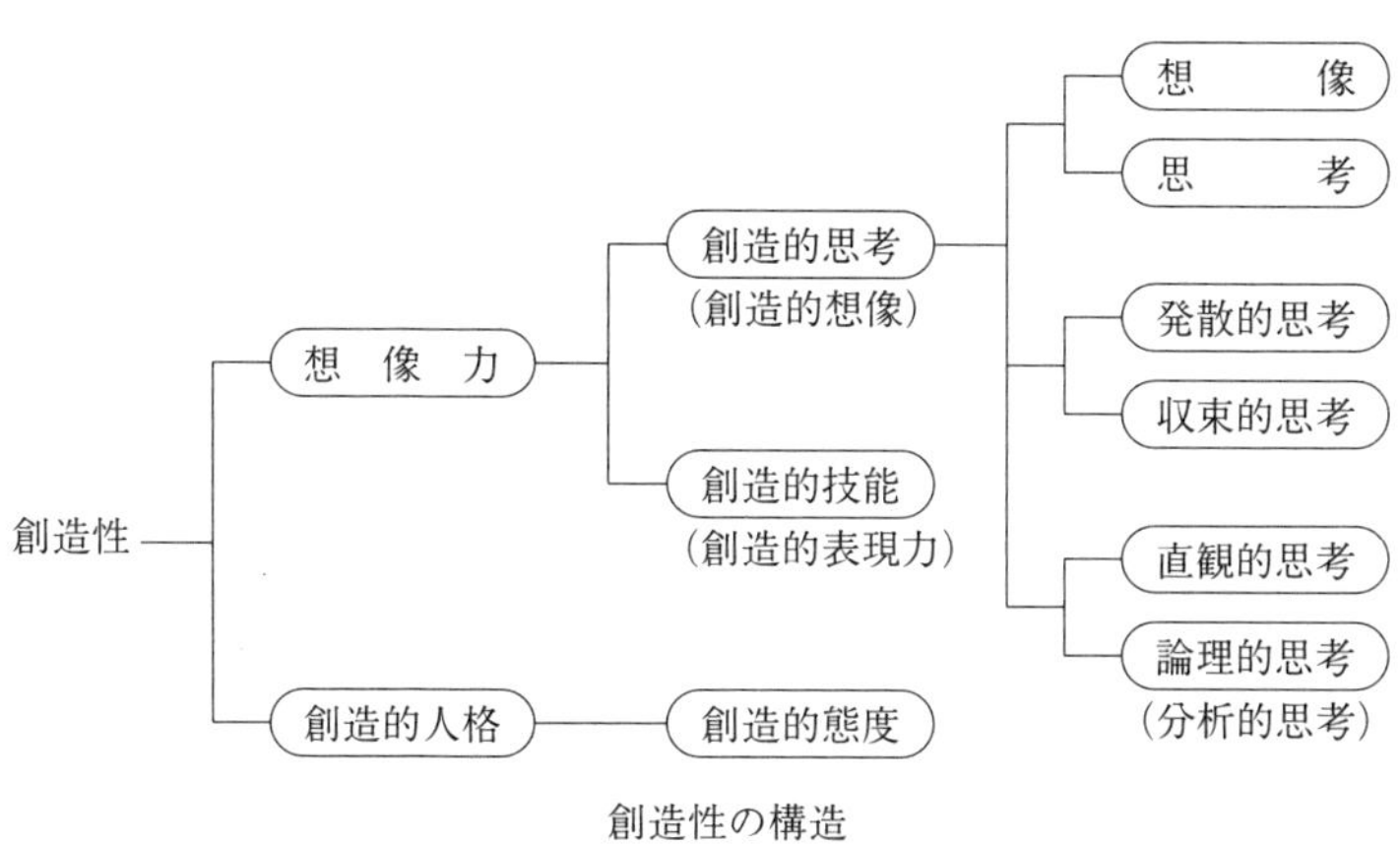

創造性の構造

散的思考と直観的思考は、創造性の研究が盛んになるにつれて再認識されるようになった。

創造的技能（創造的表現力）は、ある基礎的な技術を習得し、熟達することによって生まれてくる感覚・運動的能力で、従来の技術水準を越え、社会的に評価される新しい高次の水準に達したものである。創造的技能では、創造的思考が生み出すアイデアやイメージが基礎になっている。これらが仕上げられ、明確化されて、技術的な手続きによって所産が生み出される。もう一つは、基礎的な技術のドリルが根底となり、その感覚・運動的能力の熟達によって新しい所産が生まれる場合である。そこで創造的技能は、創造的思考または技術のドリルが重要な基礎になっている。

創造的人格は、創造的態度としてとらえることができる。創造的態度は、創造性に関係のある人格特性を分析することによって究明することができる。

カウンセリングで開発する創造性は、創造的態度が最も重要である。これには、次のような特性があげられる。[3]

⑴ 自発性

カウンセリングでは、クライエントが自らの成長力、治癒力によって精神的に成長し、病気が治っていくのである。またカウンセリングは、クライエントに問題解決のための助言や指示を与えるのではなくて、クライエントが、自ら考え、工夫し、問題を解決していくのを援助する活動である。その点カウンセリングは、クライエントの自発性、自主性、主体性を育成するわけである。カウンセリングでは、洞察や気づきは自発的に起こる。この場合、自発性（spontaneity）といっても、適切性を持っていることが必要である。すなわち、自発的活動は、ある程度方向づけられ、適切に訓練されたとき、自発性に基づく活動は生産的、創造的になる。モレノ（Moreno, J.L.）は、自発性は、「今ここにおいて」（here and now）働くのだといっている。[4] 自発性が今ここにおいて最も現実的な、適切な行動として現れるとき、これを創造性と呼ぶことができるのである。

⑵ 独自性

独自性とは、他の人とは違った考え方や行動をする傾向であり、個性と関係が深い。また今までにあるものとは違った、価値あるものをつくり出すということから、独創性（originality）に発展する。その点カウンセリングは、個性の開発、いいかえると個性化をもたらすのである。独創性は、創造過程から生まれるところの本質的なものである。ホールマン（Halman, R.J.）は、独創性の特質として、新しさ（novelty）、意外さ（unpredictability）、ユニークさ（uniqueness）、驚き（surprise）の四つをあげている。[5] この場合、新しさは、新鮮で前例のないこと、意外さは、今までの経験から予期できないこと、ユニークさは、他と比較できないことを示し、驚きは新しい価値の発見に伴うものである。その点独自性は、このユニークさに相当すると思う。

⑶ 柔軟性

創造活動では、独自性が尊重されることから、個性の開発と育成が基本的になる。しかし個性の育成には、常にその独自性を保ちながら、その自己のワクを打ち破って、新しい自己をつくり出していく柔軟性が大切である。この柔軟性は、いかなる環境や状況、人間関係においても、積極的に適応していく態度である。

⑷ 開放性

開いた心と関係を持ち、融通性に近い。また新しい情報を受け入れる能力と傾向、曖昧さを受け入れる寛容、関心や興味の広いこと、複雑なものを好むこと、多様な価値を受け入れ、またはつくり出すこと、誤りや失敗から知る挫折感に耐えることができ、それからすぐ立ち直り、学ぶことができるという特徴を持っている。

⑸ 衝動性

これは心的エネルギーのパワーが強いということである。意欲の強さを表す。これが強すぎて、自己統制がうまくいかないと不安が生ずることがある。衝動性に近いものとして、興奮性、急進性、感情発揚性、勇気、機敏性などがあげられる。

⑹ 持続性

これは心的エネルギーの持続性を表す。衝動性と持続性は、一見相反するように見えるが、いずれも生命力、活力ともいうべき心的エネルギーの状態を示している。持続性は、意志力として見られることもある。とっさの機転や機知とか、短時間に多くのアイデアを出すには衝動性が大切だが、息の長い科学研究、技術の開発や芸術の創造には、持続性が必要である。持続性に近いものとしては、固執性、ねばり強さ、執念、熱中性、徹底性、根気、根性、忍耐性などがあげられる。

(7) 探究心

これは知的好奇心（curiosity）ともいうが、冒険心、目標を立ててこれを追求する傾向とつながる。欲求としては、新しい経験への欲求、成就の欲求、価値あることを完成し、目標を達成したいという欲求である達成動機と関連を持つ。また野心、攻撃性とも結びつく。この探究心は、未知、未来の世界への探索と挑戦を促し、問題発見と問題解決の能力、創意工夫し、新しいものをつくる創造力を育てる。また、いろいろなものや考え方をもてあそぶことを楽しむ傾向とも結びつくし、それらを組み合わせれば、新しいものが生まれるわけである。

(8) 注意集中

注意集中（concentration）とは、一つの事に注意を集中することである。ある問題を解決しようとして、その問題に一生懸命に取り組むことである。[6] これによって「ひらめき」が生じ、アイデアや新しいイメージが生まれるのである。また注意集中は、日常生活では仕事を一生懸命やることで、その究極の状態では、それをやっているという意識さえなくなる。見るときは見るだけ、考えるときは考えるだけとなって、そのものになりきるのである。こういう状態を、没頭とか専心（absorption）というが、純粋経験というのもそれである。この状態を三昧ともいうが、三昧の状態になると今まで現れていなかった人間の可能性が開発される。すなわち観察力、理解力、記憶力が高まり、直観的思考や想像力などの発想力が開発されるのである。

(9) 共感性

共感性（empathy）とは、相手の感情を相手の立場に立って感じとることのできることで、相手の感情を共有する体験でもある。ロジャーズ（Rogers, C.R.）は、共感的理解といい、それはクライエントの私的な個人的な意味の内的世界を、「あたかも」、それが自分自身のものであるかのように感じとり、しかも「あたかも～のように」という性質を失わないように、感じとることだと述べている。

鳴沢　実[7]は、共感的理解の過程について、「自己の感情や判断を保留停止して、クライエントの今ここでの体験しつつあるものを自らの体験として生き直しながら、その瞬間瞬間の感情や体験の意味を正確かつ敏感に見取り、それをクライエントの体験過程に直接照合しながら、なおかつまだ十分には言語化しきれないでいる〈～という感じ〉に目を向けていくたえ間ない過程」と定義している。また学校教育や産業教育で創造性の開発と教育について指導しているスクローム（Skromme, A.B.）[8]は、私の勤める大学で講演したが、彼は「七つの能力開発プログラム」を開発している。その一つに共感性をあげているが、他人の思考や感情を相手の立場に立って感じとる能力としてとらえている。この共感性は、人間のみならず、生物や自然の事物まで拡げられると思う。この共感性は、感受性（直観といってもよい）として、またテレパシー（telepathy）体験が生ずることがある。ロロ・メイ（Rollo May）[9]は、テレパシー（五感によらず人間相互の観念や感情の伝達）は、精神的転移の側面と認め、親子間（夫婦間・親友間も）ではよく生ずるといっている。

⑽ 勇　気

勇気とは、ある目的に向って、障害や困難を恐れず、克服して努力し、ある行為を遂行しようとする態度である。一種の意思（意志）である。創造活動において、新しい世界を探索して発見したり、冒険をしたり、未知の問題を解決していくには、勇気、すなわち、ある目的を達成しようとする意志が必要である。またカウンセリングにおいて、クライエントが自分の問題を解決したり、困難な葛藤や苦悩を受容し、自己の人格の中に統合したり、潜在意識の体験的世界を発見するには、それなりの勇気が必要である。その点カウンセラーは、クライエントにこうした問題や困難に立ち向かう勇気が持てるように援助することが必要である。

二　創造性開発の阻害条件とカウンセリング

創造性を開発するには、創造性を阻害する条件を見つけて除去するか、その影響を軽減すればよいという見方がある。このような基本となる研究を最初に行ったのが、スタンフォード大学工学部教授で設計部門の創始者であるアーノルド（Arnold, J.E.）である。アーノルドは、創造性開発の阻害条件として、認知の障害、文化の障害、感情の障害の三つをあげている。認知の障害とは、本当の問題をとらえていなかったり、問題を明確化してなかったり、物を狭く見ていたり、多様な観点から問題を見ることができなかったり、固定観念を持ったり、まちがったとらえ方をすることである。文化の障害とは、ルールや決まり文句にたよりすぎたり、正誤、善悪という二値的な判断に制約されること、正しい答は一つしかないと思いこむこと、論理のみを偏重し、想像力を抑えること、統計的数値を過信すること、同調性を強調する。過度な競争、ある事が不可能だという知識があり過ぎること、異文化への偏見、他の価値観が受容できないことなどである。この認知と文化の障害を除くには、創造技法が役立つ。感情の障害とは、新しい考えやそれがもたらす変化への抵抗、完全主義（これではいつまでも仕事は完成しない）、失敗、危険を恐れて安全な道を選択する傾向、性急に割り切った答を出そうとすること、曖昧さに耐えられないこと、人に笑われることへの恐れ、不信や欲求不満に耐えられないこと、劣等感、自信の欠如、あせり、希望的観測（自分に都合のよい情報のみを受け入れること）、対人関係がうまくいかないことなどである。この感情の障害を除去するには、カウンセリングや心理療法、エンカウンターグループとか、禅、ヨーガ、内観療法などが役立つ。

アーノルドの弟子で、同じくスタンフォード大学工学部教授で設計と経営工学のアダムス（Adams, J.L.）[(10)]は、アーノルドの考えを発展させて、これらの障害の除去のみならず、これを逆転して、積極的に創造性を開発する方法を提示している。すなわちアダムスは、以上の三つの障害のほかに、知性と表現の障害を加えている。知性の障害は、例えば視覚的に簡単に解ける問題を数学的に解こうとすることである。アダムスは「問題解決における最適の状態は、頭の中が情報でいっぱいになっていたとしても、頭を空っぽにして問題にとりかかることだ」といっている。一般に問題解決は、多くの情報や経験を持っている方がうまくいく。しかし他方これらにしばられると、かえって新しい考えが出てこない。その意味では、必要な情報だけをとり入れて、それに基づいて十分に考えるとともに、何も考えない時間をつくることも必要である。それには坐禅や瞑想法がよい。表現の障害は、私たちは表現はとかくコトバにたよりがちになることだ。そこで視聴覚、味覚、触覚、運動感覚などに基づく体験を尊重し、感じとったこと、気づいたことを、造形的に表現し、音声で表現したり、感覚運動的に表現してみると、今まで気づかなかった新しい世界と自己を発見することができる。

三　カウンセリングにおける創造過程

カウンセリングは、カウンセラーにとっては、クライエントが自己の可能性、成長力、学習力を開発するのを援助する創造活動であり、またクライエントは、新しい自己を発見し、実現し、また新しい人間関係を創り出していく「自己実現の創造性」を開発するのであるから、クライエントにとっても創造活動である。その意味でカウンセリングは、創造過程であるといってよい。しかもカウンセリングでは、カウンセラーとクライエントとの信頼できる人間関係の中で、カウンセラーやクライエントは、それぞれの未知の世界に挑戦し、それを究明し、問題解決場面に直面して、それを解決していかなければならない。クライエントは、その時までに気づかなかった自己を発見し、新しい自己を創造していくとともに、カウンセラーは、クライエントの中に固有の可能性のみならず、その基底に存在する普遍的な人間性を発見していくのである。そこでカウンセリングは、カウンセラーやクライエントにとって、創造過程であるということができよう。

ロジャーズは、(11) 創造過程について「心理療法に見られるように、人間関係の新しい手続きの発見、固有のパーソナリティの新しい形成過程」としてとらえている。また「創造過程は、一方では個人の独自性、他方では素材、事件、人々またはその個人の生活環境の相互関係から生ずる、新しい所産という行為の出現である」と述べている。

そして創造性の主要動機は、「人間の自己実現と可能性の実現の傾向といった、心理療法における治癒力と同じ傾向であると思われる」と述べている。こうして見ると、心理療法とカウンセリングにおける創造性は、治癒的創造力であるということができると思う。

ロジャーズは、創造の所産は、新しい、建設的なものでなければならないということから、創造性を建設的創造性（constructive creativity）といっている。そしてその開発の内的条件と外的条件として、次のように考察している。まず建設的創造性を自己の内部に成長させている内的条件として、次の三つをあげている。

経験に開かれていること

自己防衛や固定概念がなく、曖昧さに寛容であること。

評価の主体は自己にあること

創造的な人にとっては、創造的所産の評価は、他人から評価されるものではなくて、その人自身によって評価されるものである。

創造的所産の諸要素や諸概念で遊ぶことのできること

創造的所産の要素、たとえば形や色、関係や考えなどで自発的に遊ぶことができ、それらを組み合わしたり、等価変換したりして、予想もしないような新しい人生観または新しい価値あるものが生み出されるのである。

次にロジャーズは、建設的創造性の内的条件を育成する外的条件として、心理的安全（psychological safety）と心理的自由（psychological freedom）の二つをあげている。

心理的安全は、次の三つの過程によって確立されるという。

個人を無条件の価値あるものとして受容する過程

これは個人が、いかなる状況にあり、いかなる行動をとっても、彼を価値ある存在と感じ、彼の可能性に気づき、無条件に彼を信ずる態度によって生まれる。この過程の中で、彼は固執性を持たず、自分自身であることの意味を見出すことができ、新しい自己を実現しようとすることができる。いいかえると、彼は創造性に向かって動いていくのである。これはカウンセラーの態度条件である「無条件の肯定的配慮」（unconditional positive regard）に相当する。すなわちクライエントの体験のすべてを無条件に暖かく受容することである。

他者から評価のない雰囲気をもたらす過程

個人が他人から評価されず、外的規準で評価されないとき、非常に自由になる。評価は、個人をおびやかし、防衛的にさせ、自己の体験の一部を気づかせなくすることがある。そこで外的規準で判断されないと、自己の経験により開かれ、素材をより敏感に認識し、適切に反応することができる。すなわち評価の座を自分自身の中に認識することができるようになると、創造性へ動いていくのである。

共感的理解（**empathic understanding**）**の過程**

個人が感じていることや行っていることを、彼の観点から見、彼の固有の世界に入り、あるがままにそれを見、受容する時、彼は心理的に安全となる。ロジャーズは、この共感的理解をカウンセラーの態度条件としてあげている。こうした雰囲気で真の自己が現れ、世界とかかわるままに、種々の新しい形で真の自己を表現することができる。これが創造性を基本的に育成するということである。

次に**心理的自由**というのは、次のようなことである。

個人に象徴的表現（symbolic expression）の十分な自由が与えられると、創造性が養われる。この許容によって、自己の心の中にあるものは何でも考え、感じ、あるがままでいられるようになる。行動すなわち行動的表現は、場合によっては社会から制約を受けるが、象徴的表現は制約を受けない。自由が許されているということは、個人が責任を持つということを意味する。このような心理的自由によって、自己の中に評価の主体を確立させ、建設的創造性の内的条件を表現することができるようになるのである。

四　カウンセリング過程におけるクライエントの創造的変化

ロジャーズは、カウンセリングがめざす人間像については、「自分が真の自分自身である」と述べ、これを表すのに老子のことば「道は自然に法（のっと）る（The way to do is to be）」[12]を引用している。これは、人間がいかに生きるべきかということは、自然の生き方をすればいいのだと教えている。人間本来の生き方をすればいいわけである。あるがままに生きればよいのである。特に思いはかる必要はないのである。いいかえると、人生の目標とは、本来の人間の姿であるというのである。

次にカウンセリングにおいて、クライエントが創造的に変化していく姿をロジャーズの見解を参考にして考察してみようと思う[13]。

(1) 真の自己の発見

見かけの、表面的な自分ではなくて、あるがままの真の自己に気づき、これを表すようになる。パールズ（Perls, F.S.）が開発したゲシュタルト療法の基礎理論であるゲシュタルト心理学の見方では、表に出ている意識の世界を図（figure）、また気づかない無意識の世界を地（ground）とすると、今までの気づかなかった真の自己である「地」が意識されて「図」になることである。

(2) 自己受容

「～であるべきだ」と思っていることから、「これでいいのだ」というように、自己を受容することができるようになる。これは、ロジャーズが、カウンセラーの態度としてあげている自己一致（congruence, self-congruence）すなわち自己概念と体験とが一致していること、純粋性（genuineness）すなわちあるがままの自己でいられること、または森田療法の「あるがまま」すなわち人間性の事実をそのままの姿において認めることに相当する。ここにおいて安心が得られ、そこから創造活動に大切な、やる気、意欲が出てくるのである。

⑶ 適切な自己表現

社会や周囲の期待にそう傾向から、自己を明確に示し、適切に自己主張するようになる。人間には社会性があり、社会化の傾向を持つが、そのため、社会の圧力が自己の感情を抑え、欲求不満におちいることがある。そういう状態から離れて、自己の体験に気づき、自由に表現し、他者に伝達できるようになる。しかもその状況に適切であるとき、その活動は創造的になるのである。

⑷ 自己責任感

自己の行動を他から決められ、自ら責任をとらないことから、自分で自分の行動を決め、その責任を自ら負うようになる。人に依存していたことから、独立できるようになる。創造活動は、自分の力で、自己の責任において行われるものである。

⑸ 柔軟性

固定した考えや生き方から、常に流動的、柔軟的な考えや生き方ができるようになる。その点創造活動では、所産より過程が重視され、固定概念を打ち破ること、また「曖昧さの寛容」が大切にされている。「曖昧さの寛容」とは、曖昧で確かでないものに動揺しない、また対立、矛盾に直面しても耐えることができ、未知のものを受け入れることができることである。

⑹ 統合性

矛盾、葛藤、対立した考え方や感情、価値観を受けれることができなかった状態から、それらをあるがままに受け入れることができるようになる。このような矛盾、対立したものの総合または統合から、創造が行われるのである。自己についていえば、その受容から安心が得られ、そこから創造的に生きることができるようになるのである。

(7) 他者受容

自己の経験が受容できなかったことから、それができるようになって、他人の経験を受容できるようになる。その点、自己受容が最も基本的である。そして自己の本性、真の自己に気づくようになる。自己の可能性、人間性、創造性に気づくようになるので、それらが表現される。そうして初めて、他人の可能性、人間性、創造性が見出せるようになる。

(8) 自己信頼

自己を信頼することができなかったことから、それができるようになる。自己を信頼できるようになると、自信がつく、これはバンドューラ（Bandura, A.）がセルフ・エフィカシー（self-efficacy, 自己効力感または自己可能感）といったものに相当する。セルフ・エフィカシーとは、ある目標を達成しうるという見通しと確信である。これができるようになると、自分独自のやり方で自分自身を表現できるようになる。そのようにして個性的、独創的な活動ができるようになるのである。

(9) 問題発見

問題の意識がなく、またぼんやりした意識しかなく、また問題は自らつくり出したという自覚がなく、また自己が変わりたいという自覚もない状態から、問題に気づき、問題の本質に気づき、問題を再定義（見直すこと）し、問題は自分がつくったことに気づき、また自分は変わりたいという自覚ができるようになる。こうして問題解決への新しい考え方、生き方が生まれてくる。問題解決とは、問題を問題ではなくなるようにすることである。また自分の問題は、問題ではなかったと気づくことである。その意味では、問題の最高の解決法は、その問題は問題ではないと気づくことである。問題解決では、まず問題を見つけることである。問題を明確化することである。見かけの問題ではなく、問題の本質をつかむことである。問題を見直すことである。そのようにして問題が明確化することによって、その解決法はおのずから出てくるものである。

五　カウンセリング過程と創造過程

創造活動が、どのように行われるかという創造過程（creative process）を分析してみると、ワラス（Wallas, G.）によれば、①準備（preparation）、②あたため（incubation）、③ひらめき（illumination）、④検証（verification）の四段階に分けられる。[14]カウンセリング過程をこの創造過程に対応させて考察してみよう。

創造過程では、第一の準備の段階では、問題を解決するには、問題を徹底的に検証し、また取り組むべき課題が設定され、徹底的な研究とか仕事への没頭が行われる。カウンセリング過程では、この段階でカウンセラーとクライエントとの間に契約が行われ、カウンセリングが行われるのである。第二のあたための段階では、自分の考えが熟して自然に現れ、新しいイメージが出てくる。また洞察や覚知（awareness）、気づきが得られる。これは時間的には、カウンセリングと次のカウンセリングとの間の時期、カウンセリングの中でカウンセラーやクライエントの発言から次の発言に移る間の沈黙の時間などが考えられる。この時期は休息と回復、考えや感情の再編成と再統合の時期で、創造や発見にとって大切な時期である。この時期に無意識の水準でも活動が行われ、問題が解け、気づき、悟りなどが得られる。ここで第三のひらめきの段階に入る。すなわち直観、ひらめき、アイデア、新しいイメージが生まれる。そして発見や発明のヒントが得られ、創造活動が急激に発展する。カウンセリングでは、洞察、覚知や気づきが生ずる。禅的体験では、悟りが得られる。このようなひらめきは、カウンセリング中のみならず、それ以外の生活時間の中においても生ずる。第四段階は検証の段階で、浮かんできたアイデアやイメージを評価し、検証し、または修正して、よりよいものに仕上げる。またこのアイデアやイメージを実際の行動において表現し、実現していくのである。中にはこのひらめきと同時に検証されていくという、重なった行動が生ずることもある。

次に事例について考察する。[15]

〔**事例**〕ある登校拒否の女子中学三年生。カウンセリングを受けて、二学期から登校しはじめ、第一志望の高校に合格した。第三回の面接の時、夏休みに蓼科に行き、自然の中の生活にふれて感動する。窓の近くにリスがくるとか、いろいろな鳥がすぐそばにくるのに驚く。月見草をコップに入れて差しておいたら、夜になって開くのを見て、一生懸命咲いているといって感動している。また山登りをして、苦しいといっていたが、頂上についた時、充実感を味わい、「そのことを生かして、何か目標を立て、胸を張っていきなくちゃいけない」と気づいている。そして次のことを発見している。「今日一日という日を充実させ、そういう一日を送るというのは、明日に期待しているというよりは、すごく力強い感じがする」。また「心が安まって、静寂の中に自分を置いて、その中に置いた自分が見られるという感じて、すごくよかった」と述べている。

すなわち蓼科での自然の中で生活した経験は、いわゆるひらめきの段階に相当し、いろいろなことを発見し、自己の現実をあるがままに見ている。この自己受容によって、やる気を起こしている。第九回の最終回では、「自分の心との戦いが、大切になってきて、自然との戦いよりは、自分自身の心との戦いになっていってこそ、ほんとうだと思う。だから最大の敵は、やっぱり自分自身だと思う」といって、セルフコントロールの目標を適切にとらえている。このようにして、問題に対して自己の責任を感じ、自分の問題として自ら解決しようという意欲を起こしている。ここに自己実現の創造性の動きが見られる。

次に種々のカウンセリング（心理療法）の理論と方法によるカウンセリング過程（心理療法過程）を創造過程と対応させて考察する。

⑴ 精神分析の三次過程

フロイト（Freud, S.）の精神分析では、心的エネルギーが、無意識の中で、快楽原則に従って、自由に解放され、本能的欲求を満足させていく過程を一次過程（primary process）といい、心的エネルギーが意識や前意識の中で現実原則に従って、その解放が統制され、現実適応に働く過程を二次過程（secondary process）という。この場合、精神分裂病研究の専門家で、創造性の研究をしているアリエティ（Arieti, S.）[16]は、創造過程はこの一次過程と二次過程から成立しているという。一次過程は、原始的な不合理的な思考が働くが、二次過程は覚醒した論理的思考が働く。アリエティは、この一次過程と二次過程を統合したものを三次過程（tertiary process）といっている。そこで創造過程は、この三次過程になるわけである。これをワラスの創造過程から見ると、新しいイメージやアイデアが浮かんでくるひらめきは、一次過程、これを検証し、または現実の成果にまで仕上げる過程である検証は、二次過程である。この場合アリエティがいうように、一次過程が優勢な場合、精神の異常性につながる場合もある。

⑵ 個性化過程

ユング（Jung, C.G.）の「個性化過程」は、自己実現の過程である。[17] それは自己実現の創造性の実現の過程に相当する。ユングは、個人に内在する可能性を実現し、個人の高次の全体性へ志向する過程を個性化の過程（individuation process）といっている。これは独自性をもつ自己自身になることであり、自己実現の過程ということもある。個性化は、個人がそれによって形成され、分化する過程であり、一人の存在として個人を発達させることである。しかし個人は、一人の人間として切り離された存在であるだけでなく、また集団的関係性を持った存在である。個性化とは同一性を持ちながら、原初の状態から意識が発達することである。すなわち意識領域が拡大し、意識的な精神生活が豊かになることである。またユングは、人間が死ぬことは、一つの世界を終わって、次の世界に入っていくことだという。そこで死は一つのイニシエーション（initiation, 誕生の通過儀礼）であると考えている。[18] 死とはこの世で死んで新しい世界に生まれ変ることで、すなわち死と再生のプロセスである。このことは心理療法の過程にもあてはまる。すなわちクライエントは精神的に死んで生まれ変るのである。いいかえると心理療法の過程は、自己の破壊と創造の過程である。この際、破壊の過程では心身に危険を伴うことがある。その意味では、事象の破壊と創造を経過する創造過程に相当するということができる。

(3) 退行と創造

退行（regression）は、フロイトによって明らかにされた精神分析の中心概念で、本能的欲求が充足されなかった時、過去の精神の発達の段階に逆もどりすることである。これには持続的、固定的で病的な退行と共に、一時的、可逆的で健康な退行もある。後者では、しばしば創造活動において生じ、自発性、創造性が高まる。

クリス（Kris, E.）は、自我の退行について、「自我が弱い場合のみ起こるのではなく、さまざまな型の創作過程でも起こる」といい、シェファー（Shafer, R.）によって「創造的退行」（creative regression）と定義されている。[19]

ユングは、フロイトとは異なり、クリスよりも早く無意識の中に存在する退行の肯定的働き、すなわち創造的機能を重視し、退行と進展という二つの概念をたて、人間の心の営みの示す最も重要な現象の一つと考えた。またユングは、「退行は退行のみを意味するだけでなく、根源的な生命にもどり、新しい生命力を自分の精神活動の中に再統合する試みであり、再生や生まれ変わりとしての意味を持っている」と述べている。これはまさしく創造的退行は、創造の基本的条件であることを示している。

また前田重治は、創造的退行について、次のように述べている。自由連想法によって、自我の二次過程が一時的、部分的に弱められ、退行が生ずる。この退行状態において、過去と現在、観念と感情、無意識と前意識との融合が生じ、そこでのぼんやりとした状態に受動的にまかせておくと、突然に新しい視点（思いつき）が展開し、新しい気づきが生ずる。これを創造的退行であると述べている。

このような創造的退行の状態は、坐禅やヨーガなどの瞑想状態においても生じ、その状態において、悟り、アイデアや新しいイメージが得られるのである。

(4) 人格・意識の等価変換

昆虫は成長過程において、幼虫から蛹となり、それから成虫に成長する。創造工学の分野で等価変換創造理論を提唱している市川亀久彌[20]によれば、昆虫の幼虫は、成虫と幼虫に共通な要素を持った蛹を通して成虫になるというように等価変換再構成を行っているという。

これを心理療法にあてはめると、クライエントのパーソナリティを、ある歴史的時点までさかのぼって解体させ、これを再び将来に向って等価変革再構成していくことになる。すなわち自閉状況は、仮性の蛹期状況（いわゆる繭ごもり）を溶解して、羽化という出直し的な人格再構成をさせているというのである。これは人格の等価変換を通して、人格の創造的構成を行っているのである。青年期に見られる、ひきこもり状態は、その人にとっては必要な条件であって、それを適切にかつ速やかに人生への再出発へ旅立ちさせるように援助していくことが、カウンセリング（心理療法）の役割であると思う。

(5) 発見法（体験的認識法）

ムスターカス（Moustakas, C.）[21]は、発見法（体験的認識法、Heuristic Methods of Obtaining Knowledge）を提唱している。この方法は、ワラスの創造過程に対応している。ムスターカスによれば、この方法は自分の内的な心理過程をたどることでクライエントを理解する方法であるという。これには次の三段階があり、それぞれに見合った方法がある。①融合期（immersion）、②抱卵期（あたため期、incubation）、③解明期（ひらめき期、illumination）

①融合期

この段階の方法が、自他融合法である。すなわちクライエント（子ども）の世界に入りこんで、その人の物事の受けとり方や体験の世界からその人を見ることである。これは共感的理解の在り方に相当すると思う。

②抱卵期

子どもについて理解したことを自分の心の奥深くでじっと暖める時期である。そして、子どもの中に気づきや意味づけのきざしが生ずるのをじっと待つのである。この段階の方法が共存法（indwelling）である。共存法は子どもの表現や行動を理解しようとして深層へ思考と感情を進めていく内的プロセスのことである。自他融合法により、

かったことをすべて取り入れるつもりで、子どもとの共有体験を心の中で暖めるのである。

子どもの内的世界を深くつかみ、子どもの全体像をよりはっきりとつかむのである。それには、子どもについてわ

③解明期

子どもと質疑応答や対話をしたり、子どもの遊びに参加しているうちに部分部分の理解が一つの全体像にまとまってくる。この全体像が新しい行動を起こすための手がかりとなる。これが創造的総合（creative synthesis）である。この段階の方法が内的枠組法（internal frame of reference）である。これによって子どもの理解の仕方が、子どもの体験にぴったりしているかどうか確かめる。また子どもに自分の態度や行動に気づかせたり、明確化させたり、ある気づきや意味づけをさらに精密化させたり、修正させたりするという援助をする。こうしてカウンセラーの子どもの理解が子どもの自分自身の理解と一致すると治療が促進するのである。この解明期には、創造過程における第四段階の検証過程も含まれているように思う。

(6) 問題解決療法

問題解決療法（Problem-Solving Therapy）は、ドズリラ（D'Zurilla, T.J.）とゴールドフリード（Goldfried, M.R.）の考案した方法でクライエントが現在直面している生活上の問題、とくに対人関係上の問題を取りあげ、クライエント自身がそれに対処していくのを支援し、合わせて彼が問題解決能力を養成するのを援助するものである。[22]

問題解決法は、ネズ（Nezu, A.M.）らによれば、以下の手順で行われている。[23]

①問題解決への方向づけ

この段階の主な目的は、問題解決への積極的で建設的な態度を持たせることにある。直面する問題は解決可能なものであって、適切な方法に従いさえすれば、自分でも対処できるという認識と自信を持たせるのである。

②問題の明確化

問題に関連した情報を収集し、実際に何が問題となっているかを明らかにして、現実的な目標を設定する。

③解決策の案出

ブレーンストーミング法を使って問題解決に向けての具体的な解決策をできるだけ多く、多面的に考え出す。

④意思決定

案出した各解決策の適否、有用性をその解決策を実行したときに予想される結果と、クライエントがその解決策をうまく実行できる可能性の二つを考慮しながら検討する。そして一つの解決策を選択する。

⑤実行と検証

選択した解決策を実行に移す。そして実行の結果を観察し、記録し、評価する。

(7) 同化と調節

ピアジェ（Piaget, J.）の発達理論によれば、認知は生活体と環境との相互作用によって構成される。この場合、同化（assimilation）は、生活体がすでに持っているシェーマ（Schema, 認知的枠組）によって環境の事象を変化させて、自己の中に取り入れることである。また調節（accommodation）は、生活体が新しい環境に適応しうるように、自己の持つシェーマを変えることである。そして環境の中の事象を自己の中に取り入れる（同化）のである。この同化と調節は、認知の相互作用の一つの側面であって、弁証法的展開を示している。この点同化には、環境に働きかけて変化させ、新しい事象を創り出す過程があるし、また調節には、自己のシェーマを修正し、新しく創り出すこと、すなわち新しい環境への受け取り方を変えることによって適応していくという点、これも創造過程である。しかも同化と調節が弁証法的に展開する過程は、まさしく創造過程であるといってよい。例えば論理療法のように、非合理的な受け取り方を合理的な受けとり方に変えること（調節）によって、その状況を受容（同化）し、悩みが消えていくのである。例えば失業を失敗と見ないで、学習するによい機会だととらえて、新しい経験をつみ重ねて新しい仕事をつかむことができる。この意味で、カウンセリングは、クライエントの古い固定的なシェーマを新しい柔軟なシェーマに変換すること、すなわち調節することで、新しい柔軟な同化ができるように援助することであるといえよう。

(8) 発達心理療法（Developmental Therapy，開発的カウンセリング・療法）

アイビイ（Ivey, A.E.）[24]は、ピアジェの発達理論、すなわち同化と調節、子どもが感覚運動的経験、前操作的思考、具体的操作を経て、形式的操作に移行していく考え方、弁証法、創造性理論などをとり入れて、新しい開発的カウンセリング・療法の体系をつくりあげている。すなわち創造および変化の過程は、カウンセリングにおける創造過程について述べている。アイビイは、ピアジェの理論に基づいて、カウンセリングや心理療法で起こる変化あるいは発達過程に類似しているという。そして創造性は、変化、成長、発達、変換というコトバと密接に関係があるとして、それぞれ異なる部分を新しい全体に統合する、前存する構造を新しいものに変換することだといっている。

ピアジェは、自分の思考に自分が反対する観念が存在していることを認め、そうした矛盾によって自分の内的システムを混乱させ、不一致に向かい合うことが、成長、発達、創造に必要であると述べている。すなわち環境からの新しいデータを調節することによって、過去の同化した知識や構造との矛盾に対決し、過去の知識や構造を変える、そして新しい知識や構造を創り出すのである。

現実の環境に対して、二つの現実の構造間の矛盾を把握しなければならない。そしてその矛盾に対決し、その矛盾そのものに対して、過去の同化した知識や構造を変える。その結果環境から新しいデータを調節することによって、新しい知識や構造が創り出されるのである。カウンセリングではこの過程で、クライエントは独りで新しい現実を構成するが、セラピストがクライエントに混乱と対決をもたらし、それがクライエントの発達や変化を高めるという。ここに弁証法の原理を見出している。弁証法は、命題の矛盾と不一致の対決を吟味し、すべての命題（合）を新しい命題（合）へと展開させる、常に動きつつある創造過程であるとしてとらえている。

ピアジェは、前操作的思考の重要な概念として、中心化をあげている。これは刺激の一つの主要局面に焦点を合わせて、他の局面を考慮しないということだ。クライエントは、過剰に中心化し、固定化した思考の状態にいることが多い。そこでセラピストは、クライエントの脱中心化をはかり、自分の全体の状態をよりよく理解し、弁証法的な対決の過程によって、新しい命題が発見できるように援助するのである。

発達心理療法では、クライエントの語る話から、それがどの認知発達レベルであるかをつかみ、そのレベルからカウンセリングを始める。それがもし感覚運動的経験のレベルなら、「具体的に何が起ったのですか」と質問して、相手の話に傾聴して「具体的思考レベル」に移行させていく。それから「あなたは、ある特別の行動パターンを繰り返す傾向があるように思われます。そのパターンについて、どう感じ、またはどう考えますか」と聞き、形式的思考のレベルに進める。

それから「ほかの人は、あなたの問題や行動について、どういう見方をしていますか」と質問して、多面的に問題を見ることができるようにして、弁証法的／体系的思考レベルに進めていくのである。

またクライエントが形式的思考レベルから話を始めたならば、それを傾聴してから、具体的思考レベル、さらに感覚運動的経験レベルにもどって、自己の体験を深め、やがて形式的思考レベル、さらには弁証法的／体系的思考レベルに進めるように援助するのである。このように四つの認知発達レベルで自由に認知できるようになり、これを統合的に認知できることが、いわゆる健全な精神の発達であり、またこれが創造過程でもあるのである。そこでこの問題について、自分は何ができるか、その解決策がわかり、それを実行しようとする意欲が出てくるのである。

(9) 芸術療法

芸術療法は、芸術の技法を用いて、クライエントに創造的表現活動を行わせることによって、カウンセラー（セラピスト）とクライエントとの間にリレーションとコミュニケーションを深め、クライエントがその活動や所産を通して、自己の内面をさぐっていくうちに、カタルシス（浄化）や洞察を行い、自己治癒力、成長力、自己実現の創造性を開発するのを援助する活動である。芸術療法には、芸術の表現の方法によって、絵画療法、音楽療法、心理劇、箱庭療法、ダンス療法、詩歌療法、造形（粘土、彫刻、陶芸など）療法、写真療法、コラージュ療法などがある。

六　創造技法とカウンセリング（心理療法）の技法との関係

創造性を開発し、新しいアイデアやイメージを創り出し、創造的に問題を解決し、または創造的態度を養成する技法としての創造技法は、現在三〇〇種以上あるが、これらを高橋　誠が創造過程の特徴によって分類している[25]その中で創造的態度を開発する態度技法は、恩田がカウンセリング（心理療法）を整理してまとめた。

(1) 発散技法（発散的思考、創造、直観的思考）
　自由連想法……………ブレーンストーミング法、ブレインライティング法
　構成的連想法…………チェックリスト法、形態分析法
　類　比　法……………NM法、シネクティクス
(2) 収束技法（収束的思考、論理的思考）
　空間型法 ─┬ 演繹法　図書分類、関連樹木法
　　　　　　└ 帰納法　KJ法
　系列型法 ─┬ 因果法　特性要因図
　　　　　　└ 時系列法　PERT法
(3) 統合技法（発散と収束を繰り返す）ZK法、ワーク・デザイン法
(4) 態度技法（創造的態度）
　認知法…………認知行動療法、論理療法、問題解決療法
　表現法…………芸術療法、遊戯療法、箱庭療法、コラージュ療法、レクリエーション療法、作業療法
　洞察（直観）法…精神分析療法、ゲシュタルト療法、交流分析、森田療法

イメージ法……夢分析、イメージ療法
行動法…………弛緩訓練、自律訓練法、催眠療法、セルフコントロール法、動作法、バイオフィードバック法、行動療法、行動カウンセリング
体験法…………クライエント中心療法、フォーカシング、修正感情体験法、再決断療法
瞑想法…………禅、ヨーガ、瞑想法、内観法、気功法、CMT、トランスパーソナルサイコセラピー
グループ法……集団療法、エンカウンターグループ、家族療法、心理劇
統合法…………マイクロカウンセリング、ニューカウンセリング、発達心理療法

発散技法は、アイデアやイメージを出すことに重点がおかれ、収束技法は、そのアイデアやイメージをまとめることに重点がおかれる。自由連想法は、ある観念から他の観念を思い出すことで、自由にアイデアを出していく方法であり、構成的連想法は、テーマに対して考えるべき方向を示して思いつかせる方法である。そして類比法は、テーマと本質に似たものをヒントとする方法である。

収束技法は、アイデアやイメージをまとめることに重点をおいたものである。空間型法は、集めた情報を内容が似ているかどうかでまとめていく方法である。系列型法は、情報を系列にそって整理するやり方で、因果によってまとめるやり方と、時系列によってまとめるやり方がある。発散と収束を繰り返していく方法を統合技法と名づけている。

態度技法は、創造的態度を養成するための技法である。カウンセリングや心理療法の中から、主な技法を取りあげてその特徴によって分類したが、そのほかにも適当な技法が沢山あると思う。以上の各技法についての説明は、紙幅の関係上省略した。以上のことから、創造技法またはその原理をカウンセリング（心理療法）に導入したり、またはカウンセリング（心理療法）の技法や原理を創造技法に取り入れていくことが、双方の技法や原理を発展させる意味で重要であると思う。

七　カウンセリングによる創造性開発の条件

カウンセリングによって、どのようにして創造性が開発されるか、そのメカニズムについて考察し、創造性開発の促進条件について探究してみたい[26]。

(1) セルフコントロール

心理療法やカウンセリングで、セルフコントロール（self control）の問題が重視されるようになった。セルフコントロールは、自己の心身を調整して、その安定と統合をはかり、それによって自己の心身の機能を十分に開発し、そのときどきの状況に合った適応行動がとれることである。そこで心理療法やカウンセリングは、クライエントがセルフコントロールできるように援助する活動であるということができる。このセルフコントロールの能力は、成長力、適応力、自然治癒力、問題解決力、自己学習力、目標達成力として展開する。またいかなる困難や障害にぶつかっても、その欲求不満に耐える能力としての欲求不満耐性（frustration tolerance）とも関係している。

(2) 心身の安定

創造性の開発には、心身のリラクセーション（弛緩）の方法が工夫されている。すなわち心のとらわれ、思いこみに気づき、それらから解放され、固定概念がこわれ、多面的に考えられるようになるからである。その点カウンセリングによって、心身の余計な緊張が解放され、緊張と弛緩のバランスがとれるようになると、心身のエネルギーが開発され、創造活動が生じやすくなる。また当面している問題に対する気づき、洞察が得られる。とくに緊張から弛緩に移る際に、アイデアが生まれることが多いようだ。

(3) 心的エネルギーの開発

創造活動の原動力としては、生命力、活力ともいうべき心的エネルギーがあげられる。そこで創造性の開発には、心的エネルギーを充実し、それを統制し、必要なときにこれを有効に使えるようにしておく必要がある。その点カウンセリングでは、クライエントに自由に発言させ、感情を解放させ、これを受容的態度と共感的理解とをもって接するので、クライエントは悩みや苦しみから解放され、不安感を解消し、安心感をもつようになる。そこで心的エネルギーが解放されて、創造活動への意欲がわいてくるのである。

⑷ 自己の経験

カウンセリングによって、自己の経験によって、あるがままに物事を見、考え、感ずることができるようになる。それは経験に開かれて自己を素直に受容することができるようになるからである。そして経験を正確に象徴化し、言語化し、自己概念と一致するようになるからである。これを人格の統合とか、純粋経験ということがある。アイデアや洞察、気づき、悟りや創造活動は、このような自己の経験から生まれるのである。

⑸ 自己の発見

カウンセリングによって、自己の内と外の現実が今までよりもはっきりと見えてくる。また今までと違った別の見方や、新しい見方が出てきたり、あるいは新しいものが見えてくることがある。対象の本質は変わっていないけれども、現実の見え方が変わってくるのである。この状況は、洞察、覚知、気づき、直観ともいい、禅では悟りといっている。またこれは自己覚知による新しい自己の発見であるといえよう。

⑹ 多値的な物の見方

多値的な物の見方、これもよい、あれもよいと多方面に価値を認める見方が、創造活動を促進する。これに対して二値的、対立的な物の見方、これはよいが、それはいけないと対立的にしか価値を認めない見方は、むしろ創造活動を抑制する。その点カウンセリングでは、クライエントの感情や行動を受容していくので、クライエントはあるがままの自己になれるようになり、新しい自己の生き方を発見し、そこに多値的な物の見方ができるようになるのである。

(7) 現実的反応

これは現実にある対象に、全力をもってぶつかることで、別のいい方をすれば、人が一生懸命やっている状態、いわゆる三昧の状態である。その際自己が対象になりきり、一つになる。見るものと見られるものとが二つでありながら、同時に一つという関係が生ずる。カウンセリングでは、カウンセラーとクライエントとの間にこういう関係が生ずる。すなわち自己についていえば、自己一致、自己受容であり、他者との関係でいえば、共感的理解、他者受容である。この関係において、クライエントは主体的な経験ができ、創造的に活動ができ、自己覚知によるパーソナリティの再体制化として真の自己となるのである。

(8) 関係性

カウンセリングは、カウンセラーとクライエントとのリレーション（心のふれあい）がつくられることによって成り立つ。人間は、この人間関係によって、生まれ、存在し、成長していくのである。クライエントが自己を発見し、受容できるのも、カウンセラーという他者の共感的理解が得られるからである。またカウンセラーが用意する「保護され、自由に動ける」場、すなわち受容的、自由な人間関係の中で、共有体験を持つことで、クライエントは、気づかなかった自己の側面に気づき、またカウンセラーは、自己の未知の世界と人間の可能性を発見し、いずれも人間として成長し、自己創造をとげていくのである。

引用文献

（1）A・H・マスロー、上田吉一訳『完全な人間』誠信書房、一九六四年、一八三―一九八頁。
（2）恩田　彰『創造性の研究』恒星社厚生閣、一九七一年、一六―一九頁。
（3）恩田　彰『創造性開発の研究』恒星社厚生閣、一九八〇年、八〇―八九頁。
（4）Moreno, J.L., Creativity-Spontaneity-Cultural conserves, *In The Sociometry Reader*, ed., by Moreno, J.L., *et al.*, 1960, p.8.
（5）R・J・ホールマン、穐山貞登訳「創造性の必要十分条件」A・J・サティック編、小口忠彦編訳『人間性の探究』産業能率大

学出版部、一九七七年、一五七―一七六頁。
(6) 恩田 彰『創造性の研究』、一三〇―一三八頁。
(7) 鳴沢 実「共感と心理療法」春木 豊他編著『共感の心理学』川島書店、一九七五年、六七―八五頁。
(8) A・B・スクローム「現在学校教育への提言――創造性の視点から――」『アジア・アフリカ文化研究所研究年報』第27号、東洋大学アジア・アフリカ文化研究所、一九九三年、二一二―二一七頁。
(9) ロロ・メイ、黒川昭登訳『ロロ・メイの新・カウンセリングの技術』岩崎学術出版社、一九九三年、七一―七四頁。
(10) J・L・アダムス、恩田 彰訳『創造的思考の技術』ダイヤモンド社、一九八三年、一九―一三一頁。
(11) Rogers, C.R., Toward a Theory of Creativity, *In Creativity and Its Cultivation*, ed., by Anderson, H.H. Harper & Brothers, 1959, pp.71-80.
(12) C・R・ロジャーズ、村山正治編訳『人間論』岩崎学術出版社、一九六七年、一七五―一七六頁。
(13) C・R・ロジャーズ 前掲書、一七六―二〇一頁。
(14) 恩田 彰『創造心理学』恒星社厚生閣、一九七四年、一九―二六頁。
(15) 飯塚銀次・関口和夫編『カウンセリング代表事例選』学苑社、一九七七年、三一―六七頁。
(16) S・アリエティ、加藤正明・清水博之訳『創造力――原初からの統合――』新曜社、一九八〇年、九―一〇頁。
(17) 織田尚生「個性化過程」氏原 寛他共編『心理臨床大事典』培風館、一九九二年、一〇三七―一〇三九頁。
(18) C・G・ユング、湯浅泰雄・黒木幹夫訳『東洋的瞑想の心理学』創元社、一九八四年、六一―一七四頁。
(19) 岸 良範「創造性と心理臨床」氏原 寛他共編 前掲書、一〇五九―一〇六一頁。
(20) 市川亀久彌「等価変換創造理論の全貌」馬場謙一他編『創造の深層』日本人の深層分析(6)、有斐閣、一九八四年、二七三―二九四頁。
(21) C・ムスターカス、國分康孝・國分久子訳『人間存在の心理療法』誠信書房、一九九二年、七六―九二頁。
(22) 古川裕一「行動論的アプローチ」中西信男・渡辺三枝子編『最新カウンセリング入門』ナカニシヤ出版、一九九四年、七九―九九頁。
(23) A・M・ネズ他、高山巌監訳『うつ病の問題解決療法』岩崎学術出版、一九九三年。
(24) A・E・アイビイ、福原真知子・仁科弥生訳『発達心理療法』丸善、一九九一年。

(25) 高橋　誠『創造技法実務ハンドブック』日本ビジネスレポート、一九九一年。
(26) 恩田　彰『創造心理学』前掲書、一六五−一六八頁。

第二章　研究開発と創造性の研究

一　創造性研究の発展

今日の社会状況は、歴史的危機に遭遇しており、また以前よりまして急激な変動をしている。この時にあたり、創造と革新を求める傾向がますます強くなり、人間の創造性に期待するところが多くなってきた。そこですべての人々に潜在する能力としての創造性、ならびに集団や組織の持つ創造性に期待する傾向が強くなってきたのである。創造性の実現に期待する傾向は昔からあったが、それが最近著しくなってきたのである。

創造性に関する研究は、必ずしも新しい問題ではない。人間の生活にとって創造性が重要であることが再認識され、本格的に研究されるようになったのは、一九五〇年ごろギルフォード（Guilford, J.P.）を中心として創造性を実証的に研究し始めてからのことである。とくに最近二十五年間の研究の進歩は著しい。

最近のわが国における創造性とその開発の研究は、主としてアメリカの影響を受けている。アメリカの創造性開発教育は、一九三六年にGE（General Electric）社で、創造工学コース（Creative Engineering Program）が企業の中に採用されたのが始まりといわれる。

創造性開発の最も基本的な技法といわれる「ブレーンストーミング」の開発は一九四一年（昭和十六年）である。

一九四四年（昭和十九年）に、アメリカでは類比法であるシネクティクスが、日本では類比法の展開である市川亀久彌氏の等価変換理論が開発されている。後者はわが国の最初の独創的な創造技法である。

一九五七年ソ連のスプートニクの打ち上げによって、アメリカは宇宙開発、宇宙戦略でソ連に追い越されたことを知り、世界戦略の建て直しを迫られ、当時原子力潜水艦ポラリス・ミサイル艦隊の配備計画が六年計画で立てられていたが、このスプートニク・ショックによって、それを四年に計画を短縮する要請が出され、このためにＰＥＲＴ（Program Evaluation & Review Technique）の開発が推進されたという。またアメリカでは、ソ連からの遅れをとりもどそうとして科学技術の振興政策をとり、科学教育の向上、科学技術者の増員とその質的向上を求めるようになった。そうしたことから、人的能力の開発が国策としてとられ、特に科学技術者の創造性の開発が重視されるようになった。そこで創造性の基礎研究ならびに創造性の発見と開発に関する研究が盛んに行われるようになった。

一九五五年（昭和三十年）には、ユタ大学教授のカルビン・テイラー（Calvin W. Taylor）のリーダーシップによって、アメリカの全国創造性研究会議が、一九五五年、五十七年、五十九年、六十一年、六十二年、六十四年、六十六年にわたり七回行われた。第三回まではユタ州で行われたのでユタ会議と呼ばれている。そこでは創造性に関する研究報告が行われ、後に編集されて単行本として発行されている。

ブレーンストーミングの創始者であるアレックス・オズボーン（Alex F. Osborn）は、一九五四年創造教育財団をニューヨーク州バッファローに創設した。そして一九五五年に年一回の創造的問題解決研修会（Creative Problem Solving Institute, 略称ＣＰＳＩ）を開催した。オズボーンの死後は、当時のバッファロー大学の創造性研究（Creative Studies）の教授のシドニー・パーンズ（Sidney Parnes）が理事長を引き受けた。この創造教育財団では、創造性研究誌 *Journal of Creative Behavior* を年四回発行している。

わが国では、第一回ユタ会議が開かれた一九五五年（昭和三十年）に、産業能率大学（当時は産業能率短期大学）がＣＴＣ（Creative Thinking Course）をアメリカから導入、オズボーンのブレーンストーミングやその他の方法を紹介、産業界での創造性開発訓練を始めた。恩田もその講師として参加した。

オズボーンの「独創力を伸ばせ」（Applied Imagination）ダイヤモンド社の翻訳が一九五八年（昭和三十二年）に出され、また同年日本最初のCTA（Creative Thinking Association, 日本独創性協会）が設立され、例会や研究会を開き、機関誌ACT、後に「独創」を発刊し、創造性研究の促進に貢献した。著者もこの研究会に参加し、最後の会長をつとめた。

恩田他が一九六四年（昭和三十九年）に「創造性の開発」（講談社）を刊行したが、これは産業界や教育界において創造性の開発とその研究に啓発的な役割を果したと思う。また穐山貞登氏の「創造の心理」（誠信書房）一九六二年（昭和三十七年）が出されたが、創造性の研究の促進に役立っている。

一九六五年（昭和四十年）に、川喜田二郎氏のKJ法が生み出され、教育界や産業界にひろまった。次に中山正和氏のNM法という類比法が一九七〇年（昭和四十五年）に発表され、主に産業界にひろまった。

QC（品質管理）技法は、アメリカから日本に導入されたが、アメリカより日本において発展し、日本を生産大国にする生産システムをつくり出した。この技法には、小集団活動による創造性開発の技法が組み込まれている。

創造性研究については、市川亀久彌氏を中心にして創造性研究会がつくられ、機関誌「創造性研究」第一集（一九六五年）および「創造」第一号―第五号（一九六八年創刊）ならびに湯川秀樹・市川亀久彌編「創造の世界」（一九七〇―一九七七年）などは、創造性の研究と開発において、学術的で啓蒙的な役割を果したと思う。

また、一九六四年（昭和三十九年）に恩田らを代表として行動科学研究所創造性研究会が創立され、月例研究会を開き、毎回講師を依頼し、創造性に関するテーマについて報告してもらい討議を重ねた。これらの研究およびその他の論文を加えて編集したものに恩田　彰編「講座・創造性の教育」（全三巻）明治図書、一九六七年、および恩田　彰編「講座・創造性の開発」（全三巻）明治図書、一九七一年がある。

やがて一九七九年（昭和五十四年）に日本創造学会が創設された。この学会は創造性研究を目的とする世界で初めての学会である。毎年研究大会を開催し、現在一七回を重ねている。この機関誌「創造性研究」一号が一九八三年に創刊され、一〇号（一九九四年）が、後に「日本創造学会論文誌」となり、第四巻（二〇〇〇年）が出されている。

恩田は一九六二年（昭和三十七年）ごろから「技術研究運営研究会」に参加し、主として民間企業の研究所における科学技術者や研究管理者の多くの方々と討論を重ね、講演をしているうちに、科学技術者の創造性の開発の問題に興味を持ち、深めていった。また昭和三十八年に科学技術庁委託研究「研究者の研究能力および研究意欲の向上方策に関する調査」に参加し、国立および民間の研究所を訪問し、研究開発の実態にふれることができた。これらの経験に基づいて、恩田は「創造性の開発と研究管理」東洋大学紀要、第一七集、一九六三年（昭和三十八年）をまとめた。それから二、三の研究開発の研究グループに参加したが、現在ではクリエイティブ・マネジメント研究会に参加し、創造性研究の立場から探求している。しかし何れにしても、科学技術者が、どのようにしたら創造性を開発し、独創的研究ができるか、また創造的な科学技術者を養成するにはどうしたらよいかということが重要な課題とされ、その解決が求められてきたということである。

次に創造性研究の現状および将来探求すべき研究課題について考察してみようと思う。

二　創造性の基礎論

創造性（creativity）とは何かという創造性の定義および概念の研究は、創造性研究にとって出発点であり、また到達点である。しかしその定義と概念は一人の研究者が一つの定義をするというように多種多様であるが、その中に共通な概念が生まれてきている。著者は「創造性とは、新しい価値あるもの、またはアイデアを創り出す能力すなわち創造力、およびそれを基礎づける人格特性すなわち創造的人格である」と考えている。その際「新しい」という意味には、社会的、文化的に価値ある質的な変革をもたらす場合と、個人にとって新しい経験という場合とがある。成人の創造性を評価する場合には、普通社会的基準に基づいて行われる。すなわち新しさの評価は、われわれの社会にとって、少なくとも評価する集団にとって価値ある新しさを持つかどうかということである。他方、子どもの創造性を評価する場合には、生み出されるアイデアやものが、その個人にとって価値のある新しさという個人的基準が用いられる。

また一般に創造活動という場合、ある活動または所産（アイデアを含む）が社会的価値基準に照らして創造的であるかないかが決められる。しかしこれを創造過程としてみると、個人にとって価値ある新しさということが基準となる。創造性の研究では、創造活動は所産としてよりも過程が重視されている。また創造性の教育では、成人と比べて子どもの場合、特に個人的基準が尊重される。

この点に関して、マスロー（Maslow, A.H.）は、創造性を「特別な才能の創造性」と「自己実現の創造性」に分けている。前者はいろいろな専門家に見られる創造性で、その創造活動は、社会的に新しい価値を持つかどうかで評価される。これに対して後者は、誰でも持っているもので、その人にとって新しい価値あるものを創り出す経験を創造活動というのである。自己実現の創造性は、現在大きくクローズアップされており、最近の創造性の研究はむしろこれに狙いを定めている。そこで学校教育では、この面が重視されている。

創造性といっても、創造活動の領域によって、その性質が異なってくる。宗教、芸術または科学の領域などによって、発揮される創造性に違いが出てくる。宗教や芸術では、直観や想像力の働きが著しいが、科学では論理的思考を主とする創造的思考の働きが重要である。一般に宗教における啓示、霊感、悟り、芸術における霊感は、飛躍的であるが、科学における発見、発明などは漸進的である。もちろん発見、発明におけるひらめきには、飛躍的、偶然的なところがあることはいうまでもない。しかしどの創造活動においても、創造過程の基礎的レベルでは共通性が少なくない。すなわち創造性は、創造過程の面から見ると共通性が多くなり、その違いは個性的な現れ方として出てくるのである。

私たちが開発しているS－A創造性検査では、創造活動の領域として、創造的思考の活動領域を調べている。すなわち〈新用途考案〉「新聞紙に読むこと以外ではどんな使い方がありますか」の問題で、応用力（日常よく使う品物の用途を転換、応用する力）、〈装置考案〉「どのようなテレビがあったらよいと思いますか」の問題で、生産力（日常の品物をよりすぐれたものに改良する力）、および〈結果予想〉「この世からネズミが一匹もいなくなったらどんなことが起こると思いますか」という問題で、空想力（日常起こりえない状況で、何が生ずるか想像する力）を測定しようとしている。これらによって創造活動の得手、不得手の分野を見出そうとしている。

創造性の思想の基礎としては、想像力と直観の二つが大きな源流となっている。創造性開発法では、主として想像力と直観の開発に重点をおいていることにも、その意義を認めることができる。哲学では、創造と創造性に関して、創造性という言葉を使っていないが、同じことを取り扱っていることが少なくない。そこで哲学史や心理学史の中に創造性の思想的源流を追求していくことも極めて大切なことであると思う。

創造活動の動機として、知的好奇心（curiosity）すなわち未知の新しいものを探求しようとする欲求が注目されている。これは創造性からいえば、創造的人格に含まれる概念で、探究心、目標追究性、冒険心につながり、欲求としては、創造の欲求、新しい経験の欲求、達成動機と関連を持ち、野心、攻撃性とも結びつく。知的好奇心は幼児から芽ばえるが、適切な訓練と教育によって科学技術の発明・発見および芸術の創作活動の原動力になる。そして未知・未来の世界への挑戦を促し、問題解決力および創造力を育てることになるのである。また直観すなわち直観的思考への関心が高まってきた。これには創造活動のひらめき、霊感、勘やこつ、第六感、超感覚的知覚などが含まれる。創造性の測定と教育の研究で著名なトーランス（Torrance, E.P.）は、一九七八年一二月に来日され三ヶ月滞在されたが、日本人の創造活動の特徴は「さとり」としてとらえ、"The Search for Satori and Creativity" Creative Education Foundation, 1979（『創造性修業学』、東京心理、一九八一年）にも書名として取りあげている。ここでいう「さとり」は、突然のひらめきの意味で使っている。

創造性については、価値、価値観、評価との関連が重要である。創造といっても、社会的に価値あるものであって、害にならないものでなければならない。古いものでも、価値のあるものは大切に保存し、継承されなければならない。また創造といっても、過去の経験や文化が蓄積された伝統に基づいて行われている。また、深い伝統に基づいた創造ほどその所産の価値も大きい。創造活動の評価では、多値的な物の見方、すなわち多方面に価値を認める見方が創造活動を促進する。価値の多様性を認めることである。これかあれかという二値的・対立的な見方だけでは新しいものは出てこないのである。

創造活動には、個人的なものと集団的なもの、さらに組織的なものとがある。創造活動は、一般に個人のものとされているが、実は集団や組織の各メンバーが独自の役割を果たしながら、他の者と協力して、一つの目的に向かって仕事を仕上げていくのである。このような活動は、過去の偉大な芸術作品や科学的業績に見られる。また今日においても、新製品や新技術の発明や研究、芸術的創作の中に見出される。そこで個人的創造性のみならず、集団創造性や組織創造性もあるわけである。すなわち集団創造性や組織創造性は、個人の活動の総合以上の創造活動を生み出すのである。以上のことは研究、芸術の創作のみならず、ビジネス、マスコミ、医療などの専門職業においても見られる。そこで集団や組織を創造的にしていく創造的リーダーの養成、集団の創造性開発法、および創造的経営の在り方を研究していく必要があると思う。

三　創造過程の研究

科学の分野における創造は、新しいものを見つける発見と新しいものを創り出す発明とに分けられる。一般に発見と発明は区別して用いるが、その本質を究明していくと、それほど明確には区別できなくなる。すなわち発明とは、非現実の水準で、イメージで見つけたものを、科学技術的な手続きで具体化したものだと考えると、発明は発見であるということができる。またある科学者が発見のためにそれに必要な実験装置を発明しなければならないことがあるし、また発明しようとしている技術者が、それに必要な未知の事実や法則を発見することがある。しかしふつう発見と発明はその目的、水準や過程から区別している。

発見する（discover）には、見出す、見つける、気がつく、悟るという意味がある。その場合発見には、しばしば偶然に発見されるものに独創的なものが多い。このような能力をウォールポール（Walpole, H.）は、偶然的発見力（serendipity）と言っている。一つの問題を探究していく途中で、偶然により重要なことを発見していくのである。例えばレントゲンのX線の発見やフレミングのペニシリンの発見などがそれである。このような発見をするには、小さなことも見逃さない感受性や直観力、偶然に起こる現象に心を開いて、それから情報を受け入れる態度、そして専門的な知識や経験が豊かであることが必要である。

発明する（invent）には、創り出す、構成するという意味のほかに、見つけるという発見の意味も古くから使われていた。この点発明は発見であるという関係も出てくる。

次に発見と発明との関係について考察すると、発見する（見つける）－発明する（創る）というように、発見では数学の公理・定理の発見、物理学や化学などの事実や法則の発見、石炭・石油や細菌の発見など、発見以前に存在したもので、創られたものではない。これに対して、発明では、電話、自動車、飛行機、テレビ、トランジスタの発明など、新しく作られたもので、それらは発明以前には存在しなかったものである。そこで発明と発見との間に、非連続性、飛躍性があると考えられる。またイメージやアイデアを見つけることが発見で、これを表現することが発明だとすると、発見と発明とは連続過程であると見ることができる。その点その区別は難しくなる。小口忠彦氏は「発見の段階では、事実の発見という点で客観性が強く、発明では、創るという点で主観性が入る」と述べている。すなわち発明は発見より自己がその事象に関与する程度が大きいということである。

創造のためには、まとまった情報を切断してバラバラの情報にし、それらを再び何らかの形で結合する必要がある。川喜田二郎氏が創始したＫＪ法は、情報をラベルに記載し、それらのバラバラの情報の中から、比較的に親近性のあるデータを集めてまとめていく。これに対して中山正和氏の創始したＮＭ法では、できるだけ異質のデータにつながりを見つけて結合して独創的を求めていく。ＫＪ法は文化人類学の研究法から生まれてきたもので、真実性の発見や問題の発見と解決に有効である。またＮＭ法は、発明を目的としたもので、そこではアイデアの独創性が特に重要である。このように二つの方法に相違があるとしても、データをまとめていく過程には、いずれも異質な情報を結びつけ、そこから発想するという点については、共通したものがある。以上のことから、ＫＪ法は発見の技法として、ＮＭ法は発明の技法としてその特色が出ている。しかしＫＪ法は、目的や使い方によっては、発明の技法にもなるのである。

発見とは、異質情報の中に共通した新しい情報を見つけることであり、発明とは異質情報を新しい観点から結びつけて新しい情報を創り出すことである。そういう点から見ると、発見では直観が大いに働き、発明では想像が大いに働くということができる。

創造活動がどうして行われるか、創造過程のメカニズムとその出現条件を明らかにすることによって、創造性開発の方法や創造の技法を見出すことができると思う。ワラス（Wallas, G.）は、創造過程を四つの段階に分けている。①準備（preparation）：創造活動を行うには、まず第一に創造への欲求が生ずるが、そのために必要な情報を集め、技術を習得して準備をする。②あたため（incubation）：この時期は、自分の意志でアイデアを出すというのではなく、考えが熟して自然に出てくるのを待つといった状態である。③ひらめき（illumination）：この時期に何かの拍子に突然新しいアイデアやイメージが浮かんでくるのである。④検証（verification）：創造過程では、多くの場合、ひらめきの段階だけで終わらない。浮かんできたアイデアを評価し、検証し、または修正することが必要である。出てきたアイデアを論理的思考によって確かめ、仮説に仕上げ、これを実績や調査によって検証しなければならない。

以上あげた創造過程の四つの段階は、その区別や順序を明確化することは困難である。というのは、それぞれの段階は、相互に関連しているからである。創造過程は、科学研究では問題解決過程としてとらえることができる。一般に問題解決過程は、問題発見、課題形成および課題解決の段階に分けられる。①問題発見：ふつう見過ごしてしまうことに問題を発見すること。②課題形成：主観的な問題を客観的な課題に変えること。問題点を分析し、実際に解決処理しうる具体的な課題として把握すること。③課題解決：集めた情報をまとめて仮説を設定し、これを仕上げて検証すること。

次に問題発見の創造活動における意義について考察したい。これは研究開発における「研究テーマの策定（選択）」という重要な問題に相当する。問題がわかれば、半ば問題は解決したのと同じだといわれる。すなわち問題解決では、問題をつかむことがいかに大切であるかがわかる。また問題は自分が問題だと思わなければ、問題は存在しない。自分が問題だと思うからこそ、これを解決しようという意欲が生まれてくる。また自分が問題だと思っても、すぐ解決できるものではない。問題が明確に把握されて、はじめて解決の糸口が見つかるのである。この場合、問題を明確化し、実際に解決処理しうる具体的な課題にし、その焦点をはっきりさせると、すなわち課題形成の段階に入ると、解決の仮説がおのずから導き出されるということである。

⑴ 問題解決とは、問題を問題でなくすことである。問題の最高の解決法は、その問題は問題ではないと気づくことである。宇宙船の開発の仕事をしていたスタンフォード大学のアダムス（Adams, J.L.）が、宇宙船の太陽光線パネルを開くことを遅らせる装置の開発を行っていたところ、その遅延装置は実際には必要ではなかったことがわかったのである。

⑵ 問題解決は、まず問題を見つけることだ。問題の所在をつきとめることである。フレミング（Flemming, A.）は、ブドウ状球菌を培養していたが、たまたま培養器の蓋を取った時に入り込んだ一種のカビによってその菌の一部が溶けていたことに気づいた。ところがそれを失敗したとして捨てずに、その現象に何かあると問題を読み取って、ペニシリンを発見している。

⑶問題をつかむのには、その問題の本質をとらえることが大切である。見せかけの問題ではなく、真の問題は何かをつかむことだ。ゴードン（Gordon, W.J.J.）の開発したゴードン法では、都市の駐車場をつくるのに、「貯める」というキーワードを見つけて解決させている。中山正和氏のNM法でも、問題の本質を見つけキーワードを設定している。

⑷問題は、目標と現状との差異から生ずる。そこで目標と現状とをそれぞれ分析し、それらの条件の差異を埋めてなくすことで解決される。

⑸問題には、一義的な解答を求めるものと、多数・多面的な解答を求めるものとがある。前者は定型化されたもので、固有名詞や機械の操作の手順などである。後者は人間関係や経営管理の方法など、いわゆる創造的問題解決といわれるもので、創造技法はこうした解答をうるのに発散的思考を使っていることが多い。

⑹既知の情報と新しいまたは未知の情報とを結びつけることによって、問題が生ずる。すなわち問題意識が生ずる。これを別の視点から見ると、既知の情報間または既知の情報と新しいまたは未知の情報との間に不調和な関係が生ずると、その不調和を均衡化しようという傾向が生ずる。この傾向に基づく欲求が知的好奇心（curiosity）である。この知的好奇心が問題解決の動機づけとなるのである。

⑺日常的に繰り返し起こる容易にとらえられる問題は、明確な構造を持っており、標準的な手続きで解決できる。しかし、いままで起こらなかった新しい理解しにくい問題は、不明確な構造を持ち、創造的な方法でなければ解決できない。

⑻問題を定義し直すことによって、新しい視点から解決できる。例えば「部門の対立をどうやって減少させるか」という問題は、「部門の対立を建設的な方向に向けて解決するにはどうしたらよいか」というように問題を再定義するのである。また次のような解決例がある。トマトをつまみ上げるとき、傷つけやすいというので、トマト収穫機の改良を目指していたが、実際にはもっと皮の厚い、機械で収穫しやすいトマトをつくれ

ばよいということで問題を見直して解決している。この問題の再定義には、問題を逆転することも含まれているのである。人間関係のトラブルでは、相手の行動を変えるように働きかける代りに、自分の行動や態度を変えることで問題が解決されることがある。

⑼問題の領域を広めることで、問題を解決する。日本では、QC（品質管理）をその部門にとどめずに、企業全体にひろげてTQC（全員参加の品質管理）をつくりだすことで成功をおさめている。

以上のことから問題解決のためには主体的に問題を見つけ、または創り出し、それを十分に検討することが必要である。

四　創造性開発学と創造工学

発明をもっと能率的、生産的にできないものかということは、発明する人なら誰でも考えていると思う。このような試みは、発明学や発明工学などの体系づくりを促してきた。こうして創造工学（Creative Engineering）を創り上げようとする傾向が出ている。創造工学は、目標設定、発想、実現の三つの過程に分けられると思う。そのうち発想では、人間の可能性としての創造性の影響が大きい。そこで発想を生産的にするために、創造性を研究し、創造性開発の方法を生み出すことが重視されるようになった。その意味では、創造工学は、創造性開発学すなわち創造性開発の科学と深いつながりを持つようになった。また創造性開発学は、創造性科学（創造性学）または創造性研究という基礎研究に基づいている。そこで創造工学は発明のみならず、科学の事実や法則の発見を含め、また創造性の研究と開発を組み込んで発展しようとしている。さらにその研究対象を集団、組織の改革、創造にまでひろげようとしている。

新しいアイデアやものをつくり出し、または創造的に問題を解決する技法のことを創造技法といっているが、そのままが創造工学ではない。一九三七年GE社で、発明工学プログラムともいうべき創造工学プログラムがつくられた。これが創造工学の始まりと見ることもできる。創造工学は、直接に創造（発明・発見）を目標とする工学である。また科学の理論、方法に基づいて新しいものや技術を創造する工学である。そして発明・発見の過程を体系的に明らかにし、その知見に基づき、科学技術者の創造性を開発するための組織立てられた体系的教育プログラムは、創造工学プログラムと呼ばれている。その創造工学は、創造性開発と密接な関係があるのである。

創造工学では、目標の決定、アイデアの発想と提供、その実現まで一連の過程を含んでいる。また問題解決過程からいえば、問題の発見から解決までの全過程を含んでいる。

そこで創造工学の原点をさぐるために、創造活動と創造性の関連について考察してみようと思う。それでは創造活動や創造性を研究の対象とする科学は、どういうものであろうか。それは創造科学（創造学）と創造性科学（創造性学）である。創造科学が創造活動を主として研究するとすれば、創造性科学は創造性を主として研究していくのである。創造が創造活動、創造過程、創造の所産という人間の活動や操作の対象を示すとすれば、創造性は創造力、創造的人格、創造過程という人間の能力、態度、人格、体験過程といった人間の側面を示している。

しかし、創造と創造性とは、密接な関係があって切り離すことができない。すなわち創造過程は、創造活動とも創造力とも密接に結びついている。また創造活動と創造する人間という、客体と主体との関係になっている。その点創造科学と創造性科学は、相互に関連している。また科学と技術という関係から見ると、創造科学に対して創造工学があるとすれば、創造性科学に対して創造性開発学があると考えることができる。現在創造性の研究は、国際的には創造性研究（Creativity StudyまたはCreativity Research）と呼ばれている。

その意味では創造科学（創造学）、創造性科学（創造性学）、創造工学ならびに創造性開発学は、科学として構築されつつある創造および創造性の科学的研究の領域を示すものであるということができよう。

次に創造性開発学と創造工学とを比較して考察してみようと思う。

創造性開発学	創造工学
○創造性の開発に重点をおく。	○創造過程の手続きを明確化し、技術化することに重点をおく。
何れも発想法を重視するが	
○アイデアを出す	○アイデアを実現して、ものや技術をつくる。
しかしなお両者はアイデアを具体化することを意図している。	
○人間性の開発といった側面が関与する。その点人間学、心理学の方法が必要である。例えば創造の心理の究明が重要になる。	○発明・発見といった技術的問題が多く関与する。その点創造を目的とする技術論や創造の論理の研究が重要である。
○創造的思考力、創造的技能の開発の基礎として、創造的態度または創造的人格の養成が必要である。	○創造工学の訓練のためには、創造的思考力のみならず創造的技能の開発が必要である。そこで創造のための基礎技術の修得と、これに基づく創造的技能を開発する訓練を行う。
○創造性開発のための集団力学、社会心理学、組織心理学、カウンセリング、マネジメントなどの方法を取り入れる必要がある。	○個人の創造技術のみならず、集団または組織の創造技術や情報工学を取り入れる必要がある。

次に創造性開発学と創造工学の関係を図解してみた。その中で相互関係のあるものを↔、影響を及ぼす関係を→として表した。これによると、創造工学、創造性開発学、創造性教育学は相互に関係を持ち、環境学、情報工学、組織工学は、創造性科学や創造科学などの基礎研究のみならず、創造性開発学、創造工学、創造性教育学などにも影響を与えると思われる。

　こうして見ると、創造性開発学や創造工学を確立していくためには、創造性科学（創造性研究）や創造科学（創造学）が科学として研究が発展してゆかなければならない。そこで創造活動の主体の在り方が問われるという点で、現代こそ創造性科学（創造性研究）の躍進が求められる時代であるといえよう。

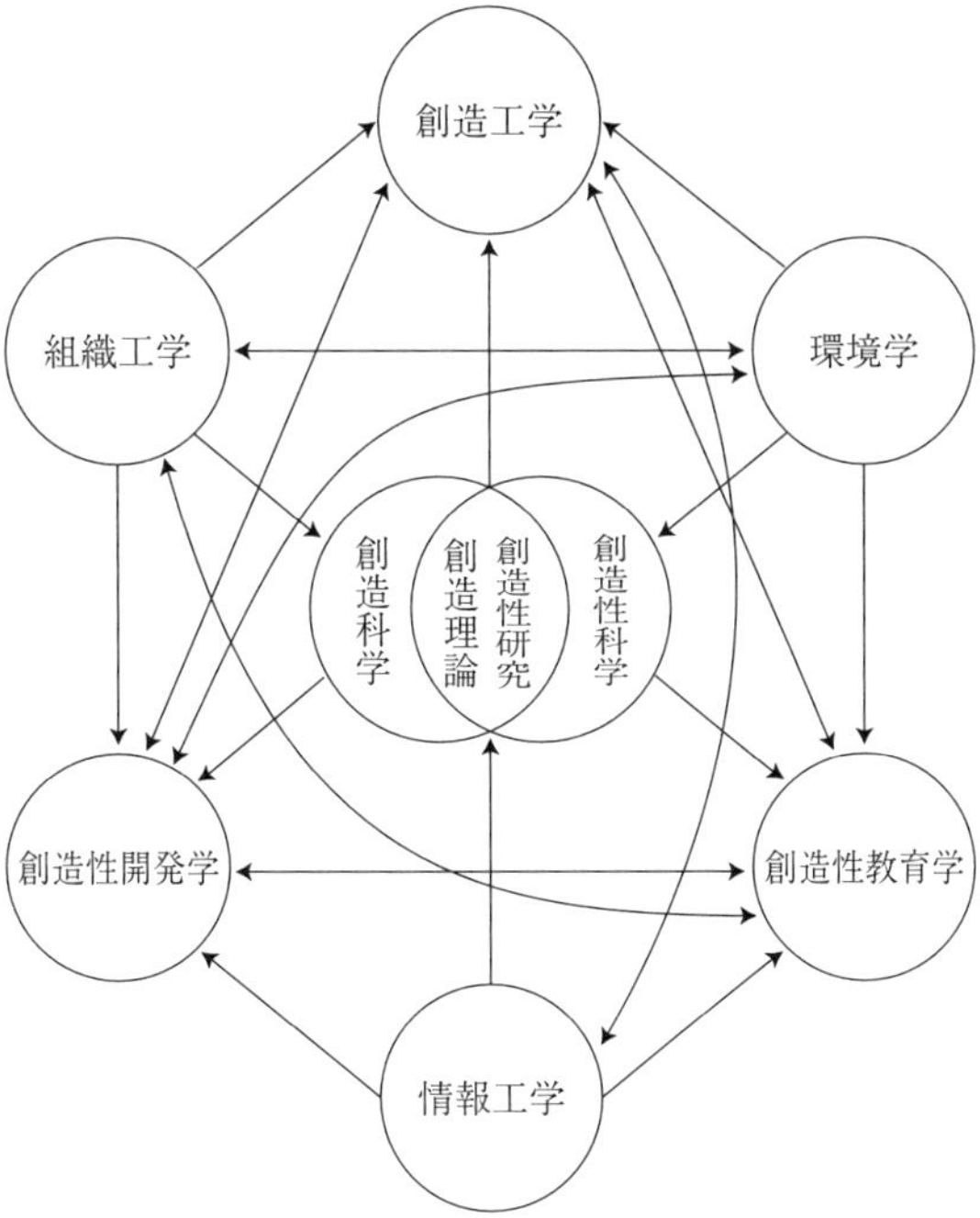

創造性開発学と創造工学の関係

参考文献
恩田　彰『創造心理学』恒星社厚生閣、一九七四年。
恩田　彰『創造性開発の研究』恒星社厚生閣、一九八〇年。
高橋　誠編『創造力辞典』モード学園出版局、一九九三年。
星野　匡「海外の創造性研究」日本創造学会編『創造の理論と方法』創造性研究、第一号、一九八三年、二一七−二二七頁。

恩田　彰『創造性の研究』恒星社厚生閣、一九七一年。
小口忠彦『創造心理学』明治図書、一九七〇年。
恩田　彰「問題解決の教育的側面」日本創造学会編『創造的な問題解決』創造性研究　第七号、一九八九年、二四―二七頁。

第三章　創造性の教育

一　創造性の育成の重要性

創造性の問題は、古くから取りあげられているが、また新しい問題でもある。人間の生活にとって創造性が重要であることが再認識され、本格的に研究されるようになったのは、一九五〇年頃、心理学者のギルフォード（Guilford, J.P.）を中心として、創造性が実証的に研究され始めてからのことである。わが国での創造性の開発と教育は、昭和三十九（一九六四）年頃から、産業界において創造性開発の要求が高まり、その研究と実践が活発に行われるようになった。その後二、三年遅れて、学校教育界において、創造性教育の研究が始められ、現在ようやく定着し始めている。

昭和五十三（一九七八）年に創造性の教育と評価で著名なアメリカのトーランス（Torrance, E.P.）教授が来日されたとき、私は教授と対談したが、これからの社会でなぜ創造性が必要かとたずねたことがある。そのとき、博士は、第一に現代社会が急速に変革しており、新しい問題が出てくる。それらを解決する能力を養うためである。第二に自分の持っている能力を十分に伸ばすために、各人の強い要求に対して、相応にやってゆけるようなたくましい心の健康を保っていけることが必要である。第三に子どもが未来の計画を実現できるように動機づけと能力を育てるためである、と述べている。この発言のなかで、心の健康と創造性、および未来の問題解決について述べていることに注目したい。

平成四年十一月にアメリカの農業技術の専門技師で、学校教育や産業教育で創造性の開発と教育について指導しているスクローム（Skromm, A.B.）氏が来日され、東洋大学で講演したが、そのなかで「高い学力（高い知能）の持ち主は、自分の生活を豊かにし、富ませるが、高い創造性の持ち主は、世界の人々の生活を豊かにし、富ませる」といっていたことが印象的であった。すなわち創造性の高い人が創造したものは、世界の人々が共有することができ、したがって世界の人々を豊かにするというのである。

また、アメリカの実存主義的心理療法家で、子どもの心理療法を行っているムスターカス（Moustakas, S.G.）博士が、同じく平成四年十一月の全国学生相談研修会で「自己発見への道」という講演をした。そのなかで博士は、人間の健康な側面に焦点をあて、人間の成長力、創造性を重視し、子どもの心理療法における子ども自身の体験過程を創造過程、とくに自己を体験的に発見していく過程としてとらえている。

昭和五十八（一九八三）年の中央教育審議会の教育内容等小委員会の「審議経過報告」では、今後重視すべき事項として、自己教育力の育成、基礎・基本の徹底　文化の伝統の尊重とともに、「個性と創造性の伸張」をあげている。この個性と創造性については、一人ひとりの持つ能力や個性を尊重し、これを最大限に伸ばすとともに、創造性豊かな国民の育成を図ることであるとしている。

次に、臨時教育審議会の昭和六十年の「教育改革に関する第一次答申」では、個性重視の原則のもとに、基礎・基本の重視、教育環境の人間化、生涯学習体系への移行、国際化・情報化への対応などとともに、「創造性、考える力　表現力の育成」をあげている。これからの社会では、知識・情報を単に獲得するだけでなく、それらを適切に使い、自分で考え、創造し、表現する能力をいっそう重視すべきであるとしている。

そして、昭和六十二（一九八七）年の教育課程審議会の答申では、創造性という言葉は使わないが、自ら学ぶ意欲と社会の変化に主体的に対応できる能力の育成を重視し、とくに「新たな発想を生み出すもとになる論理的な思考力と想像力、直観力などを重視しなければならない」としている。すなわち、創造的思考力を分析して、創造性の育成の重要性を強調している。

二　子どもの創造性の特質

子どもの創造性を育成するには、創造性とは何か、次に子どもの創造性の特質についてつかんでおくことが必要である。

⑴創造性とは何かというと、私は次のように定義している。「創造性とは新しい価値あるもの、またはアイデアを創り出す創造力とそれを基礎づける創造的人格である」。

その際「新しい」ということは、成人の場合は、社会的・文化的に新しい価値あるものを生み出す場合をいうが、子どもの場合、それも含まれるが、本人にとって新しい価値あるものを生み出すという個人的規準が重視される。

⑵創造性は大きく分けて、創造力と創造的人格に分けられるが、創造力は創造的思考と創造的技能（創造的表現力）に分けることができる。

創造性の特徴として、まず創造的思考があげられる。創造的思考は、想像と思考、発散的思考（思考の方向が多種多様に変わっていく思考）と収束的思考（ある一定の方向に導かれていく思考）、また直観的思考と論理的思考とが、それぞれ統合されたものである。

その点、思考とくに収束的思考と論理的思考は、従来知能の概念として、学校教育では学力の基礎として重視されてきたものだ。ところが想像、発散的思考と直観的思考は、創造性の研究が盛んになるにつれて再確認されるようになり、成人とくらべて子どものほうが得意とするものである。

その点、学校教育では知能を育ててきたが、ここでいう創造性はそれほど重視してこなかった。そこで創造性は従来の知能を含むので、高次の知能または知性ということができよう。

⑶創造的技能（創造的表現力）は、ある基礎的な技術のドリル（反復練習による学習）を通して、その熟達によって新しいものが生まれてくる感覚・運動的能力である。その点、ドリルを重視したい。

この場合、反復練習といっても、単に同じことをやっているのではない。そのなかでラセン型に、より高次の水準に向上していくのである。例えば、子どもは算数のドリル学習で、数の事実と法則または数学的体系を発見していくのである。

⑷創造的人格は、創造的態度としてとらえることができる。そして創造的態度は、学習態度として、きわめて重要なものである。

それには、自発性（自主性、主体性）、衝動性（心的エネルギーの強さ、意欲の強さ）、持続性（心的エネルギーの持続性、根気）、好奇心（探究心）、独自性（独創性の基礎となるもので、個性と関係が深い）、柔軟性（開放性、環境の変化に適応する能力と態度）、自己統制力（自己の欲求や感情の統制力）、精神集中力、があげられる。

さらに、共感性（他人の感情を相手の立場に立って感じとる能力）をあげたい。この共感性は、前述のスクローム氏のあげるもので、その対象は人間のみならず、生物や自然の事物まで拡がっている。

⑸創造性の測定研究が進むにつれて、創造性と知能・学力との関係が明らかにされつつある。

創造性と知能との関係では、一般に創造性と知能とは、年齢が低いか、または小学校低学年では、その関係がかなりあるが、高学年になり、中学生になるにつれて、その関係は浅くなり、成人の場合、かなり分化してくるようである。また、一定の知能水準（知能指数一二〇）以上では、その分化が著しくなる傾向が認められる。

また、一般に学力は知能とくらべると、創造性との相関は低いようである。しかし、創造性は知能ほどではないが、学力に影響を与えている。一般に学年が低い場合は、創造性の影響は少ないが、学年が進むにつれて、学力との関係が出てくる。また学力といっても、多肢選択式や○×式の問題では、知能と関係しているが、新しい問題を解決する能力を見ようとするときは、創造性との相関は高くなるのである。

三　創造性を育てる方法

⑴ 全人的発達を促す

子どもの創造性を育てるには、身体の健康を増進し、問題を根気よく解決し、目標をねばり強く達成しようという強い意志と根性を養い、次に感情や欲求をコントロールできるような感情教育を行う必要がある。そのうえで、知性を育てるのである。

こうして創造活動に必要な体力、心的エネルギーが開発され、創造的知性としての創造性が育成されるのである。

⑵ 個性を育成する

創造活動では、独創性（独自性）が尊重される。そこで、個性の開発と育成が基本となる。

その場合、独自性とともに、柔軟性すなわちどのような状況においても自由に動ける能力と態度を育てることが大切である。

⑶ 創造的思考を育てる

創造性開発の技法は、いろいろな方法が創り出されているが、これらは主として、想像力・直観力の開発に重点をおいている。

とくに学校では、想像力や発散的思考の開発に力を入れているところが多く、連想→想像力→創造的思考というように、まず連想の練習をし、次に想像力の訓練をして創造的思考（創造的想像と同じで、いずれも想像と思考の両方の機能を持つ）を育成しようとしている。

また、多面的思考（発散的思考）から創造的思考を育成する場合、ある小学校では創造的発問を用意し、児童が多様な応答をし、それらが展開するように指導している。また、ある中学校では家庭学習の改善のため、まず現在の問題点を欠点列挙法によってあげさせて、あとでグループでまとめさせている。ある高校では数学の授業で、ある問題に対して十分に時間を与えて考えさせ、討論させ、いろいろな解答を出させている。

⑷視覚的イメージを利用する

創造性開発の重要な思考方法として、視覚的思考があげられる。

視覚的思考は、視覚的イメージを使って思考する方法である。この方法は、想像力とくに創造的想像といってよい。視覚的イメージは、絵画制作、作文・詩の創作　スポーツ、発明工夫、創作舞踊などの本質的なものであり、ゲーム、視覚パズル、幾何学や設計などの問題解決に役立つ。絵のスケッチは、精密な観察を必要とし、視覚的イメージを養うのに役立つ。

スタンフォード大学のアダムス教授は、恩師であるアーノルドから創造的問題解決の指導を受けているが、学生のとき「リンゴを視覚的に思い浮かべよ」といった問題をやらされたという。

このイメージを豊かに多彩にする方法としては、類推によるシネクティクス（Synectics）がある。そのなかの人格的類推というのは、自分自身がそのものになりきって、何かを感じるやり方であるが、自分が車のタイヤ、雨粒や兎になったらどうなるだろう、と想像させる。

また自然界、とくに生物界からヒントを得て、その原理を応用して、新しい人工的なものをつくるバイオニクス（Bionics）が役立つ。例えば、コウモリの超音波の原理からレーダーを生み出したり、音響レーダーを視覚障害者の道案内に使うことができる。これらの方法は、子どもにも適用できると思う。

⑸体験学習を重視する

体験はイメージ・ことばより、はるかに情報量が多い。創造活動に必要な気づきやイメージは、この体験から主として生ずることが多い。ある中学校では、生徒たちが自然環境や社会環境に対して、自ら感じ、考え、行動することに注目し、新鮮さや感動が高まる体験学習を重視している。そこで創造性の育成には、豊かな体験を、とくに感動を覚えるような体験をさせたい。

感覚は相互に結びついている。視覚・聴覚・味覚・嗅覚・触覚は、共通につながっている。コーヒーを飲むのに嗅覚がきかないと味覚もおちるし、映画やテレビでは、視覚は聴覚によって補われている。音楽を聞きながら、そこにわいてきたイメージを絵に描くやり方がある。

トーランスは、大学院生や教師に木片を与えて、できるだけ木片のことを探索するという課題を与えた。彼らは最初、この木片を見つめるだけであったが、やがて匂いをかぎ始め、さわったり、なめたり、たたいて音を聞こうとし、また何かに使ってみて木片を知ろうとした。このやり方は、小・中・高校生にも適用できると思う。

⑹ 直観力を開発する

直観力（直観的思考）の開発のためには、比較の発想法が有効である。金野　正らは、それを対比、類推、止揚の三つに分けている。

対比とは、ある事象を他のそれと比較して、その共通点や相違点を調べて、その特徴をつかむのである。例えば、日本文化と外国文化とを、衣食住、芸術、科学、宗教などを通して、その共通点・相違点を発見させる。

類推は、異なった事象を比較して、そこから共通な原理を引き出して利用してみるのである。シネクティクスでは、直接的類推は、人間の耳の機能から電話の働きを見い出したり、鳥から飛行機の発明のヒントを得るのがそれである。

止揚は、異なる矛盾した二つの考えを高次の立場から統合することである。川喜田二郎のＫＪ法や、中山正和のＮＭ法では、この止揚を状況によって使っている。異なった考えを配列していくと、対立していると思われる考えが統合され、そこに新しい考えが生まれてくるのである。ＫＪ法は社会科などの学習に利用されているが、ＮＭ法は理科など発明学習に適用できると思う。

(7) 創造的問題解決学習

その学習過程は、問題発見、課題形成、仮説設定、検証、発展の段階に分けられる。問題発見は、新しい問題を見つけ、またはつくり出すことである。これは、創造への欲求を生み出す。課題形成は、問題を分析し、実際に処理しやすい具体的な課題にすることである。この作業をやっていると、おのずから課題解決の仮説が生まれてくる。仮説設定では、とくに発想が大切にされる。

トーランスは「未来問題解決プログラム」を取りあげ、未来問題を解決させるカリキュラムについて述べている。すなわち小学校四年から高校生まで児童・生徒は、海底移住、宇宙移住、宇宙旅行、人間工学、遺伝子工学、自己制御、電気自動車、パソコンなどに興味を持っているという。

このプログラムでは、子どもが未来問題を見い出し、問題を開拓し、情報を集め、いくつかの解決策を考え出すことができるように指導している。

(8) 精神集中力を育てる

注意をある対象に集中することを精神集中力（注意集中力）というが、これは仕事の効率を高めるのみならず、観察力・記憶力・思考力を高め、また創造性に必要な直観・ひらめきをひき起こし、新しいイメージを生ぜしめる想像力を高める働きがある。

教師が作品を読んだり、話したり、また子どもが自分で選んだ内容について、感じたことや考えたことを発表させたり、ノートに書かせる。このような傾聴と読書、または言語表現の活動は、精神集中力を養うのによい。また問題解決学習、音楽の鑑賞や表現、造形的表現活動、運動やスポーツなども、精神集中力を高めるのによい。

(9) 発見学習と発明学習を行う

子どもに発見させ、発見の方法を学ばせ、発見の喜びを味わわせ、それによって好奇心を伸ばし、未知の世界を探究していく人間を育成するのである。これと同様に重要なのは、発明学習である。これは、新しいものをつくり出す学習である。これには創造的技能（創造的表現力）の育成が必要である。そのためには、理科、図工科、技術教科などを統合して、再編成して、新しいものをつくり出す技術教育を行うことが必要である。

⑽創造的技能（創造的表現力）を育成する

豊田君夫は、幼児を自主的に、創造的に遊ばせるために、彼らに洗濯ばさみをたくさん与えて、いろいろなものをつくらせ、またそれを使って、種々のゲーム遊びをさせている。

例えば、子どもは動物、飛行機、ロボット、うずまきをつくったり、輪をつくって、まわりからそのなかに洗濯ばさみを投げ入れて遊ぶ。また、みんなで洗濯ばさみをつなげて、みごとな大作をつくっている。このような教材は、小学校においても創造性を育てる造形教育の教材になると思う。

また、二一世紀教育の会では、ダンボールを使って、小学生四、五人の集団にいろいろなものをつくらせ、遊ばせる研究をしている。

ダンボールの特徴としては、それ自身が一つの構造体であるが、別の構造体をつくることができる。加工しやすく、特別の道具がいらない。大きなものができ、しかも処分に困らない、などがあげられる。これは廃物を利用して、創作や発明をさせ、創造性を育てる有効な方法であると思う。

⑾創造的読書を行う

読書指導は、国語教育のみならず、社会科、理科、算数科などの読解にも必要である。創造的読書というのは、トーランスによれば、読んだもののなかに問題を見つけ、知識の間のギャップ、未解決の問題、欠けている要素、完全でないもの、ピントのぼけているものに気づくような読み方である。

創造的読書の方法としては、著者のいうような事実がはたしてあるのか、同じ資料を別のやり方で整理できないか、別の問題がないかどうか、もし自分が著者だったら、どのように書くか、考えながら読んでいくのである。また、初めの部分を読んで、後の部分を推理力または想像力で予想して読むやり方もある。

⑿ 教育機器を利用する

科学技術の発達により、教育工学の研究や実践が行われている。すなわち映画、スライド、VTR、テープレコーダ、OHP、ティーチング・マシン、パソコンなど、いろいろな教育機器や教授メディアを使って、子どもの創造性を開発しようという研究が行われている。

ラジオ、テレビによる放送教育、とくに子ども自身によるテレビの校内放送は、情報の総合力すなわち創造力を養うのに有効である。

VTRは、子どもの活動や運動の演技などを録画して、これを子どもに見せて、自分の問題点を見つけさせ、改めさせることができる。

OHPは、豊かな教材資料を提示したり、教師や生徒のつくったメモに基づいて討論させることができる。これは生徒にも容易に使えるので、学習過程や考え方の記録、デザイン、作曲、作文などを提示して、学習に興味を持たせるだけでなく、これを使って発表させることができる。またOHPは、子どもがアイデアを出すのに役立つ。

また、パソコンを用いた教育システムは、文字、図形、音声情報を組み合わせて、多様な情報を提供できるので、問題解決やその他の創造活動を行わせることができる。

四　創造性育成の促進条件

創造性を育成するには、それを促進する条件を整えることが必要である。それらの条件について考察してみよう。

発想をうながし、思考を深めるためにノートをつくらせることが大切である。また、算数科・数学科ではカード、社会科や理科などでは観察記録カード、図工科ではメモ、クロッキー、アイデアスケッチ、学習ノートなどを使わせている。これらによって子どもの思考を追跡し、指導の手がかりにすることができ、また子どもはこれらに基づいて学習をまとめたり、話し合いをすることができる。

子どもの創造的思考を伸ばすためには、どのような発問をしたらよいか検討することが必要である。「……したのはなぜか」「……してみてはどうか」「……するには、どうしたらよいか」「……したら、どうなるか」「そのほかにないか」「……についてどう思うか」「……するにはどんなことが必要か」など、状況によって、いろいろな発問ができると思う。これらの発問は、学習を動機づけるのみならず、多面的に考えさせるのに役立つのである。

子どもの創造性を育てるには、学級に創造的な雰囲気、すなわち学級の全員が、互いに相手の人格を尊重し、創意を重んじ、アイデアを出し合い、これらを励まし合う雰囲気がつくられることが大切である。また、暖かい受容的・理解的な雰囲気も必要である。また、子どもが誤りや失敗を恐れずに、自由に未知の探索と冒険を試みることができるようにする。

創造への意欲をよび起こし、アイデアの開発を促すような教育施設、教具・教材などを充実し、整備することが必要である。例えば、文学・絵画や音楽も、一流のりっぱなものを子どもたちにふれさせる。これらを子どもに鑑賞させ、その作家・画家・演奏家などに自己を同一化させるのである。また、生徒の作品・研究物を掲示し、他の子どもの創造の欲求を開発する。

参考文献

（1）恩田　彰『創造性開発の研究』恒星社厚生閣、一九八〇年。

（2）恩田　彰『創造性教育の展開』恒星社厚生閣、一九九四年。

（3）『創造性教育読本』教育開発研究所、一九八八年。

第四章　セルフコントロールと性教育

一　セルフコントロールの意義と特徴

セルフコントロール（self control）とは自己の意志・意図で自己の心身を調整して制御することである。すなわちある種の訓練や練習をして、不安や恐怖などの心理的障害を軽減または除去したり、または現状の普通の心身の状態から、さらに望ましい状態、すなわち健康状態が増進したり、もっと自信をつけたり、自分ではっきりと決断し、実行したり、さらには創造的な活動ができることである。

セルフコントロールの特徴をまとめてみると、次のようなことがあげられると思う。

1　自己の身体、感情、欲求、思考や行動などを調整、制御するのは、自己自身である。

2　自分の意志・意図で、ある行動を生起させたり、消去させたりすることができる。

3　自分の意志で変化させることのできない自律反応（血流量、心拍、皮膚温の変化など）でも自己暗示、自己弛緩、バイオフィードバック（biofeedback）法（脳波や皮膚温などの自律神経系の反応や中枢神経系の活動を音や光に変換して伝え、被験者はそれを手がかりにしてこれらの反応や活動を変化させる技法）などによって、自分の意志で制御することができる。

4　リラクセーション（心身の弛緩状態）、安静状態が得られる。

5　強い意志を育てる。すなわち心の安定が得られ、欲求不満耐性（frustration tolerance，思い通りにゆかなくなった時、それにいらだたず、耐えることができ、その障害を克服することのできる力）が養われ自立ができる。
6　自発的、自主的、自律的に学習することができる。
7　不安感、恐怖感、劣等感、孤独感などの心理的障害が軽減し、除去される。
8　人間関係がよくなり、他の人との接し方が自然になり、よくなる。
9　悪癖や悪い習慣が矯正される。例えば、チック（眼をパチパチさせたり、頭をふったり、肩をすぼめることを無意識的にくり返すこと）、爪かみ、貧乏ゆすり、酒に溺れアルコール中毒症状を起こすなどが軽減し、消失する。
10　創造性が開発する。今までとは全く違った発想をして、新しいアイデアやイメージを生み出し、それらを実際に創り出すことができる。
11　発見や発明、芸術的創作または日常生活における問題解決が行われる。
12　適切に判断し、決断ができる。
13　自然治癒力が養われ、心身の障害が軽減したり、消失する。
14　自分の心の中に暗示となる言葉やイメージを思い浮かべ、自己の行動の目標をはっきり設定し、それに注意を集中し続けると、その目標が実現する。これを自己暗示という。例えば、手や足が温かになるように思うことで、皮膚温が上昇する。しかしこの場合初めからすぐできるのではなく、ある程度くり返し練習し、習熟することが必要である。

次に性教育におけるセルフコントロールとはどういうことか、その特徴についてまとめると次のようになると思う。

自分が男性または女性としての自己は、こういう自分であるという認識すなわち性自認ができること、男性または女性として自分が属する性に関して、社会が期待する行動や態度を身につける性役割を遂行できること、またこれらによって自分が当面する課題や問題状況において、適切な意思決定や行動選択、または問題解決ができること、また性に関する欲求を制御し、情動の安定をはかることができること、またこれらによって性に関する欲求不満に耐えることができ、性の問題行動を防ぐことができること、これに関連して性情報に対する適切な選択や適応ができること、そして人間尊重、男女平等の精神に基づいて、適切な異性および同性の人間関係を創り出すことができることがあげられる。

二　性教育におけるセルフコントロールの問題点

性教育におけるセルフコントロールの特徴から、いくつかの問題点を取りあげて考察してみよう。

⑴ 適切な性知識

適切な性知識を持つことで、性についての不安や精神的なショックを軽減し、または解消することができる。また性への誤解からのあやまちを防ぐことができる。また家族や社会のメンバーとして、必要な人間の性の基本的な知識を習得する。これによって性の文化や思想、風俗や習慣、制度を身につけることができるようになる。

性に関する知識としては、生命誕生、二次性徴、性の不安や悩み、性的な欲求と性行動、男女の人間関係、愛情、性役割、結婚、性に関する問題行動、性情報などがあげられる。性知識については、断片的な知識を教えるのではなく、その内容を精選し、基本的な知識を身につけさせる。その場合、受動的に学ばさせるのではなく、自ら知識を学ぼうとする自己学習力（自己教育力）を育成することが必要である。

⑵ 性についての自己学習力

自己学習力とは、自ら学ぶ力であり、教師や親やその他の人の指導を受けなくても、自分で必要な知識を探し、自分で思いついた問題を自分の力で解決していく能力である。その意味では、新しい知識を探索し、新しい技術を身につけていこうとする知的好奇心が大切であるし、自ら問題を見つけ、自分の力で解決していく問題解決能力もセルフコントロールとして重要である。自己学習力が身につくと、自発的に学習活動が行われ、自信がつき、学習意欲が強められる。

性教育では、児童・生徒が人間の性に関する基本的な知識を習得するとともに、自分が男であり、女であるという事実を受け入れて、どのようにして生きたらよいかを考え、日常生活で起こる性に関する諸問題を自己の問題としてとらえ、それを積極的に解決しようとする意欲を持ち、自ら意思決定ができ、実際に解決していく能力と態度を養っていくように学習させていくことが大切である。

また児童・生徒が、男女いかんにもかかわらず、積極的に自分の意見を述べ、他人の考えや価値観を尊重して、互いに学び合うことが必要である。そこで男女の人間関係がうまくいくためには、男女がお互いに異性を理解し、異性に対するつき合い方を学ぶことができるように、男女を交えた小集団で学習させていくことが大切である。

⑶ 性的な欲求の処理と性的不安の解消

思春期になると、男子は射精を経験し、女子は月経を経験する。しかし男子には、はじめの射精経験に驚き、不安や悩みを持つ者もいる。また射精の経験によって性的快感があり、自慰を覚えて、そのことに不安や悩みを持つ者も出てくる。また性的な欲求が高まり、その処理に悩む者もいる。そこで射精や自慰について十分に理解させ、不安や悩みを解消させ、性的な欲求をコントロールできるように指導することが必要である。そのためには、射精の起こる理由や機制、夜眠っている時に夢を見て射精する夢精や、昼間何かの刺激によって無意識的に射精する遺精などの機制を理解させる。また自分の手などでペニスを刺激することで射精する自慰は、不安や悩みを持つ者も少なくないので、そのことから誤解や罪悪感を持たないように、自慰は一時的にはセルフコントロールになることを理解させることが必要である。もちろんその行為にふけることなく、適当な汗をかくようなスポーツなどの運動に心身のエネルギーを解消していくように指導することが必要である。このことは女子の場合にも、あてはまると思う。

思春期になる女子では、初潮（初経ともいう）を迎える心構え、月経の処理が問題になると思う。初潮は子どもにとって驚きや不安となることもあるので、母親やまたは大人が肯定的に受けとめることが必要である。月経については、不安や悩みをいだいているものが少なくないために、自分の性を否定的にとらえている女子もいる。また男子の場合、月経に好奇心を持ち、女子を困らせるような態度をとる者もいる。その点男女の生徒には月経の指導をし、理解を深め、女子には生殖能力を持ったことに対する誇りと自信をもたせ、その不安を解消させ、男子には、女子の月経の理解を通して、女性に対する思いやりの気持を持たせるように指導することが必要である。

(4) 異性とうまくつき合える能力と態度

児童・生徒は性的な成熟が進むにつれて、異性に対して興味や関心が高まり、異性に接近しようとする。しかし異性とうまくつき合えない者もいる。異性とうまくつき合うためには、自分の性的欲求をコントロールすることを学ぶとともに、マナーやエチケットを身につけることが必要である。中学生では、異性に接近したいが、恥しさがあって、異性に接近しようとする欲求が素直に表現できず、ゆがんだ行動が現れることがある。例えば、性的ないじめやいやがらせが起こる。そこでお互いに相手の人格を尊重し、相手に対する思いやりを持たせる必要がある。生徒の中には、恋人までいかなくても、特別な相手をつくってつき合いたいという願望がある。そこでいろいろな人とつき合って、相手のことをよく理解させることが大切である。とくに異性とのつき合いには、友人としての異性を多く持つことが必要である。そしてそのつき合いの中で、異性の相手に対する思いやりの心を育てていくことが大切である。

⑸　愛することができる能力

人間は愛されることによって、人を愛することができるようになる。思春期の子どもの中には、身体的、性的に成熟していても、人を愛することができないものがいる。思春期の少年少女は恋愛しても、心理的にまだ若すぎ、また幼すぎて、仲よく遊ぶことができるが、夫や妻として、あるいは父親や母親として役割を演じるには未熟である。お互いに幼くて依存心が強く、相手に自分を受け入れることを求めることがあっても、相手が望むものを与えることが十分にできない場合が多い。すなわち自我の同一性が十分に確立していなくて、人から愛されることによって心を充足することはあっても、人を愛することができないものが多い。昔の青年は、たいてい仕事を持っていて、社会的、経済的にも自立し、家を支え、家族を養う責任があった。しかし今日の青年は、昔の青年と違って、社会的、経済的条件の変化によって、自立するのが遅くなり、性的に成熟していても学校に通っているものが多く、社会的、経済的に自立しているものが少ない。したがって人を愛する能力を十分に身につけることが困難になった。そこで子どもの時から家族やそのほかの人に思いやりを持つよう、人を愛することができるように指導していくことが大切である。

人間関係には、さまざまな愛（愛情ともいう）があることに気づかせ、理解を深めさせることが必要である。愛には個人の人格の尊重が根底にあることに気づかせ、愛と性との関連について理解させる。男女間の愛情は、友情、恋愛、夫婦愛などの種類があり、パートナーシップ（協力関係）を伴った個人の人格の尊重の上に成り立っている。人間は他者として親から愛されることによって、心理的に安定し、人格が成長し、やがて他者を愛することができるようになる。その点人を愛することができない者の中には、他者とくに親から愛されていなかったために、愛情の充足に欠けている者が少なくない。そこでかれらが人を愛することができるためには、親または親に代る人（例えば教師やカウンセラーなど）によって十分に愛され、心が癒され、充足することによって、再生（精神的な生まれ直し）することが必要である。

また愛情には、親子愛をはじめ肉親愛、友情、異性愛、隣人愛、人類愛などさまざまだが、どの愛情にも共通しているものには、他者への理解と尊重、自己のためではなく、他者の利益のために自発的に行動する傾向としての愛他性（altruism）、そして他者の感情を共有しようとする共感（empathy）などがある。

⑹ 性情報の環境への適応能力

子どもの手のとどくところに刺激的なテレビやマンガ、雑誌などの性描写の露骨な表現のメディアがある。このため性的快楽を追求した場面が児童・生徒に与える影響は極めて大きい。そこで子どもたちがこれらの性情報の環境に適応して、マイナスの影響を受けないための能力と態度を身につけるように指導することが必要である。

⑺ 教師のセルフコントロールの能力と態度としてのセクシュアリティ

教師が学校において性教育を行うには、教師の性に対する意識や価値観やセルフコントロールなどのセクシュアリティ（sexuality，性現象）が重要になる。セクシュアリティは、男性や女性として関係するあらゆることが含まれ、男女が互いに何らかの関係を持つ概念として用いられる。教師は人間の性について積極的に学び、自分の性に対して過剰な緊張や偏見から解放され、性による差別意識をなくし、自己の性的欲求をコントロールすることにつとめることが必要である。教師は自分の性に対する意識や感情にとらわれることなく、また自分の価値観を押しつけることなく、客観的にしかも主体的に指導に取り組んでいくことが必要である。

中学・高校では教科担任制がとられているので、数人の教師がチームを組んで授業をするチーム・ティーチング（team teaching）が必要である。性教育では「月経の手当て」については、女性教師が適しており、「男子の自慰」

については、男性教師が向いている。また「生命の誕生」の指導は、出産経験のある教師が適切である。またこうした男女の教師の協力や、学級担任と養護教諭との協力も大切である。

三　セルフコントロールの発達と性教育

セルフコントロールはどのようにして形成され、またどのように発達していくか、アメリカの精神分析家であるエリクソン（Erikson, E.H.）の人間の生涯の発達理論を参考にして考察し、さらに幼稚園（保育所）、小学校、中学校、高等学校の性教育と関連づけて検討してみようと思う。

⑴ **乳児期**（〇–一歳）

この発達段階で学ばなければならない基本的な精神・社会的態度は「基本的信頼」である。すなわち、子どもは母親の愛情による世話によって基本的信頼を学び、安心を得る。そこで子どもは、母親から離れて、自由に動き回ることができるようになる。子どもの基本的信頼は、子どもの親への愛であり、これを十分に学ぶことができれば、やがて成長するにつれて人を愛することができるようになるのである。

⑵ **幼児前期**（一–三歳）

自己の生活の目的に合うように、自己の身体を自由に動かしうる自律性の発達と、それに基づく意志力の成長が必要である。そこで自律性に基づき、自己の意志が現れることによって、この時期にセルフコントロールが形成されはじめるのである。

⑶ 幼児後期（三―六歳）

この時期の子どもは、より自由に激しく「動き回る」ことを学び、多くのことを理解したり、質問できるほどに言語能力が発達する。また好奇心が出てきて、新しい世界を探索するのみならず、建設的で計画的な目的のもとに「ものをつくる」ことに非常に熱心であり、それができるようになる。また想像力が飛躍的に成長し、種々のイメージを作り出し、それらを求めて行動する。このように目的を追求し、想像力が活発になることは、セルフコントロールの発達にとって極めて大切なことである。

この時期は、幼稚園や保育所に通う時期であり、性的な好奇心が生まれ、質問の中に性に関するものが多く見られるようになる。男女のからだや性器の違いにも興味を持つようになるので、性器も大切な器官であることを知らせ、清潔に保ち、大切にする心情を養うことが必要である。自分や他人の誕生について知らせ、自分たちの成長には、両親やまわりの人々の愛情や保護があることに気づかせ、動植物などの生命を尊重し、友だちを大切にし、男女はお互いに認め合い、自分本位にならないようにがまんすることを教え、仲よくしていくように指導することが大切である。

⑷ 児童期（六―十二歳）

この時期は、いわゆる学童期で、学習が最も旺盛になる時期である。この時期の子どもは、人生において、あらゆることに最も好奇心が強く、未知のものを積極的に探究していく。この時期は、物事ができるようになり、自信がついてくるので、このような能力はコンピテンス（competence）とよばれる。この時期は読書能力も発達し、外的および内的世界が自立的に探索できるようになる。その点セルフコントロールがますます容易にできるようになる。

小学生一―二年ごろは、男また女として自己の性を認める性自認と、「男らしさ」または「女らしさ」という性別意識が明確になり、男または女として両親や大人から自分に期待されている性役割を選択し、行動し、家庭の仕事を自分から進んでできるようになる。そこで家庭においては、自分は両親から愛され、男の子または女の子として大事に育てられ、家庭の仕事が分担できるように指導することが必要である。

小学校三―四年ごろは、身長が伸び、体重も増える時期で、男女の身体の特徴が現れる。また発達促進現象がみられ、女子においては四年生にもなると、二次性徴も現れる子どももいる。すなわち女児は初潮も現れる子どももおり、個人差が著しい。この時期は、徒党時代といわれ、同性間は仲よくなるが、異性に対して反発する傾向が出てくる。そこで学習に男女のグループ活動をさせたり、男女でスポーツや作業をやらせて、男女が協力していく活動を多くとり入れていくことが必要である。

小学校五―六年ごろは、二次性徴が発現し、思春期に入ってくる。そこで女児の乳房の発達や体型の変化、月経の出現、男児の変声、発毛や射精の出現など、身体の変動に対処させるため、その理由や個人差について、知識を与えることが必要である。また性と異性への関心や欲求について学習させ、異性とのつき合い方、テレビやマンガや雑誌などのマスコミなどによる性情報の受けとり方や選択の能力や態度を身につけさせておくことが必要である。

⑸青年期（十二―二〇歳）

この時期の青年は、社会生活の中で、自分の存在、位置、役割を確かめ、「自我同一性」を求める。他方、なりたい自分がたくさんあって、どれが本当の自分かわからなくなって混乱する「同一性拡散」におちいる危険性がある。不安や無力感が生じて、セルフコントロールが難しくなる時期である。しかし青年は、家族から独立し、自信と責任性が強くなり、情報処理能力、問題解決能力や未来の計画能力が養われる。その点、青年は、他者への依存から独立して自立できるようになるので、社会的・精神的生活でセルフコントロールが本格的にできるようになるのである。

中学生の時期は、二次性徴の発現と初潮、精通の経験は、ピークに達する。中学生は、性的な好奇心を持ち、性情報を積極的に求めるようになる。しかしこれによって安心が得られるわけではなく、かえって不安におちいる者もいる。そこで科学的にして必要な性知識を学ばせ、知的に満足させ、また自己の性的欲求のコントロールができるように指導することが大切である。

高校生の時期は、身体もほぼ大人としての身体に成長する。しかし一般には個人差を認めることができず、自分の身体的成長を自分のものとして受け入れることができず、安心できない。また異性を意識して、男としてまた女として自分らしさを求める。そして異性への接近と接触の欲求も高まり、異性との交際が問題になる。そこで異性とのつき合い方、特に異性に対して思いやりの行動や態度がとれるように指導し、妊娠、避妊、中絶、売春、性病などの性的問題について学習させておくことが必要である。

(6) 成人前期（二〇–三〇歳）

この時期には、経済的、社会的に独立し、安定した職業につき、異性と交際し、やがて結婚して家庭を持つ。そして比較的永続的な生活様式を確立する。その上、しばしば独創的な活動ができるようになる。この時期に得なければならない人格的活力（人間の活動を意味づけ、生き生きとさせる内在的な力）は、愛である。人を愛することができるためには、社会生活で自立できていることが必要である。その点この時期では、セルフコントロールが自由にできて、愛される存在から愛する存在になるのである。

(7) 成人中期（三〇–六五歳）

この時期には、未来の生活を予見することができ、人生全体を見通すことができるようになる。また創造活動が人生のうちでその上昇をきわめ、それを長期間最高度に維持することができる。またこの時期に得られる人格的活力は世話である。すなわち、ある人や物を気づかい、大切にすることで、物事に注意が行き届き、保護することができる。この意味でセルフコントロールを長く維持でき、精神的に安定が得られる。

⑻ **成人後期**（**六五歳以上**）

自我の統合がよくできる時期で、自分の人生を自己の責任において受容できるようになる。この時期の人格的活力は、知恵である。すなわち知識が蓄積され、成熟した判断力や深い洞察力をもつようになる。その意味では、内面的な世界でのセルフコントロールが養われることになる。

しかし身体的、精神的機能が衰弱し、死の不安に直面することになるので、セルフコントロールの低下は否定できない。そこでこの時期には、身体的、精神的なあらゆる面において、セルフコントロールを維持するための努力をしなければならない。また人間は人生の終着点という死に直面する。その意味では、死に直面してのセルフコントロールの課題があると思う。

参考文献

恩田　彰「課題と展望」内山喜久雄編著『セルフコントロール』講座サイコセラピー　第四巻、日本文化科学社、一九八六年、一五二―一七二頁。

原野広太郎『セルフコントロール』講談社、一九八四年。

田能村祐麒『学校における性教育』（「性教育シリーズ①」）学校図書、一九九四年。

日本性教育協会編『性教育　新・指導要領解説書』小学館、一九九七年。

清水弘司『10代の性とこころ――知っておきたい本当の姿』サイエンス社、一九九五年。

岩城信一編『性教育読本』（教職研修総合特集）四二号、一九八八年。

石田和男『生き方を考える性の教育——性教育の計画と実践——』あゆみ出版、一九九三年。
福島　章『青年期の心——精神医学からみた若者——』講談社、一九九二年。
恩田　彰『人生周期と創造性』小口忠彦編『人間の発達過程——ライフ・サイクルの心理——』明治図書、一九八三年、一五九－一八一頁。
田能村祐麒・高橋史朗編『性と生命の教育』（現代のエスプリ）第三〇九号、至文堂、一九九三年。

第五章　創造性の諸問題

一　二一世紀の課題と創造性開発の役割

激動の時代であった二〇世紀が終わり、二一世紀を迎えるにあたり、私たちはどのような心構えを以て対処したらよいであろうか。この時にあたり、二〇世紀における回顧、問題点の検討を行うとともに、これらの問題点の処理方法を探究し、将来の日本および世界の社会的・経済的状況の予測を行い、今日行っている問題解決のみならず、将来の課題への対策を検討していくことは極めて大切なことである。そこで、現在および近未来の課題について考察してみようと思う。

⑴ 独創性の時代

独創性とは、今までに例のない、他のものと比較できない新しい価値を持ったものを創り出すということで、創造過程から生まれた所産の本質的なものである。ハイライフ研究所（「コンセプト１９９９」ＰＨＰ研究所、一九九九年）は、二一世紀を「自創」すなわち「自らの生き方を自分で創造する」時代と見ている。他の人とは違った考えや行動をする傾向を「独自性」というが、独創性の基礎にあるもので、「自創」はこの独自性の概念に近い。その点、二一世紀は独自性をこえて、独創性が真に求められる時代になるのではないだろうか。

⑵ビッグバンとイノベーション

ビッグバンとイノベーション（革新）との関係は、今までのシステムがこわれて、新しいシステムが創り出されるということである。わが国では、金融ビッグバンは、二〇〇一年までに、日本の金融システムを根本的に改革する計画である。これは、政府が護送船団方式といわれて金融界を大事に保護してきたことをやめ、互いに競争させて活性化させようとするものである。

ビッグバンは、金融界のみならず、他の情報産業、製造業やサービス業にもその再編成をせまっており、新商品の開発、新生産技術の開発、新販路の開発、新組織の編成などのイノベーションが求められているのである。

⑶世界経済のグローバル化

世界経済が地球規模に動くということ、すなわち市場経済が世界的に拡大し、生産が国内のみならず海外で行われ、自由化されて資金や人や資源や技術などの生産要素が、国境を越えて移動し、各国経済の開放が行われ、世界経済が統合していくことである。

また、経済のグローバル化の中で生まれる国際的なルールや基準を、グローバル・スタンダード（世界標準）といい、デファクト・スタンダード（事実上の標準、例えばビデオデッキのＶＨＳ方式）とデジューレ・スタンダード（公的な標準、例えば国際標準化機構のＩＳＯ９０００シリーズ：製品の品質管理について定めた規格）がある。日本でも、これらに従わざるを得ないが、単に従うだけではなく、積極的にこれらを利用していくことが必要である。また、グローバルなシェア競争を生き抜くためには、競合する他社の商品よりすぐれた商品を開発してシェアを拡大していくことが大切である。

⑷少子高齢化社会

日本は、大変なスピードで少子化高齢化が進んでいる。少子化は、出生率の低下により子どもの数が少なくなっていることである。少子化の傾向は、将来高齢者を経済的に支える人口が相対的に激減する現象を示し、社会生活にとって深刻な問題である。

この問題解決のためには、国の高齢者への福祉対策の充実が基本であるが、若いうちから老後の年金のための積立、保険料の支払いなど自らの責任において行うことが必要となろう。また、高齢者は、若い人たちとは違った仕事を選択し、就職でき、自らの生活スタイルで生活ができるように、自分たちの文化を創り出していくことが必要である。

(5) 情報社会

情報社会（情報化社会）とは、情報が物質やエネルギーと同等以上の資源とみなされ、その価値に基づいて機能し、発展する社会のことをいう。情報を正確にスピーディーにやり取りしたいニーズが急速に高まり、情報サービス産業がさらに発展していくであろう。これには、コンピュータやエレクトロニクスなどの技術革新、産業・経済から家庭分野にまで及ぶソフト化、マルチメディアの発達が、この産業を促進している。

しかし、情報のプログラム化がすすみ、人間の思考活動がその中のプログラムに組み込まれ、考えなくても済む状況が多くなり、思考活動が抑制され、劣化していく面も出てきた。

そこで、自ら考え、情報を受動的に受けとるのではなく、自らこれらを積極的に選択し、さらには新しい情報を創造していく創造性を養うことが大切である。

(6) 循環型社会

海洋や河川の水、大気、山林、森、生物などの自然は、相互に依存し、生命の機能を保持し、汚染を浄化する循環型のシステムをもっている。しかし産業は、この自然からその資源とエネルギーを取り出し、それによって製品を生産することで、産業廃棄物が出てくる。このため、ゴミ処理場の周辺からの有害物質ダイオキシンの検出、フロンなどによるオゾン層の破壊、自動車から出る窒素酸化物の汚染、また排水や農薬による水の汚染が挙げられている。

これらの廃棄物を処理する方法として、これをできるだけ少なくしようとする「ゼロエミッション」というやり方と、これを別の産業に資源として有効に利用しようとする、自然をモデルにしたライフサイクル型の「資源生産性」のやり方が注目されている（環境マネジメント研究会「循環型社会を目指した製品開発事例」研究開発マネジメント、第九巻、第四号、一九九九年）。

(7) 環境保全

一九六〇年代から公害問題、地球温暖化やオゾン層破壊など、地球規模で環境破壊が進んでいる。そこでビールビンの回収や再利用といったリサイクル、環境保全を目的としたゴミ処理装置や空気清浄機などのビジネス、ゴミをあまり出さない加工食品業、水質汚染の少ない洗剤などの開発など、今後の成長が期待される。

(8) 自然のエネルギー開発

石油、石炭、天然ガスまたは原子力には埋蔵量に限界がある。また、その廃棄物は、自然を汚染する。そこで、自然を生かしたエネルギーの開発が重要になる。例えば、水力発電、潮力発電、太陽光発電、風力発電、マグマ発電、揚水発電などがそれである。

(9) 福祉サービス業の発展

少子高齢化時代を迎え、種々の面で高齢者福祉や育児支援が求められる。そこで、こうしたビジネスに大きな可能性がある。また、二〇〇〇年の介護保険法の施行により、介護・看護に関するサービスの開業が行われるようになる。

⑽ 健康科学の普及と健康産業の発展

物質の生活が豊かになり、私たちの生活は便利になったが、医療や保険の分野、特に精神面においては、未解決の問題が多い。例えば、制ガン剤、エイズ治療薬、老人性痴呆の治療や予防の方法、さらには精神分裂病の診断や治療法、または診断や治療の難しい境界例（境界性人格障害）の診断や治療の方法などがある。

今後、治療より健康を維持し、さらに促進する健康科学、すなわちスポーツ科学、健康心理学、東洋医学や東洋の瞑想法を心身の治療法や健康法に生かそうとするホリスティック（身体、精神、社会、スピリチュアリティを全体としてとらえる）な方法が開発され、発展していくことであろう。そこで、これらに基づく健康産業が期待される。

二　創造性開発の阻害条件と促進条件

人類が末長く生き延び、精神的にも物質的にもより豊かな満足のゆく生活ができるためには、次々と生まれてくる問題を創造的に解決し、また新たに出てくる希望がかなえられるような創造活動が行われることが、ますます必要になってきた。このような社会の要請に基づいて創造性開発への期待がますます高まるばかりである。

⑴ アーノルドの三つの阻害条件

創造性を開発するには、創造性開発を阻害する条件を見つけて除去するか、その影響を軽減すればよいという見方がある。このような基本となる研究を最初に行ったのが、スタンフォード大学工学部教授で設計部門の創始者であるジョン・E・アーノルドである。アーノルドは、創造性開発の阻害条件として、創造性の障害を三つあげている。すなわち認知の障害、文化の障害、感情の障害である。認知の障害とは、問題のとらえ方がまちがったり、条件をとり落したり、固定概念を持ったり、物の使い方が型にはまったり、物や人物をレッテルで考えたり、簡単にアイデアを捨ててしまうことである。文化の障害とは、ルールや決まり文句にたよりすぎたり、正誤、善悪という二値的な判断にしばられること、正答が一つしかないと思い込むこと、論理を偏重し、空想にふけることはよくない、むやみに質問するのはよくないと考えること、同調性を強調する、ある事が不可能だという知識があり過ぎることである。例えば無線電信を発明したマルコーニは、その当時の物理学の知識があまりなかったことが成功をもたらしたという。当時は無線電信は不可能だとされていた。この認知と文化の障害を除くには、創造技法が役立つ。感情の障害とは、新しい考えやそれがもたらす変化への抵抗、完全主義——これではいつまでも仕事は完成しない。失敗を恐れて安全な道を選択する傾向、あいまいさの否定、すなわち初めは明確でない事をどちらかに割り切ろうとすること、人に笑われることへの恐れ——これでは新しい考えが出てこない。また欲求不満に耐えられない傾向、劣等感、自信の欠如、早く成功しようとあせったり、自分の都合のいい情報のみを受け入れること、対人関係がうまくいかないことなどである。この感情の障害にはカウンセリングや心理療法、エンカウンターグループとか、禅、ヨーガ、内観法などが役立つ。

(2) 十分考えることと全く考えないこと

アーノルドの弟子で、同じくスタンフォード大学工学部教授で設計と経営工学のJ・L・アダムスは、このアーノルドの考えを発展させて、これらの障害の除去のみならず、これを逆転して、積極的に創造性を開発する方法を提示している。すなわちアダムスは、知覚の障害、感情の障害、文化と環境の障害（以上はアーノルドと大体同じ）、さらに知性と表現の障害を加えている。知性の障害は、例えば視覚的に簡単に解ける問題を数学的に解こうとすることである。アダムスは「問題解決における最適の状態は、頭の中が情報でいっぱいになっていたとしても、頭を空っぽにして問題にとりかかることだ」といっている。一般に問題解決は、多くの情報や経験を持っている方がうまくいく。しかし他方これらにしばられると、新しい考えが出てこない。その意味では、必要な情報を十分につめこんで、頭の中を空っぽにするというやり方がよい。例えば仕事には多くの情報を集め、それに基づいて十分に考えるとともに、何も考えない時間も必要である。後者には坐禅や瞑想法がよい。表現の障害は、私たちは表現にとかくコトバにたよりがちになることだ。そこで視聴覚、味覚、触覚、運動感覚を尊重し、感じとったこと、気づいたことを絵に描いたり、音声で表現したり、運動感覚的に身体で表現してみるとよい。新しい世界を発見することがある。

(3)「頭のこわばり」の十ヶ条

アメリカでビジネスにおける革新と創造性の育成を専門とするクリエイティブ・シンク社の経営をしているロジャー・フォン・イークは、創造性の障害を「頭のこわばり」と名づけ、次の十ヶ条をあげている。①正解は唯一つ、②それは論理的でない、③ルールに従え、④現実的に考えよ、⑤曖昧さを避けよ、⑥間違ってはいけない、⑦遊びは軽薄だ、⑧それは私の専門外だ、⑨馬鹿げたことを考えるな、⑩私には創造力がない。第一は、「正解は唯一つ」ではなく、沢山あるということだ。私たちは正解を一つ知っていると、これに代る正解を求めようとしない傾向がある。第二は、論理的思考だけでは、創造的思考が行われない。直観的思考とか発散的思考（思考の方向が多種多様に変わっていく思考）が大切である。第三は、ルールにとらわれては、新しいことは生まれない。ルールを破ることで、コペルニクスは地動説を唱え、ベートーヴェンは作曲し、すべてのビジネスが発展する。第四は、現実的に考えるだけでは、未来の計画もできないし、科学も芸術も発展しない。夢やビジョンがなければ、新しい活動も生まれない。第五は、曖昧さはいけないという前提がある。ところが西欧の人は、創造性の開発には「曖昧さの寛容」の必要性を強調している。第六は、まちがわないと新しいことが生まれない。「失敗は成功の母」といわれる。フレミングも実験の失敗からペニシリンを発見している。第七は、「遊んでいないで仕事をしろ」というように、遊ぶことはよくないという考えがある。しかし創造活動は遊ぶこと、すなわち仕事を楽しむことから生まれる。第八は、私は専門が違うといったら、共同研究はできない。アイデアは自分の専門の境界をこえて、他の分野に入りこんでこそ、新しい問題とアイデアが得られる。第九は、馬鹿げたことが数年後に現実になることが少なくない。第十は、「私には創造力がない」といっている人は、考え方が型にはまっている。自分の中に小さなアイデアを見つけて育てていくことが、創造性を育てることになるのである。

三　気功における関心事

中国の気功法については以前からすでに知っていたが、その実際について体験を通して知るようになったのは一九九〇年からである。それは一九九〇年七月から十二月にかけて、日本学術振興会の援助により中国科学院心理研究所の心理学者の王　極盛教授を東洋大学に招聘するようになったからである。

王教授と交流するようになったのは、一九八七年に私が創造性の研究の講演で中国に招かれた時、北京で王教授にお会いし、気功について伺ったことが始まりである。王教授は、創造性の研究では、国際的に最高水準にある方であるが、気功についても長年研究しており、一九八九年には『中国気功心理学』を出している。そこで王先生の方から「気功の心理学的研究――知能・創造性の開発とセルフコントロール――」について共同研究しようということで、日本学術振興会の援助を得て、わが国に招聘することになったのである。なお王先生は今年（一九九二年）

の七月に日本語の『気功のすべて』というわかりやすい著書を出版している。

次に私の気功における関心事について述べてみようと思う。

第一は、瞑想法としての気功法である。気功法は、調身、調息、調心から成る心身をきたえる瞑想法であり、セルフコントロールの方法である。私は瞑想法とくに禅、ヨーガに長年親しんできた。

気功法は、動功、静功、静動功の三つがあるが、禅はそれらを含み、坐禅に限ると静功である。もう一つは、坐功、臥功、站功（立功）、活歩功に分けられるが、禅では坐禅、臥禅または活歩功は経行というように、それぞれ対応するものがある。仏家（仏教）功は、禅と区別がなくなってしまうし、気功の中に禅が入ってしまう。また禅からみると、気功は禅に入ってしまう。禅と気功法の共通点としては、次の点があげられる。

①**調身、調息、調心**から成り立つ。

②**注意集中**：一つの事物に注意を集中することである。すなわち自己の姿勢、感覚、呼吸、身体の動きに注意を集中している。

③**反復練習**：一定の行動様式を設定して、それに注意集中しながら、繰り返し行う。

④**瞑想**：これは一つの事物に注意をとどめないで、注意を適切に分散させている。禅では禅定という。

気功では入静（気功状態）は、広義の瞑想状態であり、注意集中と瞑想を含んでいる。入静は、覚醒状態ではなく、ふつうの休息状態でもなく、睡眠状態でもない。呼吸が調整され、心身がリラックスし、雑念がなくなり、感覚はとぎすまされ、身体が動いている時でも、身体は安定しており、心は落ちついており、内気が充実して気の流れがよくなる状態である。

禅では禅定が深まると三昧の状態になり、心身がますます浄化する。そうした状態で物事を見ると今まで気がつかなかった新しい事実に気づく。自己と環境とが対立していたのが、三昧状態では、主客が一つになるので、その境地から自己を見つめ、環境を見ると、今までとは全く違った見方が出てくる。ここに悟りが得られる。このことは気功においても同じことがいえると思う。気功では自発功（自発動功）といって、自発的に身体が動くことがあるが、これは自律性という瞑想状態の特色を示すものである。

⑤心身の安定：瞑想は心身を安定させる。心身の余計な緊張が解放され、緊張と弛緩のバランスがとれるようになる。

第二は、心身の健康法および治療法としてのセルフコントロール法である。

気功は自己の心身の気を調整することにより、心身の健康を増進するだけでなく、自然治療力を回復し、自分の心身の病気を治すことができる。また気を外に出すことにより、心身症、神経症のみならず、ガンのような難病まで治療できることが確かめられつつある。練功による内気の充実が基本的であるが、外気を受けることによる相乗効果が重要である。また外気によって鎮痛の効果があり、気功麻酔で手術も行われている。

気功療法には心理療法の働きが含まれ、心理療法と気功療法を併用すると、治療効果が増進すると思う。またカウンセリングにおいて、まず気功法で放松法（リラックス法）を練習させると、カウンセリングがやりやすくなるということである。

第三は、気功により知能、創造性が開発できることだ。

私と王教授との共同研究は、気功による知能、創造性の開発であった。気功により知能や創造性を高めるのみならず、その低下を防ぐことができる。その点気功は高齢者の創造性を高め、老化を遅らせ、痴呆になるのを防ぐによいと思う。

気功は知能や創造性の開発の原動力となる気、すなわち宇宙にみちている生命エネルギー、いわゆる活力を内部から引き出し、また外部から得られるからである。すなわち内気でリラクセーションが行われ、心身の安定が得られて、心身のエネルギー、意欲が増し、また外気は相手をリラックスさせ、相手の気を補う働きがある。

また気功は注意集中力やイメージを使う能力を高めるので、理解力、観察力、思考力、直観力、想像力の開発に効果がある。今まで禅、ヨーガ、自律訓練法などの瞑想法が、創造性の開発に役立つことが認められているが、気功法においても同じことがいえると思う。

第四は気功により超心理能力を開発する可能性があるということである。

超心理学の研究対象に超感覚的知覚と念力とがある。超感覚的知覚は、生体の認識作用に関係した超常現象をいい、念力は生体の心的作用が物質に対して物理的媒介なしに働きかけたと考えられる現象である。そして超感覚的知覚は次の三種類に分けられる。

ある人がその時誰も知らない対象について認識することを透視、ある生体の心的内容が感覚の中間媒介なしに他の生体に認識されることをテレパシー（思念伝達）、また生起していない未来の事象を認識することを予知といっている。

中国では超心理能力のことを特異功能といい、特異感知は透視と予知、特異致動は念力に相当する。例えば密封した箱の中にあるものをあてるとか、身体の内臓の状態を視覚的に見ることができるのは透視であり、意念によって時計の針を逆にまわしたりするのは念力である。

私の知人の一人が自分の息子が膠原病という難病にかかり手の施しようがなかったので、英国の著名な心霊治療者に手紙を出して、いわゆる念を送って遠隔治療してもらい治癒したこと、またある知人は大変な痔疾に苦しんでいたが、英国人の友人に「痔を患って困っています」と書き、誰か治療者に頼んでくれと依頼していないのに、その友人がある心霊治療者に依頼した。それを本人が知らないのに、その治療者から遠隔治療を受けて快癒したというのである。

こうして見ると、念力、心霊治療、外気による気功療法には、気ということで何か共通性があるように思う。しかしそれぞれの働きのメカニズムはまだ十分にわかっていない。そこで超心理能力の開発の可能性はあるとしても、そのやり方はまだよくわかってはいない。しかしその開発を促進する条件として、心身のエネルギーの開発、イメージの開発、注意集中、心身の安定、リラクセーション、無心（純粋な心）などがあげられる。その点気功法はその開発に有効であると思う。

さらに私が気功に求めたいものは、超心理能力を超越した悟りによる智恵と、人々のためにつくす慈悲、愛、思いやりである。

四　自己の本性（創造性）にまかせるということ

一九九二年に私はマイケル・レイ、ロッシェル・マイヤーズ著（恩田　彰監訳）「クリエイティビィティ　インビジネス」（ビジネスの創造性）（上、下、日本能率協会マネジメントセンター）という訳本を出した。その中で「自己の創造性にすべてをまかせる」という「まかせる」（surrender）というコトバに心をひかれた。この「まかせる」というコトバの意味について、レイとマイヤーズそのほかの人々のコトバを引用しながら、考察してみようと思う。

もし困った時や問題がうまく解決できない時は、「自己の本性すなわち創造性にすべてまかせよう」というのである。ここで「身をまかせる」という意味は、他人と張り合うのをやめるという点を除いて、受動的に服従するということではない。ただ目前の仕事に没頭して働くこと、身近な課題に集中してとりくむことである。

この「まかせる」ということは、ビジネスマンのスティーヴン・ポーティスによると、「神にまかせる」ことだといっている。また「神は常に自己の知性では思いもつかないような希望やよい感情を授けて下さる。身をまかせるという行為に伴う感情は、一種の安堵感である。むきになるのをやめた時、悩みはなくなる。一度に肩の荷が降りたような気分になる。気が楽になり、自由な気持が味わえる」と述べている。これはいわゆる神を信ずることに相当すると思う。

自己の内なる本質に身をまかせるには、目前にある仕事をすることが最も簡単な方法であるという。このことは物事を一生懸命やっていることを意味する。そしてそのための最善の方法は、最も重要な事がらに対して奮闘するのではなく、専念することだという。そのための一般的な方法として、次の四つをあげている。

⑴精神的奮闘をやめること

まず憂慮、不安、緊張、競争意識、期待感といった「まかせる」こととは正反対の強迫観念を持っていることを認めることだ。こうしたマイナスのものを取り払うことができれば、それだけで気が休まるというのである。次に悲観的な図式を楽観的な図式に置き換えることだ。すなわち自己の創造性の本質である直観、意志、創造の喜び、精神力、思いやりが自分自身にあること、そしてそれらを活用していけるだけの無限のエネルギーを持っていることに気づくことである。第三に、瞑想することで、気持ちが落ちつき、自己の本性が流れ出てくるというのである。

⑵仕事に専念すること

目前にある仕事を一生懸命にやることだ。弁護士でビジネスマンであるデービス・グッドマンは、「山のような仕事を処理するのに、まず自己の本質に身をまかせることにした。どうして最初に取りかかる仕事を選んだかわからない。しかし仕事を始めると、すぐに仕事全体の一つの流れができた。一つの仕事が終ると自然に次の仕事へと移り、一つ一つの仕事に見合った時間を割り当てることができ、計画も管理もしないで自然に事が進んだ」といっている。著者たちは「身近な仕事に専念すると、自分自身の創造性の源と調和する」と述べている。このことは仕事に集中していると、仕事の自律性が働いて、自分が仕事をしている感覚がなくなり、仕事が自己を導いて自発的に仕事をしている状態のことである。

⑶探究心を持続し、内なる声に耳を傾けること

常に問題を追求し、内なる声が何をすべきか教えてくれるのを待つことだという。あるビジネスマンは、転職すなわち進路変更にこのやり方を利用している。すなわち内なる声である直観にまかせるのである。この人は仕事をする職場が楽しいかどうかを決め手として仕事を決めている。彼は内なる声に耳を傾けることに多少の不安があったが、安心感のほうが強かったという。

⑷ 結果がどうなるかわからないことを認識する

結果がどうなるかあれこれ考えて悩むより、成り行きにまかせてしまうことだ。一つの結果に執着しなくなると、本当に身をまかせられる状態になるという。しかし奮闘努力することをやめる、すなわち目標を決めて実行することをやめるのは心配だ。ここに例え話がある。ある男が断崖から転落した。落ちる途中で木の枝を何とかつかんだ、命がけで木の枝にぶらさがり、天に助けを求めた「助けてくれ、助けてくれたら何でも言うことを聞くから」即座に天からとどろき渡る声が聞えた。「よし、助けてやろう、何でもするか」男「何でもするから助けて下さい」天からの声「よし、では枝から手を放せ」と。すべてを放下して、天にまかせるということは中々できないものだ。というのは、自然にまかせるといっても、どうなるかわからない。それが心配なのである。しかし成り行きにまかせるということは、何も起こらないのではない。驚くべき事に、たいてい何かが起こるのである。大切な事は、本当にまかせられるようになるには、結果の下書きを投げ捨てることだという。よく「人事をつくして天命を待つ」とか「天は自ら助くるものを助く」ともいわれている。やるべき事をやって、天にまかせれば気が楽である。うまくゆかなくても落ち込むこともない。まかせれば気楽になり、自信をもって問題にとりくめるようになる。よくスポーツで勝敗にこだわらず、ゲームに身をまかせると、自分の内なる能力と試合のリズムに無心に身をまかしている間、今まで自分に見出せなかった能力が生まれるのである。また思いがけない成果が得られるものである。ティモシー・ゲイルウェイは「テニスの精神ゲーム」の中で、「無心になれ。あとは成り行きにまかせることだ」と述べている。

五　宗教の立場から見た行の今日的意義

⑴ 宗教的な行とは何か

ここでは宗教的な行、すなわち宗教的修行（religious practice, spiritual exercise）を中心として述べる。宗教的修行は、一般に行ともいわれる。広義では行動を通して心をきたえることを意味し、日常生活に見られる行動も、心をきたえる目的で行われる時は行といわれている。しかし狭義では、宗教的目的を実現するために、すなわち宗教経験を得るために、心身の訓練をし、きたえる行動の体系を宗教的修行というのである。

それでは宗教経験とは何か。宗教経験は、自分を超越した何か大いなるものと一体化するといった、日常の普通の経験と違った特異な経験というような特徴を有する。その際その大いなるものを自分の外に実在するものとして見る場合と、自己の中に見出す真の自己としてとらえる場合とがある。前者に相当するものは、キリスト教神秘主義や浄土教がその例である。すなわち霊的体験、神との合一、見神、見仏と呼ばれているものである。後者に相当するものとしては、ヨーガ（yoga）や仏教では、三昧、解脱などと呼ばれ、とくに禅では、悟り、見性、心身脱落といわれているのがそれである。

この宗教経験は、どのような心理状態であろうか。マスロー（Maslow, A.H.）によれば、至高経験（peak experience）、すなわち「もっともすばらしかった経験」といったものに相当する。禅で初めての悟りの経験を「見性」というが、これを体験した時の感動がまさしく至高経験である。これは催眠の心理学的研究から見ると、催眠状態または催眠性トランスと呼ばれる。また変性意識状態（Altered States of Consciousness, 略してＡＳＣ）またはそれに類似した状態である。

最近禅、ヨーガ、超越的瞑想法や気功法などの瞑想訓練法が盛んに行われるようになった。これらの行法は、瞑想法に基づいて行われている。瞑想（meditation）の状態は、従来トランス（trance）またはＡＳＣすなわち通常の意識の覚醒状態と違って、心理的機能や主観的経験が著しく異なる変容した意識の状態として研究されてきた。

次に瞑想の機能（効果）について考察すると、次のような特徴があげられると思う。
①心身の安定が得られる。すなわち心身の弛緩を促進し、心身の緊張と弛緩のバランスがもたらされる。
②抑制または抑圧された情動、ストレスを解放する。
③心身の機能が正常化する。心身の統合が行われ、自律性が生じ、自然治癒力が高まる。
④注意集中力が向上する。したがって理解力、記憶力、思考力、直観力、想像力が高まる。
⑤心的エネルギーが開発し、気力が充実し、物事を積極的にやろうという意欲とどんな問題でも挑戦しようとする意志力が強まる。
⑥高次の人格統合が行われ、悟りが開かれる。すなわち自他一如の真の自己に気づく。また創造性が開発され、その状況にあった適切な行動が自由にとれるようになる。
このように瞑想は、心身を調整し、その異常性を解放して、正常化する働きがあるのみならず、心身の機能を十分に開発し、自己発見と自己創造を促進する働きを有するのである。この点、瞑想法は、セルフコントロールの方法として注目されている。

⑵ 宗教的修行と瞑想

宗教的修行を瞑想法としてとらえて、その特徴を取り出してみようと思う。

仏教では、極端なことに執着することを辺見といってこれを超越することを求める。例えば、自我は人の死後も存続して常住なものであるというのを常見といい、自我は人の死後は断滅するというのを断見というが、これらの何れの見解に固執することを誤りとしてさける。すなわち中道（中）の立場をとる。すなわち相互に矛盾対立する二つの極端な立場（二辺）のどれからも離れた自由な立場をとるのである。この中とは二つのものの中間ではなく、二つの矛盾対立を越えることを意味する。すなわち不常不断、不生不滅、不一不異という。物事の本質は、一つのものであって、矛盾対立はないとするものである。いいかえると条件によっては、何れの見方もとれるということである。こうした見方は、瞑想とくに三昧といった体験から生ずる自他一如、主客不二といった、一つ世界に気づくことから生ずる。

坐禅の坐法は、立つ姿勢（緊張）と仰臥（弛緩）の中間の姿勢で、緊張と弛緩のバランスがとれている。またヨーガでは身体を弛緩させるには、まず緊張させてから、それをゆるめている。禅定は純粋トランスの状態であるが、禅定のすべての状態が純粋トランスの状態にあるのではなく、純粋トランスの方向へとトランスが純粋化していく過程にあるのである。

瞑想のプロセスを説明する理論の一つに、逆転理論（reversal theory）なるものがある。それはアプター（Apter, M.J.）によれば、「双安定」の概念が提唱されている。これによると、人には telic と paratelic という、二つの状態を交替し、または逆転させるものがある。telic 状態というのは、この状態にある人は、自分をある目的を追求していると思うということであり、これに対して paratelic 状態では、その行動を楽しんでいるということである。例えば一方では計算は、その最後の結果に焦点があるが、他方日光浴では、日光浴を楽しむことに焦点があり、その結果身体が健康になるということである。マントラや禅の公案に精神を集中していると思考がとまる。また一つのことに一生懸命に注意を集中していると、いつの間にかそれから他の事を考えたり、いろいろなイメージが浮かんでくるといった瞑想状態になることがある。その点注意集中を telic な状態であるとすると、禅定（瞑想）は paratelic な状態だといえよう。

①注意集中と禅定（瞑想）

注意集中は、一つの事象に注意を集中することである。これに対して禅定（瞑想）は一つの事物に注意をとどめない心の状態である。注意を分散させているのである。

注意集中が心が拡散していくのを調整して一つの事象に集めるやり方とすれば、これに対して禅定は、とらわれる心を自由に解放して、拡散させるやり方である。この点禅定は、一方では人格の統合をこわし、精神分裂病やうつ病のように人格の統合力の弱い場合は、非常に危険な状態をもたらす傾向がある。しかし他方心身を浄化し、ホメオスタシス（homeostasis）の回復を促進し、その結果人格の再統合をもたらすことができる。その意味では禅定は、適切な用い方をすれば、心身の治療に有効であると思う。

オーンシュタイン（Ornstein, R.E.）は、瞑想を二つの型に分ける。すなわち注意集中型瞑想と解放型瞑想である。前者は一点への精神集中を発展させるもので、数息観をあげている。これに対して後者は日常生活から隔離しないで、日常生活の過程で意識の訓練に関連づけているもので、只管打坐をあげている。またシャピロ（Shapiro, D.H.）は、注意の仕方に基づいて、瞑想を三つに分けている。全領域に焦点をもつもの（広角レンズ様注意）、領域間の特定対象に焦点をもつもの（ズームレンズ様注意）、そして両者の間をいったりきたり移動するものである。最初のものは解放型瞑想に、第二のものは注意集中型瞑想に相当する。第三の移動型瞑想は、シャピロは超越的瞑想を例にあげているが、これは禅やヨーガの瞑想法にも見られるもので特定できるものではない。

②暗示と反復練習

暗示というのは、意識的、能動的な意図を抑え、思考活動を止め、行動の目標をはっきりと設定することである。そしてその目標に注意が集中されて目標が実現されるのである。暗示は一回でその効果をあげることができるが、瞑想法では自己暗示と関係があり、それを繰り返して行う。例えば念仏、唱題、祈り、誦経、数息観、ＴＭ（超越的瞑想）、公案の拈提などは、単調な行動を繰り返す。このことは自律訓練法（AT）においてもあてはまる。ルーテ（Luthe, W.）は、ＡＴは訓練によって自律状態すなわち脳が自律的に統制できるように活動する状態に導くと述べている。人間にはセルフコントロールの働きがあって、それは自律性を示している。これに習熟すれば、心身に自律性が現れ、自発的に気づき、悟りや創造的なアイデア、イメージが得られ、創造活動が生まれ、また自然治癒力や精神的な成長力が開発するのである。

③健康性の促進と問題点

瞑想によって、心身の過緊張が解放され、心身の安定が得られる。このことは瞑想が心身のホメオスタシスを促進することを示している。これによって心身が十分に機能するようになり、自然治癒力が高まり、心的エネルギーが開発し、積極的に物事にとりくむ傾向が出てくる。このように瞑想状態では、心身が正常化する一方、自律性解放、すなわち内にこもった緊張や抑えられた葛藤や情動が表出される。そこで心身に障害がある場合、症状があらわになるので、状況によっては危険である。また急激に情動やストレスが解放されると、人格の解離をもたらすことがある。そこでヒステリー的な性格の人が、解離神経症を起こしたり、精神分裂病やうつ病の場合、自殺に導くことがある。そこで瞑想法は、その人の性格や病気の症状により、系統的に段階を踏んで行わせたり、状況によっては指導者なしに一人で実施することを禁ずることが必要である。

④悟りと魔境

禅定が深まって、心身が鈍化し、その究極的状態である三昧の状態になると、今まで気づかなかった新しい事実に気づく。また自己と環境が対立していたのが、三昧状態では、主客が一つになるので、そこで悟りが得られる。悟りとは、仏性すなわち自他一如、主客不二の真の自己を発見することである。すなわち一切の現象は、本質的にはその中味は全くないということであり、しかもその中に無限の働きを持っているということである。他方、禅定においては、心身に異常な変化が生じたり、気づいたことを過大評価したり、それに執着している状態が魔境というのである。また妄想が出てきたり、空中に神仏や仏の声を聞いたり、姿を見る。これらは幻覚であるが、これらをすべて聖なるものと思いこんでしまう。逆にいろいろなおそろしい妖怪変化の姿を見ることがある。この魔境はある程度禅定が深まってきた時に出てくるものであるが、心身の浄化過程において生ずるもので、これらは出るにまかせ、消えるにまかせるのである。追いかけることも恐れて逃げることも、取捨もしないのである。瞑想法は、経験のある適当な指導者のもとで集団でやる場合、コントロールが行われて問題は少ないが、一人で実施する時には特に注意を要する。一般に初心者の場合は、長時間行うことは避けなければならない。したがって瞑想法を実施する時には、経験の豊かな指導者から十分に適切な指導を受けることが大切である。

⑤知能と創造性

最近医学、心理学では、大脳半球の機能差のあることをラテラリティ（laterality）といって、研究が盛んに行われている。そしてこのラテラリティは、創造性との関係で注目されている。一般に脳の左半球は、ロゴス的（理性的）脳といわれ、言語的思考、分析的思考、収束的思考、時間的情報処理の働きを持ち、言語能力や計算能力にすぐれている。これに対して右半球は、パトス的（感性的）脳といわれ、イメージ思考、直観的思考、拡散的思考、空間的情報処理の働きを持ち、芸術のイメージ認知にすぐれている。今までの知性は、左半球優位の傾向が強く、言語的思考、分析的思考、収束的思考などを主な働きとする知能の開発に重点がおかれてきた。それに対して、創造性にとって大切な右半球の機能の開発が十分でなかった。そこで創造性を開発するには、右半球のイメージ思考、直観的思考、拡散的思考などを開発する必要がある。またそれと同時に両半球の働きの統合をはかり、両者の相互作用を活発にさせることが大切である。

その点坐禅やヨーガなどの瞑想法は、脳の右半球の機能を活発化し、さらに左半球と右半球の機能のバランスをもたらし、それによって両者の機能の相互作用を促進する。そこで心の安定が得られるとともに、創造性の開発を促進するのである。またATやルーテが開発したCreativity Mobilization Technique（CMT）もこれと同じ効果をもたらすものと考えることができる。これは自律療法や禅やヨーガなどの瞑想法を参考にして、新聞紙の二面に、ポスターカラーと絵筆を使って、何も考えないで、自由になぐり書きをさせる創造性開発法である。

宗教的な行は、たとえそのプロセスは苦しく、つらくても、やがて心身が安定し、自由自在に動けるようになり、その活動そのものを安楽なものとして楽しめるようになることである。ふつう日常の現実生活では、現実の条件に制約されて自由に動けない。そこで行を通して非日常のレベルで自由に動けるようにして、これを日常の現実生活のレベルにもどしてその目的を達成するのである。日常の普通の生活や状況を「ケ」というのに対して、特別な生活や状況を「ハレ」といっている。誕生、成人、結婚の時の通過儀礼、施餓鬼、接心会、念仏会などの宗教儀礼、元日節会、端午の節句、七五三などの年中行事といった非日常的な行動は、結局は、日常生活がうまくいくようにするためにあるのである。禅も平常心を養うために修行しており、ヨーガもTMも気功法も同じことがいえる。以上のことは心理療法やカウンセリングにおいてもあてはまると思う。

参考文献
恩田　彰「創造性・瞑想と正常・異常」『サイコロジー』第二巻、第一一号、一九八一年、一八―二五頁。
恩田　彰「瞑想と創造性」『創造性研究』第二号、一九八四年、一〇六―一一五頁。
恩田　彰「宗教的修行とＡＳＣ」『催眠学研究』第三六巻、第二号、一九九二年、七七―八三頁。
West, M.A., *The Psychology of Meditation*, Oxford University Press,（1987. Ｍ・Ａ・ウエスト、春木　豊他監訳『瞑想の心理学』川島書店、一九九一年。）

六　死と再生の現代における意味――禅心理学の立場から――

⑴ **禅と生死の問題**

禅には「生死事大、無常迅速、各宜醒覚、慎勿放逸」と、生死の問題は、待ったなしの一大事であるということばがある。また道元禅師のことばに「生をあきらめ死をあきらむるは、仏家一大事の因縁なり」（正法眼蔵の諸悪莫作）とある。仏教の根本問題は、生死の真実を徹見して、生死の苦悩を解脱することだというのである。同じく「生死の巻」に「生死の中に仏あれば、生死なし」またいわく「生死の中に仏なければ生死にまどはず」とある。生死は生命現象をあらわすが、前者は真の事実すなわち本分（本質）の世界から見ると、生死はないということだ。後者は現象の世界から見ると、生死があるということで、生きる時はただ生きるだけ、死ぬ時はただ死ぬだけ、そこに迷うことがない。現象界の生死の事実は、そのまま本分の世界すなわち空の生死のない世界である。

無門閥の第四七則に兜卒《とそつ》の三関という則がある。この第二関に「自性を識得すれば、まさに生死を脱す。眼光落つる時作麽生《そもさん》か脱せん」とある。真の自己を悟れば、生死を解脱できる。そうなったら、どんな死に方をするかということだ。第三関は「生死を脱得すればすなわち去処を知る。四大分離していずれの処に向ってか去る」で、生死の問題を解決すれば、ゆくところがわかる。それでは死んだらどこへ行くかという問題である。死んだら、どこに生まれるのかという、まさしく死と再生の問題である。白隠禅師にも「死字の公案」なるものがある。自分が死んで、火葬場でこの身が焼かれてしまった時、自分はどこへゆくかという問題である。禅の死生観を示す則に碧岩録五五則の「道漸弔慰」がある。道吾が弟子の漸源と二人である家にお悔やみにいった。その時漸源は棺桶を打ってたずねた。「この人は生きているのですか、死んでいるのですか」。道吾は答えた。「生きているとも言わない。また死んでいるとも言わない」。漸源「どうして言わないのですか」。道吾「言わない。言わない」という。本質界から見れば、生死はない。しかし現象界から見れば、肉体的に死んでいるが、霊的には生きているともいえる。そこで道吾は生きているとも死んでいるとも言わないのだというのである。禅の悟りの世界では、生死はないから、生か死かの二つではなく、生死一如である。

⑵ 禅の悟りと死と再生

禅のことばに「大死一番絶後に蘇《よみがえ》る」といわれるように、「悟る」すなわち仏性（真の自己）に気づくことは、「死んで生まれかわる」ということだ。自己が死にきって、自己のはからいが全くなくなったところから、本当に自他一如の真の自己が働き出てくるのである。これは生命現象のメカニズムに、そのモデルを見出すことができる。有機体の細胞は、常に新陳代謝をくり返している。古いものがなくなり、それに代って新しいものが生まれ出てくるのである。これは生命の創造（生成）の働きを示している。

この死と再生を示す則に無門関一四則「南泉斬猫」がある。（南泉和尚は、僧堂の東堂と西堂の修業者が、猫について言い争っていたので、猫をつまみあげて言った。「諸君が何か適当な一句をいうことができたら、この猫を助けてやろう。もし言うことができなかったら、この猫を斬ってしまうぞ」。修業者たちは、誰も言えなかった。そこで南泉は猫を斬った。夜になって、趙州が外から帰って来た。南泉は、昼間のことを趙州に話した。すると趙州は、履をぬいで、頭の上にのせて出ていった。南泉はいった。「もしお前さんが、あの場所にいたら、猫を助けることができたものを」）。ここで一刀で斬られたのは、猫ではなくて修業者たちである。私たちのいろいろな分別の観念、妄想が出てくる自我の源を断ち切ったのである。そして。趙州が履を頭にのせて出ていったのは、そこに無心の自由な行動が見られる。すなわち死んで生まれかわった、自由人の創造的な活動である。至道無難禅師の歌に「生きながら死人となりてなり果てて、思いのままになすわざぞよき」というのがある。これは「大死一番、絶後に蘇る」ということで、前半は大死一番、後半は大活現成である。人間は今まで生活していた世界の中で死んで新しい世界に再生する。その場合、肉体の死は一回限りであるが、精神的な世界では死と再生は何回もくり返される。そして人間の生命は浄化され、進歩向上をとげていくのである。一生のうちで大悟数回、小悟数知れずというのは、精神的に死と再生を何度もくり返していることを示すものである。ここに人間の自己創造のメカニズムを見出すことができる。

あとがき

平成七年（一九九五年）に恒星社厚生閣から『禅と創造性』を出版した。「創造性」および「禅」という二つのテーマ、また「禅と創造性」というテーマの研究は、私のライフワークである。それからすでに五年余りたった。その間に創造性および仏教に関して書いてきた論文や随筆などをまとめてみた。すると禅を含む仏教の心理についてまとめてきたことになり、仏教の心理とくに仏教と創造性および仏教と心理療法（カウンセリング）について、これ以前の研究を含めて長年にわたり究明してきたことが確認されるのである。本書がこれらの課題や研究方法や問題点について、多少なりとも示唆するものがあれば幸いである。

第一部は、仏教の心理学的考察、とくに創造性との関係についての諸論文についてまとめた。第二部は、創造性の開発・教育を中心に考察している。

本書に収録した諸論文の執筆については、多くの先生や友人達から有益な御指導やご示唆をいただいた。ここにこれらの方々に心からお礼を申し上げたい。収録諸論文は、すべて雑誌、編集書に発表されたものである。その初出を示せば、以下の通りである。

第一部　仏教の心理と創造性

第一章　「創造性の研究――私の歩んできた道と課題――」＝「創造性の研究――私の歩んできた道と課題――」『人間心理学研究』第一四巻第二号、平成八年一二月。

第二章　「近代日本における仏教と心理学」＝「仏教と心理学――日本における対話の歴史――」『仏教と心理

学・心理療法の接点を考える集い論集』仏教・心理学研究会　平成十一年二月。「近代日本心理学と禅」一九九九年五月二四日に日米仏教心理学会議（禅と深層心理学会議）において口頭発表した。

第三章　「禅の悟りの心理と創造性」＝「禅の悟りと創造性――とくに禅問答を中心として」『東洋大学アジア・アフリカ文化研究所研究年報』通巻第一四号、一九八〇年三月。「禅の悟りと創造性」『理想』第五八八号、昭和五七年五月。

第四章　「密教と創造性」＝「密教と創造性」山崎泰廣教授古稀記念論文集刊行会編『密教と諸文化の交流』永田文昌堂、一九九八年。

第五章　「浄土教における念仏の心理――選択集を中心にして――」＝「法然浄土教における念仏の心理学的考察――『選択集』を中心にして――」『仏教文化研究』第四二・四三合併号、平成十年九月。

第六章　「上座仏教におけるヴィパッサナー瞑想法の心理」＝「上座仏教におけるヴィパッサナー瞑想法の心理学的考察」『東洋大学アジア・アフリカ文化研究所研究年報』第三十四号、二〇〇〇年三月。

第七章　「健康法としての坐り方」＝「坐る」成瀬悟策編『健康とスポーツの臨床動作法』臨床動作法③現代のエスプリ別冊、至文堂、平成四年一二月。

第八章　「死の不安と癒し」＝「死の不安」伊藤隆二ほか編『老年期の臨床心理学』人間の発達と臨床心理学六、駿河台出版社、平成六年。

第九章　「仏教の今昔」

「法眼禅師について」＝「山田老師と法眼禅師」『暁鐘』第二五五号、三宝興隆会、平成七年十月。

「インド仏跡巡拝記」上掲誌　第二七八号、平成十一年九月。

第二部　創造性の開発

第一章　「カウンセリングと創造性の開発」＝「カウンセリングと創造性の開発」＝『東洋大学文学部紀要』第四

八集、一九九五年三月。

第二章　「研究開発と創造性の研究」＝「創造性科学が求められる時代」『産業科学技術におけるイノベーション促進に関する基礎調査』機械振興協会経済研究所、平成七年四月。

第三章　「創造性の教育」＝「学校教育で創造性を育成するにはどうするか」菱村幸彦監修・編集『変化の時代の学校像』教職研修六月増刊号、教育開発研究所、平成七年六月。

第四章　「セルフコントロールと性教育」＝「性教育におけるセルフコントロール」性と心の教育刊行会編『性と心の教育ハンドブック』群書、平成十一年。

第五章　「創造性開発の諸問題」

「二十一世紀の課題と創造性開発の役割」＝「二十一世紀の課題と創造性開発の役割」一九九九年五月一九日にクリエイティブマネジメント研究会月例会において口頭発表した。

「創造性開発の阻害条件と促進条件」＝「創造性開発の阻害条件と促進条件」『発展する経営』第一巻第三号、MAC経営分析センター平成元年十月。

「気功における関心事」＝「私の気功における関心事」『気功』第三九号、日本気功協会、平成五年九月。

「自己の本性（創造性）にまかせるということ」＝「自己の本性（創造性）にまかせるということ」『研究室報』第二五号、東洋大学文学部教育学科研究室、平成六年。

「宗教の立場から見た行の今日的意義」＝「行のもつ今日的意義について――宗教的立場から――」『催眠学研究』、第三七巻第一号、平成五年四月。

「禅の立場から見た死と再生」＝「死と再生の現代における意味――禅心理学の立場から――」平成七年九月九日に日本応用心理学会第六二回大会のシンポジウム「死と再生の現代における意味」において

口頭発表した。

本書に収録した論文で、「禅の悟りの心理と創造性」は、前に執筆したものに改訂加筆したもので、そのほかは初出のままにまとめた。そこで記述に多少の重複が生じている。この点ご寛恕をお願いしたい。

また快く本書に転載を許可して下さった群書に心から謝意を表したい。さらにまた各誌、各編書の版元および担当編集者に厚く御礼を申し上げたい。

最後に、本書の出版にあたっては、恒星社厚生閣文字情報部および編集部の方々に大変お世話になった。心からお礼を申し上げたい。

平成一三年二月

恩田　彰

人名索引

あ行

か行

さ行

た行

II

な　行

は　行

ま　行

や　行

ら　行

わ　行

事 項 索 引

あ 行

か 行

さ　行

た　行

な　行

は　行

ま　行

や　行

ら　行

恩田　彰（おんだあきら）

1925 年　東京に生まれる
1948 年　東京大学文学部心理学科卒業
現　職　東洋大学名誉教授　文学博士
著　書　『創造性の開発』（共著），講談社，1964 年
　　　　『創造性の研究』，恒星社厚生閣，1971 年
　　　　『創造心理学』，恒星社厚生閣，1974 年
　　　　『創造性開発の研究』，恒星社厚生閣，1980 年
　　　　『創造性教育の展開』，恒星社厚生閣，1994 年
　　　　『禅と創造性』恒星社厚生閣，1995年
編　著　講座『創造性の教育』（全 3 巻），明治図書，1967 年
　　　　講座『創造性の開発』（全 3 巻），明治図書，1971 年
　　　　『東洋の知恵と心理学』，大日本図書，1995 年
共編書　『臨床心理学辞典』，八千代出版，1999年
訳　書　J.A. スミス『創造的授業の条件設定』，黎明書房，1973 年
　　　　J.L. アダムス『創造的思考の技術』，ダイヤモンド社，1983 年
　　　　M. レイ／R. マイヤーズ『クリエイティビティ・イン・ビジネス』
　　　　　（上・下），日本能率協会マネジメントセンター，1992 年

仏教の心理と創造性

二〇〇一年六月四日　第一刷発行

著　者　恩　田　　彰
発行者　佐　竹　久　男
発行所　株式会社　恒　星　社　厚　生　閣
東京都新宿区三栄町八番地
電　話／〇三（三三五九）七三七一（代表）
FAX／〇三（三三五九）七三七五　番
組　版／恒星社厚生閣文字情報室
http://www.vinet.or.jp/~koseisha/

印刷・製本・（株）シナノ

ISBN4-7699-0942-X　C3015